歴史ルポルタージュ　島原天草の乱　第1巻

百姓たちの戦争

吉村豊雄
Yoshimura Toyoo

清文堂

百姓たちの戦争

目次

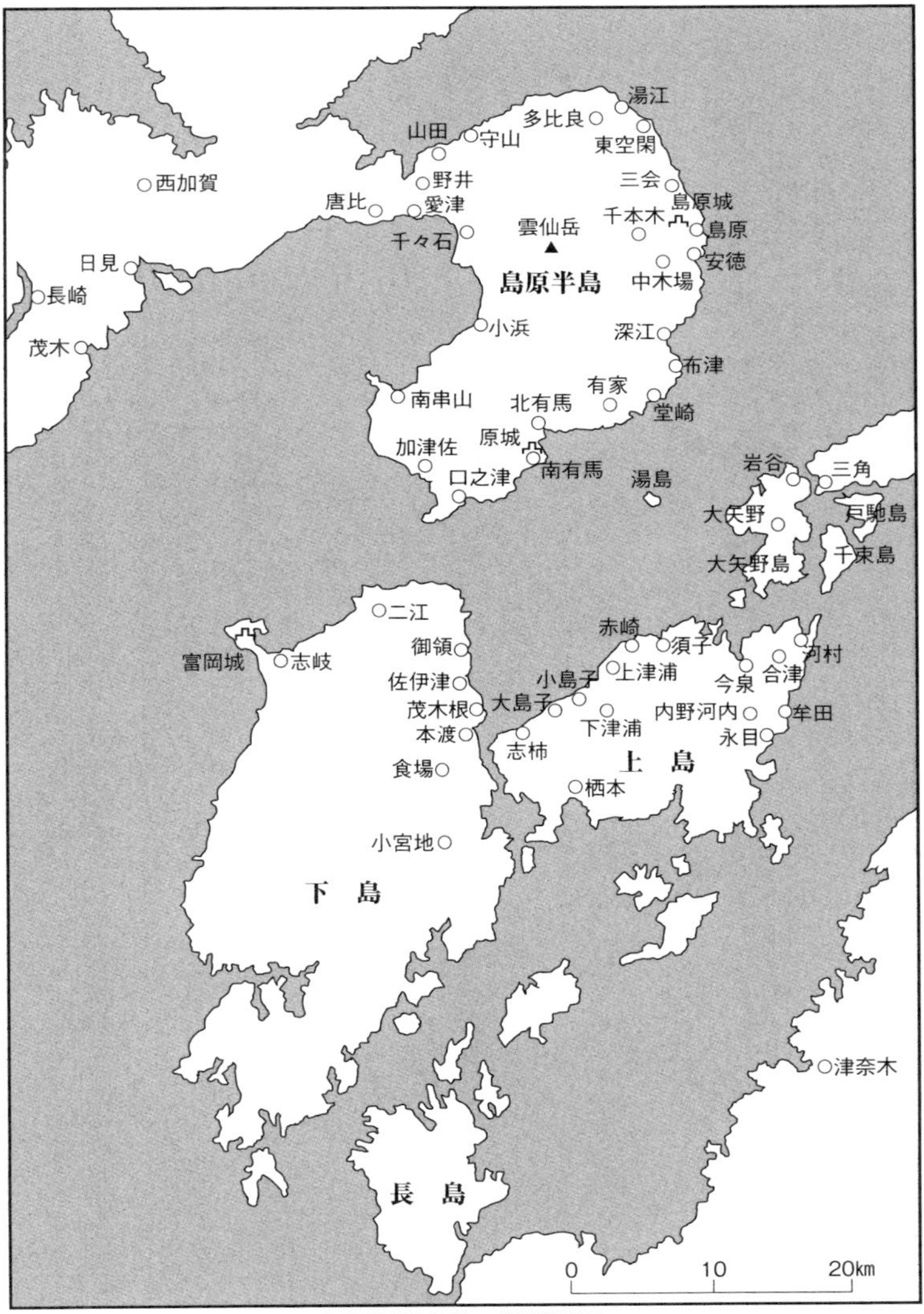

島原天草の乱　関係要図

(神田千里著『島原の乱―キリシタン信仰と武装蜂起―』2005年、中央公論新社刊をもとに作成)

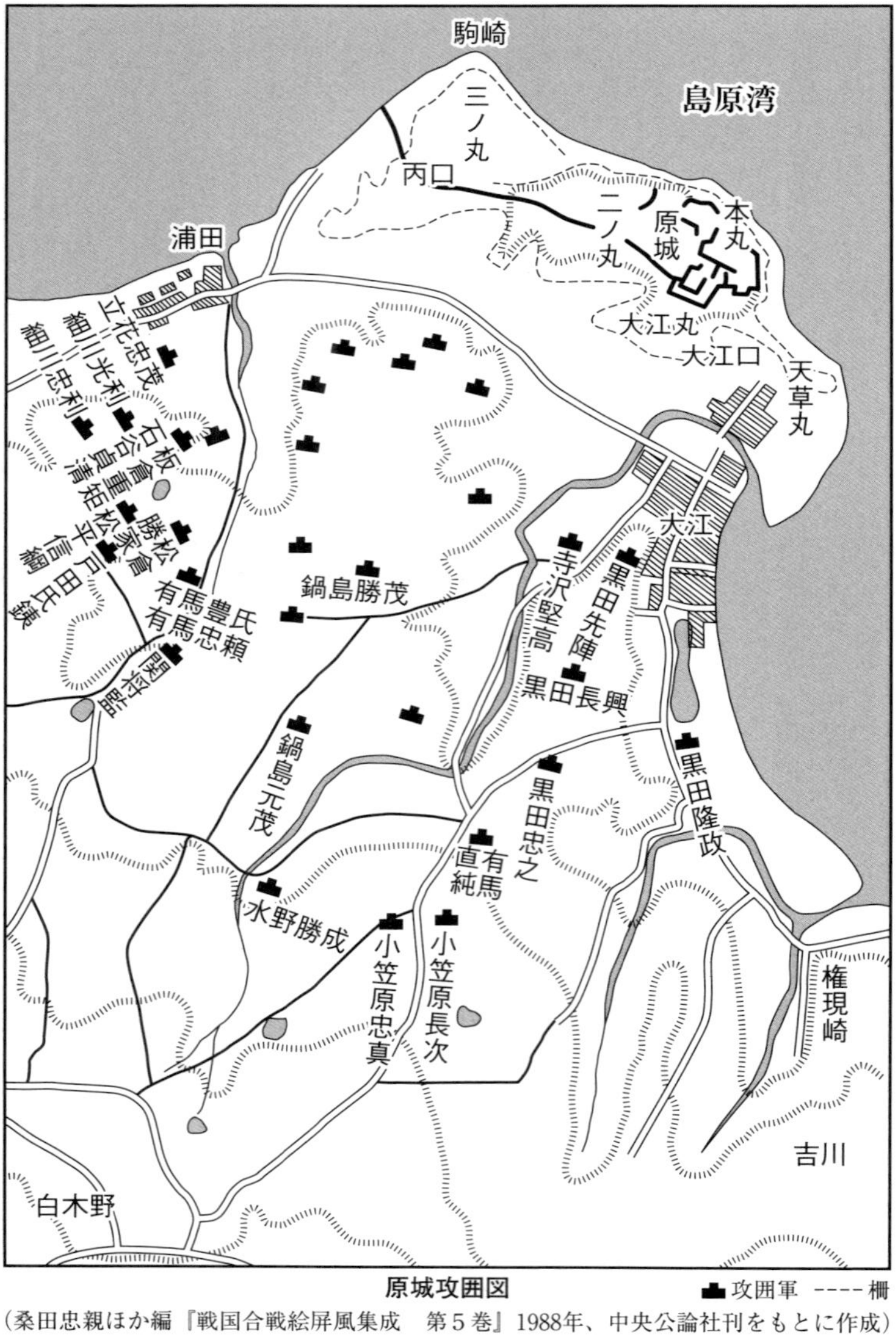

原城攻囲図　　▲攻囲軍　----柵

（桑田忠親ほか編『戦国合戦絵屏風集成　第5巻』1988年、中央公論社刊をもとに作成）

百姓たちの戦争

はじめに

江戸時代の初期、三代将軍徳川家光の時代に、「百姓たちの戦争」が引き起こされている。一般に「島原の乱」(島原・天草の乱、島原・天草一揆)と呼ばれる広く知られた歴史的な事件である。寛永十四年(一六三七)十月下旬から翌年二月にかけて、九州の西部、島原・天草地域で起こった百姓主体の一揆のことであるが、この一揆を「百姓たちの戦争」とみなすところに、本書の問題関心が示されている。

本書の目的、ねらいは大きく二つある。一つには、四ヵ月余にわたる一揆の過程、百姓主体のこの一揆を、一揆と幕藩領主側との武力による戦いの過程、「戦争」として描くことにある。もう一つの目的は、島原・天草地域の領主である松倉家・寺沢家の家臣が牢人となり、一揆の企てに加わったという、知られざる一揆蜂起へのシナリオを明らかにし、一揆首謀者の企てが島原藩領・唐津藩天草領での一揆、「百姓たちの戦争」へと展開していく歴史の深みを解き明かすことである。

一揆は自然発生的に事態がエスカレートして起ったものではない。一揆を起すだけの地域的特性と、「一揆のシナリオ」というべきものが存在する。

転びキリシタンの地域的な分岐――立ち帰りか、潜伏か

島原・天草一揆は、島原藩領の南部地域（南目）、唐津藩天草領の大矢野島、上島の北部・東部地域（大矢野・上津浦地域）を主要地盤にしているが、これらの地域には一揆を起すだけの地域的特性が備わっている。これらの地域に共通するのは、近世初頭、豊臣秀吉によってバテレン追放令が発令された時期に、「領民の全てがキリシタン」だったという「キリシタン領主の時代」が現出していることである。

島原藩領（現・長崎県島原市、南島原市、雲仙市）では、その後領主が有馬氏から松倉氏へと変わり、松倉氏が、キリシタン領主有馬氏の伝統的な地盤である藩領の南部地域を離れ、北目寄りに拠点を移したことで、南部地域が有馬氏の時代とは大きく異なる状況下に置かれた。一揆の主たる原因とされる松倉氏の「苛政」、キリシタン「迫害」もこのことと関係している。

天草領（現・熊本県天草市、上天草市、天草郡苓北町）では、近世初頭、大矢野島（現・上天草市）、上島北部・東部（現・上天草市、天草市）の領主である大矢野氏・上津浦氏が、豊臣秀吉によって出されたバテレン追放令の直後に、にわかにキリスト教に入信している。多くのキリシタン領主が棄教するなかで異例の行動といえる。戦国末・近世初頭、天草の五人の領主はいずれもキリスト教に入信した経歴を持つが、大矢野氏と上津浦氏はバテレン追放令の逆風のなかで入信を強行した。両氏は徹底した領民の集団入信・寺社破壊策をとり、村落構造はそのまま信仰組織となっている。

島原・天草一揆は、一揆の直前段階に領民の全てが棄教し、これら転びキリシタンが村を越え、地域的に信仰に立ち帰るなかで蜂起している。島原藩領・天草領において、どうして、このような転びキリシタンの地域的な差異、地域的な分岐が生まれたのだろうか。

知られざる「一揆のシナリオ」

次に「一揆のシナリオ」について、結論的な見通しから示しておこう。そこには二つの出来事が介在している。

一つには、一揆の直前の時期、島原藩松倉家、唐津藩天草領の寺沢家で御家騒動が起り、家臣が集団で退去する事件が起きている。松倉家では寛永十二年（一六三五）と十三年に都合五十人以上に及ぶ家臣が集団で退去し、牢人となる事件が起きている。寛永十三年の家臣退去事件は天草を領地とする唐津藩寺沢家でも起き、家臣が逃走している。逃走したのは、松倉・寺沢両家ともに、なぜか「若衆」ばかりだった。松倉家牢人が一揆の中枢部に入っていることからみて、直前段階の松倉・寺沢両家の家臣の集団退去事件は、一揆の企てと直接的にからんでいることは確実である。

また、寛永十年には、天草上島の上津浦付近で日本人バテレンが摘発されている。このバテレンの捕縛を最後に天草・島原地方におけるバテレン（キリスト教宣教師）の活動は途絶し、天草領では全島にわたって転びキリシタンに再度の転びが強制されている。実は、上津浦では二十六年前、全国的な禁教令が出されたなかで上津浦・大矢野地域の司牧活動に当っていたマルコス・フェレイラ神父が国外追放になっていた。

一揆の策謀は松倉家牢人、土着していた有馬家牢人などを中心に始められ、当時の政治社会状況をふまえつつ、比較的統治のゆるやかな天草島嶼部との関係を強めるなかで一揆首謀者がつくられた。そして首謀者たちは、フェレイラ神父の故事と地域的な記憶をもとに「バテレンの予言書」と「四郎殿」（天草四郎）をつくり出し、信仰復帰への方途を断たれている島原・天草地方の潜在信者＝転びキリシタンを信仰復帰と年貢不払いへと向かわせ、代官殺害を通して村ごとに一揆を組織して蜂起させた。こういう「一揆のシナリオ」が存在していたのである。

「戦争」から見えてくるもの

本書のもう一つの目的は、四ヵ月余にわたる島原・天草一揆というものを、百姓を主体にした一揆と領主側との軍事対決の過程、「戦争」として描くことにあるが、そこには、二つのことを意図している。

一つには、領主の「苛政」・キリシタン「迫害」に耐えかねて百姓たちが立ち上がったという常套的な島原・天草一揆の見方、叙述スタイルからの脱却である。この一揆は百姓主体の一揆であるが、いわゆる「百姓一揆」ではない。百姓一揆への退路を断った一揆である。一揆蜂起の時点で領主側(代官)の血を流し、領主側との「合戦」と城攻めをくり返しているように、島原・天草一揆は、訴願に基礎をおく百姓一揆的な妥協性を切り捨てた、百姓一揆への退路を断った軍事対決、一種の「戦争」として推移している。

すなわち、この一揆は、村々の代官を殺害し、領主側の血を流して蜂起すると、領主側に要求の類いを出さず、島原藩・唐津藩の軍勢との「合戦」をくり返し、「城の占拠」をめざして最終的に一揆勢の本拠としていた原城(現・南島原市)に立て籠り、幕藩軍を迎え討っているように、一揆の全過程が領主側との軍事対決で貫かれている。常套的な一揆理解では見えてこない、武力蜂起、軍事対決の過程としての一揆のダイナミズムを「戦争」として描き出すことである。

二つには、研究史の常套パターンである「苛政」「迫害」という原因論、百姓一揆か宗教一揆かの性格・形態論にひそむ宿命論的な議論、根強い「殉教」史観的な見方、こうした伝統的・常套的な見方から脱却し、この一揆を歴史の可能性の観点から描き出すことである。一揆の参加人数は最大時で三万近くに達し、最終的に原城に立て籠もった二万七、八千の一揆勢は、拘束されていた少数の松倉家臣の家族を除いて全員が命を失っている。これだけの犠牲をはらってまで、何のために一揆は武力蜂起し、幕藩軍と軍事対決をつづけたのか。その目的・志向は戦いのなかにこそ潜在しているように思える。島原・天草一揆にひそむ歴史の深みを「戦争」のなかから検証する。

百姓を主体とした一揆勢と武家領主との戦いを「合戦」、「戦争」と呼ぶことに違和感を持つもつ見方もあるかも知れない。当時の幕藩領主側にもこうした見方はあった。たとえば、参勤で江戸にいた熊本藩主細川忠利は、一揆蜂起後十日以上経過した寛永十四年十一月上旬の状況をふまえつつ、国元からの注進は全て将軍家光にお目にかけているので、「一揆づれ」との衝突を「合戦などと大げさに書くな」と国元重臣に注意している（『綿考輯録』第五巻）。しかし、国元の現実感覚は違う。

松倉家臣の佐野弥七左衛門は、後年、一揆勢との「手痛き戦い」として深江合戦、島原城大手の攻防戦、寛永十五年正月元旦の原城攻防戦の三つをあげ、「命を惜しまない勇気は侍も真似できない」と感嘆している。軍事的な訓練などほとんどできていない一揆勢が、「侍も真似できない」気力で武家領主に向かっていった戦いを、現地では「合戦」と呼んだ（「佐野弥七左衛門覚書」『島原半島史』中巻）。本書ではさらに、最終的に万規模の一揆勢全員が死にいたることで終結した四ヵ月に及ぶ「合戦」状況を「戦争」と呼ぶ。

とくに寛永十四年十二月上旬から約三ヵ月つづいた一揆勢と幕藩軍との原城攻防戦は、一揆勢の「なで切り」（全員殺戮）を方針とした幕藩軍と、城を死守して「デイウス（神）への奉公」をめざす一揆勢との全面的な軍事対決であり、本書では原城攻防戦を「原城戦争」と呼ぶ。

「戦争」としての島原・天草一揆

ところで、島原・天草一揆の過程において、平戸のオランダ商館は幕藩軍の最高司令の幕府年寄（老中）松平信綱の「命令」によって、島原藩領の原城に立て籠もる一揆勢を砲撃することになるが、商館長のニコラス・クーケバッケルは、一六三七年一月八日（寛永十四年十一月二十三日）の日記に、有馬の農民たちの「叛乱軍」が、「サンティアゴ」という鬨の声をあげて「貴族」を攻撃していると書いている（『平戸オランダ商館長日記』）。また、日向延岡藩主の有馬直純は、原城総攻撃の二日目、寛永十五年二月二十八日の払暁に原城本丸に乗り込み、「金の瓢箪の馬印」を差した「四郎（天草四郎）指物」を分捕り松平信綱のもとに差し出している（「肥前国有馬高来郡一揆籠城之刻々日記」『島原半島史』中巻）。

この「サンティアゴ」という鬨の声と、「叛乱軍」が「指物」（軍旗）に差していた「金の瓢箪の馬印」は、「百姓たちの戦争」を象徴するものである。「叛乱軍」が、雄叫びをあげた「サンティアゴ」という鬨の声とは、キリスト教史において、その昔、西暦九九七年、イスラム軍に占領されたスペインを救った、国土回復戦争「レコンキスタ」と関係する若き軍神・聖ヤコブのスペイン名である。島原・天草一揆において、この聖ヤコブに「叛乱軍」の総大将天草四郎が擬せられていることはいうまでもない。その天草四郎が、総大将としての「指物」に差している「金の瓢箪の馬印」とは、これも聖ヤコブが瓢箪のついた杖をさしていたという伝承に由来するとの見方もできる。

一揆首謀者は、こうしたキリスト教の知識・教義にかなり精通している。一揆首謀者は、一揆をキリスト教にいう「聖戦」になぞらえ、禁教の時代に棄教しながらも信仰を継続している百姓たちを信仰表明へと導き、百姓たちと連携して「四郎殿」（天草四郎）を盟主にした「叛乱軍」をつくり上げた。そして一揆は、島原・天草地域の信者全員が転びキリシタンとなっている現実から脱却し、かつての信仰状態と領主との関係を取り戻せるような「キリシタン領主の時代」に回帰することとめざす一種の「聖なる戦い」へと向かった。「百姓たちの戦争」と題する本書が、思い描く大雑把なストーリーとは、このようなものである。

「一揆」は、なぜ「戦争」となったのか

島原・天草一揆とは、実際には不可思議な出来事である。三万ともいわれる百姓たちが、先祖代々受け継いできた田畑を、家を捨て、村を離れて何にそれ以上の価値を見出し、何をめざして一揆に加わったのか。百姓主体の一揆とはいいながら、ゼンチョ（異教徒）＝幕藩権力との軍事対決を志向しつづけた、一種出口の見えない、めざすものが具象化されていない百姓たちの地域的軍事行動は、熱気を帯びた宗教的な集団行動、ある種の「聖戦」というような次元で理解しないと説明がつかいない側面が確かにある。

しかしながら、「一揆」と「戦争」との間には、現実的には大きな懸隔と飛躍がある。これを宗教問題だけで埋めるのには無理がある。本書において、これを埋めるものとして重視しているのが、一揆の軍事的な基盤である。たとえば、一揆当時、島原藩の港湾拠点である口之津（現・南島原市）の「御用

蔵」（武器庫）に配備されていた「兵粮五千石、鉄砲五百余挺、鉛丸七箱、銃薬二十五箱、其の外弓・長柄等」とされる武器・軍事物資の存在である（「耶蘇天誅記」『島原半島史』中巻）。なぜ口之津に武器庫が置かれ、これだけの規模の武器・軍事物資が一揆の地盤となる藩領南部の村方に配備されていたのか。

また、一揆勢の本拠となり、最終的に一揆勢が籠城する原城の所在する有馬村（現・南島原市）には、島原藩の注文で「千挺」もの鉄砲を作った「鉄砲屋」大膳もいる（「島原一揆松倉記」『島原半島史』中巻）。口之津の武器庫の鉄砲・弾薬類もこの「鉄砲屋」が製作・調達していたとみてよい。島原・天草一揆は、これら武器・軍事物資と鉄砲の製造拠点がすぐに管理下に置ける状態になかったならば、「百姓たちの戦争」には飛躍していない。訴願に基礎をおいた百姓一揆という「遵法闘争」で終わっていたと思える。

藤木久志氏の『刀狩り』（岩波書店、一九八〇年）で体系的に明らかにされているように、刀狩・兵農分離を社会編成の原理とした日本の近世＝幕藩体制においても、農村社会には想像を超える武器が所持されていた。島原・天草一揆以前、むしろ武器を所持することが広く容認されていた。刀狩を象徴する刀でいえば、島原・天草一揆当時の熊本藩では百姓が刀を差すことを義務づけている。藩主細川忠利は刀を差していない百姓を見て立腹したくらいである（『藩法集7　熊本藩』）。

しかし、農村社会において刀・脇差が大量に存在し、鉄砲が所持されていたとしても、領主側には「武力」とは意識されていない。幕藩体制の武力の主軸となったのは、大量の「玉薬」（火薬）と結びついた火力（鉄砲、石火矢・大筒）であり、次いで、まとまった数量の弓・槍・長柄である。槍・長柄は竹槍でも代用できるが、火薬は自製で賄うことはできない。農村社会の鉄砲が武力の主軸となるためには、まとまった量の火薬は不可欠である。鉄砲が所持されているだけでは武力にならない。

島原・天草一揆は、農村社会の武器が武力として発動され、「戦争」に展開していくが、四ヵ月に及ぶ一揆の全過程を通じて、一揆勢が戦略上最も重視し、懸念していたのが「玉薬」の数量である。逆にいえば、一揆蜂起の時点で、在中において、まとまった玉薬を管理下に置ける見通しがあったことが、「一揆」を武力の発動、「戦争」へと飛躍させたのである。

「城の占拠」をめざして

島原・天草一揆は、百姓主体の一揆ではあるが、いわゆる百姓一揆ではない。武力蜂起し、群衆と武力をもって領主側に戦いを挑み、「戦争」を通して事態を打開し、目的の実現をめざしている。したがって一揆には、百姓たちの要求はない。訴願に基礎をおいた百姓一揆のような要求は一切ない。原城籠城中の矢文などをもとに一揆勢の目的・要求を復元するような研究も出されつつあるが、何度かあった城中と幕藩軍との交渉の場においても、城中としての要求はない。要求がないところに一揆の志向と目的がある。

では、一揆の目的とは何か。端的にいえば、「城の占拠」である。島原藩領の一揆は、武力蜂起すると、そのまま島原城をめざしている。島原城を占拠する、これが一揆の直接の目的である。一揆勢の島原城攻めは実質的に一日だけで終わるが、島原城占拠の可能性はなくはなかった。ついで一揆勢は、天草一揆勢に島原勢が加勢して天草の富岡城を攻めている。城攻めは二度に及ぶが、結局、本丸に固められた唐津藩勢の守備に踏み込めず、逆に味方につけた地元百姓たちに反撃され天草と島原の在所に撤収している。

最後の原城への立て籠もりは、幕藩軍の進攻が迫るなかで古城に逃げ込んだ、逃避行のような理解もなされているが、本書はそうした見方をとらない。原城は、島原一揆勢が蜂起以来、本拠の一つとしてきた場所であり、籠城当時、石垣・堀・虎口など城の要害機能は基本的に残されていた。島原城攻撃から退却した島原一揆勢は、すぐに原城を「本陣」と定め、城の周囲をめぐる土塁を築き始めている。そして寛永十四年十二月上旬、幕藩軍が迫るなかで、島原一揆勢は天草から渡ってきた天草一揆勢と合流し、「本陣」である原城に入った。一揆勢は所期の目的である「城の占拠」を果たし、以後、三ヵ月にわたって立て籠もり、十三万近い幕藩軍と対峙したのである。

では、一揆勢は「城を占拠」して何をめざしていたのか。それは、原城に立て籠もった一揆勢が何をめざして三ヵ月間幕藩軍と熾烈な攻防戦を戦ったのか、という問いかけでもある。一揆勢が原城に立て籠ったとしても、巨大な幕藩軍事力によって制圧されることは時間の問題である。しかしながら、一揆勢は原城において最後の時を迎えようとしたわけではない。一揆勢の祈りと戦いは、「デイウス（神）への奉公」とみなされていた（永青文庫蔵「四郎法度書」）。一揆勢が幕藩軍との戦いを通して希求したものは何だったのか。

それは、「デイウス（神）への奉公」による「神の御加護」以外には考えられない。幕藩軍の最高司令、幕府老中の松平信綱は、原城に着陣するとすぐにオランダ商館に参戦を命じている。幕府がオランダとの関係を強化するという戦後外交の国策方向が明確にされた今、「神の御加護」の現実的な形態とは、「神の国」による救済、オランダと対抗するポルトガル船の来航・救援と考えるのが妥当である。

島原・天草一揆については、一揆終結後の結果として「鎖国」という国際関係が強調されるが、一揆自体を国際的な構図で理解するという姿勢に欠けている。南蛮渡来の宗教を信じて戦う一揆を、「南蛮」との国際関係を欠落して理解する研究のあり方に疑問を感じる。

一揆蜂起直前の時期、島原・天草地域の百姓たちは、領主側の禁教策で棄教し、信者全員が転びキリシタンとなっていた。百姓たちは、一揆首謀者と「若衆」たちの宣教、「四郎殿」の出現を受けて村落次元で立ち帰り、かつての信仰と領主との関係を取り戻せるような「キリシタン領主の時代」の到来を信じて武力蜂起し、領主側と戦う砦として「城の占拠」をめざした。

そして一揆勢は、占拠した城を死守することを通じて「デイウス（神）への奉公」を尽くし、「神の御加護」、具体的には「神の国」による救援を信じたのである。

第一章　立ち帰りか、潜伏か——直前段階の転びキリシタン

戦国末・近世初頭、のちの島原藩領と唐津藩天草領では、キリシタン領主のもとで「領民の全てがキリシタン」となり、島原・天草一揆の直前段階には全員が棄教し、転びキリシタンとなっている。一揆はこれら転びキリシタンが地域的に信仰に立ち帰るなかで蜂起している。一揆蜂起したのは、島原藩領の南部地域と天草領の大矢野島、上島の北部・東部地域であるが、島原藩領と天草領において、どうしてこのような転びキリシタンの地域的な差異が生まれたのだろうか。

第一節　天草の島々の宗教社会状況

1　キリシタン潜伏の歴史風土

近世・江戸時代の後期、十九世紀にさしかかるころ、天草下島の西海岸の村々において五千人をこえる潜伏キリシタンの存在が明るみに出た。島原・天草一揆を経た天草領において、どうしてこれだけの規模の潜伏キリシタン、潜伏キリシタン村落が存続していたのだろうか。

長き潜伏キリシタンの歴史

十九世紀にさしかかるころ、肥後国（現・熊本県）天草郡下島の西海岸、高浜・今富・大江・崎津の四ヵ村（現・天草市）において五千人をこえる潜伏キリシタンの存在が明るみに出た。摘発された人数は最終的に五千二百五人に及んだ。その割合は今富・大江・崎津三ヵ村では村人数の六、七割に及んでいる。どうしてこれだけの規模の潜伏キリシタンの村が存続していたのか。

この潜伏キリシタン摘発事件から約百六十年前、天草領での一揆蜂起直後のことである。天草一揆の中心人物である渡辺小左衛門は、一揆蜂起直後、熊本藩領の宇土郡に潜入したところを捕縛され、都合四通の自供調書を取られているが、とくに寛永十四年十二月十九日の調書において、島原と天草における一揆蜂起の計画について重要な供述をしている（『綿考輯録』第五巻）。そのなかで当時の天草領の転びキリシタンの存在状態について次のように供述している。

○大矢野の人数は男女千三百ほどです。

○上津浦は、近辺の八ヵ村を合わせて、男女人数で二千四五百ほどです。このうち、用に立つ者は八、九百いると思います。頭取しているのは多分庄屋どもであり、七右衛門・喜兵衛・次兵衛などと申す者です。

○天草の島中に、男女二万五千の人数がいると内々聞き及んでいます。このうち、志岐・大江・高浜・崎津・河内浦、この五ヶ村に転びキリシタンが男女五六千いるとのことです。これらの者たちが、この度のキリシタン一揆を起こしたのでしょうか。我らは、早くこの方へ参りましたので、全然存じません。

天草領（天草郡）は上島・下島・大矢野島を中心に大小百二十余りの島々からなる。一、二条目の大矢野・上津浦とは天草一揆の主要地盤となった大矢野島、上島の北部・東部地域のことであり、渡辺のいう人数はキリシタンに立ち帰り、一揆に参加した人数に相当するものとみてよい。

三条目において渡辺は、天草の総人数を二万五千程度とし、このうち下島の「志岐・大江・高浜・崎津・河内浦」の村々には五、六千の転びキリシタンがいると供述している。渡辺小左衛門の供述によれば、大矢野・上津浦地域の転びキリシタンは立ち帰って一揆に結集し、なおも下島の西部には五、六千人に及ぶ転びキリシタンが存在していたことになる。

結局、天草の下島では転びキリシタンの村落・地域レベルの立ち帰りはみられなかった。渡辺小左衛門が五、六千はいると供述している下島の転びキリシタンは、十九世紀のはじめに摘発された五千余の潜伏キリシタンの存在に帰結していくことになる。

一般的に、島原・天草一揆を経た天草領の島々では厳重な禁教体制がとられたと考えられているが、実状は大分違う。十九世紀はじめに明るみに出た高浜・今富・大江・崎津の潜伏キリシタンは、島原・天草一揆当時の転びキリシタンの系譜をひく者たちであると考えるのが自然である。

島原・天草一揆の段階、天草下島にはこうした転びキリシタン村落が現実に存在し、その状況は一揆後も大きく変わることなく、継続していたことになる。潜伏キリシタン事件当時、天草領を預かっていた島原藩は、富岡城（現・熊本県天草郡苓北町）に陣屋をおいて天草領を統治したが、富岡役所の人員は限られ、役所の役人をもって下島・上島・大矢野島などからなる主要な島嶼部を統治するには限界があり、島々の統治の実質を大庄屋・庄屋以下の島民に任せる傾向にあった。島原・天草一揆の当時、その傾向はさらに強く、千束島（現・上天草市）など中小の島々は領主側の統治の対象外に近かったとみてよい。一揆首謀者が謀議を進めるうえで、これほどの在所はない。

策謀の島

唐津藩天草領は、大矢野島・上島・下島を中心に大小百二十余りの島々からなる島嶼部である。現在、熊本県の宇土郡＝宇土半島と天草郡の大矢野島・上島・下島とが「天草五橋」で結ばれているが、天草全体では島の数は実に多い。無人島も多い。宇土半島の突端、三角（現・宇城市）から一号橋を通って大矢野島に渡る間でも橋の上から大小の島々が見渡せる。一号橋の左手に二つの大きな島が見える。戸馳島と維和島である。二つの島は宇土半島や大矢野島に近い。

維和島は、近世には千束島、あるいは千束蔵々島と呼ばれた。戸馳島（現・宇城市）は熊本藩領であり、千束島は天草領である。千束島が島原・天草一揆との関係で知られるようになるのは、この島が一揆策謀の地とされたことにある。それは、原城に籠った一揆勢のなかで例外的に助命された南蛮絵師・山田右衛門作の供述にもとづいている。山田は、一揆が起きた経緯について次のように供述している（「山田右衛門作口上覚書写」『熊本県史料』中世篇三）。

この度、島原でキリシタン一揆が起こった事情は、松右衛門・善右衛門・源右衛門・宗意・山善左衛門という牢人どもが、天草の千束島という所に数年隠れ住んでいたことに始まっています。彼らは、去年（寛永十四年）の六月ごろから各地で、「二十六年前、上津浦に住んでいた伴天連（キリスト教宣教師）が国外に追放される際に書き残した記録に、今から二十五年後、世の中では大変なことが起こるが、一人の天使が現れるであろうと書かれている。その天使こそ天草の大矢野四郎という少年に違いない」と言いふらしました。

この記述は諸書に引用されつつ、余り重きは置かれていない。根も葉もない話しに近い扱いをされている。しかし、千束島の中心的集落である蔵々は、天草一揆の中心人物で、一揆の立ち上がり早々に熊本藩当局に捕縛される渡辺小左衛門の父、渡辺伝兵衛の在所であり、一揆勢の総大将、天草四郎の母の生まれ在所ともされている。また、捕縛された渡辺小左衛門が天草一揆側に出した書状に記されている「宗意老」とは、山田の供述する宗意（森宗意軒）と想定される。山田右衛門作の供述には一定の信憑性が認められる。千束島がキリシタン復活工作・一揆策謀と関わっていた可能性は十分ある。

千束島は小さな島ではない。島内にはいくつかの集落が存在する。しかるに、この島は近世を通じて独立した村としての扱いをされていない。大矢野島の一部として扱われている。恐らく一揆以前の千束島は行政組織的には大矢野島＝大矢野村のなかの上村か登立村の一部として扱われていたと思える。大矢野島は上島とともに上島南部の栖本郡代所の管轄となるが、郡代所にとって大矢野島に属している千束島など管轄の埒外にあったとみてよい。しかし、千束島は舟を使えば島原半島・宇土半島とも近く、有明海・八代海の沿岸と結びついていた。策謀の場所としてうってつけの在所といえる。

千束島には蔵々・梅ノ木・大桜・千束・小鷺ノ浦・大鷺ノ浦などの集落が存在し、島内の有力者はそれぞれの集落を「本在所」としつつ、蔵々の入江に「塩屋」という漁業・塩業、近海取引などを行う出小屋を持っていた。渡辺小左衛門の父、渡辺伝兵衛、四郎の母の実家などは、蔵々に「塩屋」を持つ島内有力者であり、島内はこれら有力者による自治的な運営がなされていたとみられる。これら在地有力者と山田右衛門作のいう「五人の牢人」、松倉家の牢人などが結びついて一揆の企てが始ったというのが、本書の想定である。

2　キリシタン領主の歴史的刻印

天草一揆の中心人物、渡辺小左衛門が供述している天草領における転びキリシタンの地域的な違い、つまりキリシタンに立ち帰り、一揆蜂起した大矢野島・上島の大矢野・上津浦地域と、転びキリシタンの潜伏化をたどった下島との違いはどのようにして生まれたのだろうか。

バテレン追放令直後の領主入信のインパクト

渡辺小左衛門の供述にみるような大矢野島・上島の大矢野・上津浦地域と下島の転びキリシタンの動きの違いは、基本的に、戦国末・近世初頭における天草の領主たちのキリスト教への入信の時期、信仰形態にもとづいている。

大矢野島、上島の北部・東部地域を支配した大矢野氏・上津浦氏は、豊臣秀吉によってバテレン追放令が出され、秀吉の周囲のキリシタン領主が棄教している状況のもとで、キリスト教への入信を強行している。両氏はキリスト教に入信するや領民への集団入信・寺社破壊を推し進め、秀吉の九州出兵のもとで脅かされている領主権の強化を図った。したがって大矢野氏・上津浦氏の支配領域では村落構造がそのまま信仰組織に編成されている。

戦国時代後半の天草は、「天草五人衆の時代」と呼ばれる。下島の志岐氏・天草氏、上島・大矢野島の上津浦氏・栖本氏・大矢野氏、この五人の地域領主が割拠する時代である。五人衆は上島・下島・大矢野島などの島々で地域的な領主制を展開しつつ、途中で棄教した志岐氏を含めて、五人衆全員がキリスト教に入信した経歴を持っている。しかし、上島・大矢野島の上津浦氏・栖本氏・大矢野氏と、下島の志岐氏・天草氏とでは入信時期が大きく異なる。

上島・大矢野島の上津浦氏・栖本氏・大矢野氏が近世初頭、秀吉によってバテレン追放令が出された直後の時期に入信しているのに対し、下島の志岐氏・天草氏の入信時期は古い。志岐氏・天草氏は、戦国末、大村純忠を初めとするキリシタン大名が生まれる時期にキリスト教に入信している。

下島北部の志岐氏は肥前国（現・佐賀県、長崎県）の有馬氏・大村氏との関係も強く、入信時期も最も古いが、すぐに棄教し、その後一貫して宣教師側と距離を置いたため、在地社会への信仰の広まりは限定された。下島中南部の天草氏は支配領域も広く、明確にキリスト教信仰を軸にした領域づくりを志向し、秀吉のバテレン追放令段階までは「領民の全てがキリシタン」とされる状態を実現している。

秀吉の九州出兵後、佐々成政が肥後国（現・熊本県）の大名となり、佐々成政の時に起こった天正十五年（一五八七）の肥後国衆一揆と、次の小西行長の時に起こった天正十七年（一五八九）の天草五人衆一揆によって、戦国後期、肥後に割拠していた国衆の地域的な領主権は解体に向う。下島では関ヶ原戦いで領内のキリシタン保護に理解を示した小西行長が敗死すると、寺沢氏のもとで次第に禁教策が強まり、転びキリシタンの早期の潜伏化が進行している。

先にみた渡辺小左衛門の供述によると、渡辺は、天草での一揆蜂起段階の転びキリシタンの分布について、「志岐・大江・高浜・崎津・河内浦、この五ヶ村に転びきりしたが男女五六千いるとのことです」と供述しているが、志岐が志岐氏の拠点、残る大江・高浜・崎津・河内浦は河内浦を拠点とする天草氏の領域に属する。

一方、上島・大矢野島の上津浦氏・栖本氏・大矢野氏は、近世初頭、豊臣秀吉によってバテレン追放令が出された直後に入信し、一気に支配領域全体にわたる集団入信・寺社破壊を強行している。栖本氏はこのあと滅亡し、領域のキリシタン組織も急速に消滅しているのに対し、大矢野氏・上津浦氏の領域では、両氏の領主権解体後も信者組織は地域的に温存され、島原・天草一揆において天草側の主体的な一揆の地盤となっている。

大矢野島・上島のキリシタン組織

近世初期、天草の島々のキリシタン組織とはどういう状態にあったのだろうか。まず、島原・天草一揆に際して天草側の主要な地盤となった大矢野島・上島の信仰組織について、元和三年（一六一七）のイエズス会日本管区長コウロスによって徴収された証言文書（松田毅一『近世初期日本関係南蛮史料の研究』）をもとにみていこう。

コウロス徴収の証言文書は、慶長十八年（一六一三）、徳川家康によって出された禁教令によってキリシタンへの弾圧が激しくなり、他の修道会からイエズス会の宣教師が信者を見捨てているとの中傷がなされたので、時の日本管区長マテウス・デ・コウロスの依頼によって全国各地の有力信者が、イエズス会宣教師の司牧活動について証言したものである。

天草からの証言文書は「肥後国　上津浦村・大矢野村」、「肥後国　天草」の二つの文書で構成されている。前者が大矢野島・上島の分、後者が下島の分である。証言の条文は三ヵ条からなっており、「肥後国　上津浦村・大矢野村」分の第一条を現代文に直して示すと次のとおりである。

禁教令以後のことは言うまでもなく、大御所様（徳川家康）によるキリシタンの迫害が始まってからも、教会の神父たちは上津浦かかりの村々のキリシタン衆をお助けになり、コンヒサン（罪の告白）を聞いたり、貴いサクラメント（秘蹟）を授けたりすることに少しも怠りがありません。多くの困難をしのぎ、人びとのために自分の命を塵ともせずつとめておいでです。

条文につづく「上津浦村・大矢野村」の署名部分を二段組みにして示すと次のとおりである（洗礼名省略）。

上津浦村庄屋　梅尾七兵衛（花押）　　渡辺九良右衛門（花押）
きも入　鷹戸市良兵衛（花押）　　町薗五左衛門（花押）
同　神代喜兵衛（花押）　　同　中村伊左衛門（花押）
惣代　楠甫勝助（花押）　　同　看坊　町安（花押）
組親　長井二左衛門（花押）　　同　松井小左衛門（花押）
同　馬場新右衛門（花押）　　大矢野村惣代　渡辺小左衛門（花押）

同　富田忠介（花押）　同　庄屋　同　九右衛門（花押）
同　前田三良左衛門（花押）　同　庄屋　内田与右衛門（花押）
同　池井善右衛門（花押）　同　庄屋　会津次右衛門（花押）
慈悲役　大平次右衛門（花押）　同　庄屋　内田清左衛門
看坊　寿庵（花押）　越路将監（花押）
溝口市左衛門（花押）　山下与左衛門（花押）
中村与良右衛門（花押）

条文に「上津浦かかり」（上津浦懸り）と書かれているように、「上津浦村・大矢野村」の証言文書は一つの教区、いわば上津浦教区として作成されている。上津浦村には慶長十九年の全国的な禁教令までイエズス会の駐在所（レジデンシア）があり、上島の上津浦村から大矢野島＝大矢野村にかけて神父の司牧活動が行われていた。その一人が同年に上津浦から国外追放されたマルコス・フェレイラ神父である。したがって当時の「上津浦かかり」（上津浦懸り）の信者組織はきわめて充実し、五人衆時代の大矢野氏・上津浦氏の支配領域と重なる形で存在している。

前述したように、上津浦氏・大矢野氏は近世初頭、豊臣秀吉が出したバテレン追放令の直後に、にわかに入信し、一気に領民への集団入信・寺社破壊を強行している。天草の村としては最大クラスの大矢野村（現・上天草市）・上津浦村（現・天草市）の村落構造を基盤とした信者組織が、その後も十分維持されていたことがはっきり示されている。大矢野氏・上津浦氏と同じ時期に入信し、その後滅亡した栖本氏の領域の信者組織が跡形もなく消滅しているのとは対照的である。

上島北部と南部における上津浦氏・大矢野氏と栖本氏との境界域をみると、鷹戸市良兵衛の鷹戸（高戸、現・上天草市龍ヶ岳町高戸）、神代喜兵衛の神代（現・上天草市姫戸町神代）、楠甫勝助の楠甫（現・天草市有明町楠甫）といった地名にみるように、信者組織の範囲は、かつての上津浦氏・大矢野氏の支配領域と重なる形で上島の北部から同島の東部・東南部に広がり、村の支配組織と信仰組織が強固に結びつき、惣代がこれを束ねている。

大矢野村では内部の小村の庄屋が信者代表として名を連ね、大庄屋格の渡辺小左衛門が惣代として組織をまとめている。この渡辺小左衛門は、先にみた天草一揆の中心人物である渡辺小左衛門とは別人であるが、渡辺家に養子に入ったとされる小左衛門からみれば養父の可能性が高い。

下島のキリシタン組織

次に下島の村々についてみてみよう。元和三年の証言文書「肥後国　天草」には、下島の内野・二会（以上、現・天草市）・坂瀬川・志岐・福路・福路下町・都呂々（以上、現・熊本県天草郡苓北町）・下津深江・小田床・高浜・崎之津（崎津）・大江（以上、現・天草市）の村々の信者代表が名を連ねている。そして、それから約二十年後の渡辺小左衛門の供述によると、渡辺は都合五、六千人の転びキリシタンがいる村方として「志岐、大江、高浜、崎津、河内浦」の五ヵ村をあげている。

下島は戦国末期、ともにキリスト教に入信した北部の志岐氏、中南部の天草氏の支配領域である。志岐氏は入信後、すぐに棄教するが、信仰組織は存続し、証言文書の内野・二会・坂瀬川・志岐・福路・福路下町・都呂々の村々がかつての志岐領に属する。村ごとに数名の信者代表が署名する形態をみるかぎり、かつての志岐氏の領域と天草氏の領域とに大きな違いはないが、二十年後の島原・天草一揆の段階になると、転びキリシタンの組織に大きな違いを生み出している。

先にみたように、渡辺小左衛門は、「志岐・大江・高浜・崎津・河内浦」の五ヵ村に五、六千の転びキリシタンがいると供述しているが、十九世紀はじめの信者(潜伏キリシタン)の状態からみて、その大部分はかつての天草氏の領域である大江・高浜・崎津・河内浦の四ヵ村に集中していたとみられる。渡辺の供述にあって、証言文書にはない河内浦が天草氏の拠点である。

島原・天草一揆段階の下島には、渡辺小左衛門が供述するように、「志岐・大江・高浜・崎津・河内浦」といった転びキリシタン村落が存在し、河内浦のように信者の潜伏化が進んだ村方も存在していたとみられる。河内浦とその周辺の村々は、天草の一揆勢が富岡城攻撃に向かう際、これに同調する動きを示した。天草領の一揆は大矢野島・上島の大矢野・上津浦地域が中心となるが、その規模拡大化の帰趨は、かつての天草氏の支配領域である下島の転びキリシタン村落の動きにかかっていたといえる。

天草(郡)は、関ヶ原合戦後、肥前唐津(現・唐津市)を本領とする寺沢広高の領地となる。藩主広高の代の元和元年(一六一五)、全島規模で摘発したキリシタンへの転びの強制、檀那寺の決定が行われており、天草郡の禁教策の節目となっているが、コウロス証言文書にみる署名形態は、こうした禁教策のもとでも信者組織が厳然と存在し機能していたことを示している。しかし、島々の信者組織は次の藩主堅高の代にかけて試練を迎える。

3　岐路に立つ転びキリシタン

直前のバテレン摘発

寛永十年（一六三三）四月、唐津藩寺沢家では長崎奉行をつとめた初代寺沢広高が死去し、藩主は堅高に代わる。その直後のことである。同年六月十三日、上島北部の赤崎村（現・天草市）において、「村の者がかくまっていた」バテレン（キリスト教宣教師）が捕らえられた。イエズス会の斎藤小左衛門パウロ神父が同宿の度島ヤコボと一緒に捕らえられている（五野井隆史『島原の乱とキリシタン』）。

赤崎村は大矢野村とならぶ天草一揆の中心となった上津浦村から東へ約二キロの海岸線に位置する村方である。一揆に際しては上津浦勢として参加している。上津浦一帯は徹底した探索を受けたはずである。事件直前の時期、長崎奉行の府内藩主竹中重義が罷免（翌年、切腹）となり、将軍の近臣が長崎奉行に任命された。新任の長崎奉行に対し心得書として渡されていたのが、一般にいう第一回の「鎖国令」である。イエズス会の宣教師の活動は不可能な状況になりつつあった。

上津浦近郊の赤崎村で捕らえられたのも日本人神父である。天草における外国人宣教師の活動は寛永七年（一六三〇）の初めに島原藩領の有家から一時天草に逃避した日本管区長コウロスが最後となる。斎藤パウロは大村藩今村の牢に送られ、同年九月末、拷問を受け死んだ。同宿の度島ヤコボは下島志岐に護送され、九月三十日に火刑とされた。天草における宣教師の活動は、この寛永十年をもって終わった（『島原の乱とキリシタン』）。

寛永十年のバテレン摘発は、さらに次の二点で注目される。まず注目されるのは、バテレンが摘発されたのが上島の上津浦近郊だったことである。先にみたように、天草では上津浦・大矢野地域がイエズス会の一つの教区をなしていたが、当時の上津浦・大矢野地域には斎藤パウロ神父をかくまうような信者組織が存続していたのである。上津浦地域は新任の長崎奉行のもとで徹底した穿鑿を受けたはずであり、次にみるように、大矢野地域も含めて、すでに棄教していた信者たちは富岡城代のもと再度の転びを強制されている。こうした地域的な経験が島原・天草一揆において地域的なキリシタンへの立ち帰りを生む下地をなした。

そして上津浦といえば二十六年前、慶長十九年（一六一四）に同所駐在のマルコス・フェレイロ神父が国外追放になっている。一揆首謀者がフェレイロ神父に関する地域的な記憶をもとに「バテレンの予言書」を創りだす下地は十分にあったといえる。

全島で実施された「転び」改め

二つ目に注目したいのは、唐津藩の富岡役所が、上島の上津浦近郊でのバテレン摘発を受けて、すぐに転びキリシタンに再度の転びを強制していることである。たとえば、下島の高浜村では庄屋以下、転びキリシタンの五十九家族、百九十人が富岡城代と河内浦郡代に宛て転び証文を差し出している（「上田家文書」）。高浜村は、天草一揆の中心人物渡辺小左衛門が、「下島の志岐・大江・高浜・崎津・河内浦の五ヵ村に転びキリシタンが男女五、六千いるとのことです」と証言している五ヵ村の一つである。証文の本文を現代文で示すと次のようなものである。

私は、キリシタンでしたが、先年（寛永七年）の宗門改めで転び、一向宗になり、転び証文を書き、差し上げました。ところが、この度、赤崎村でバテレンが捕られ、キリシタン宗門の改めが行われ、重ねて転び証文を命じられました。そもそもキリシタンの宗旨は悪魔の教えです。内証にてバテレンが信仰への復帰を許しても、この証文を取り戻さなければ、キリシタンに立ち帰ることはできない教えなので、どのようなことがあっても、最後まで立ち帰ることはありません。我等妻子・召遣いの者までも、残らず転びました。キリシタンの宗旨は一人もいません。若し立ち帰れば、親子兄弟までも、火あぶりにしてください。後日のため以上のとおりです。

すなわち、この証文は、「先年」（寛永七年）の宗門改めで転んだ高浜村の転びキリシタン全員が、今回のバテレンの摘発を受けて、改めて「転び」改めを受け、今後、キリシタンに立ち帰らないことを誓約したものである。末尾に五十九戸・百九十人の檀那寺（安養寺）の住持が間違いない旨を保証して富岡城代と河内浦郡代に差し出している。

安養寺は、元和元年（一六一五）に始まる寺沢氏の転宗策にともなって唐津から移り住み、かつての下島の領主・天草氏の支配領域をもとに設定された河内浦郡代所の管轄する四十二ヵ村の檀那寺となった。高浜村の転びキリシタンも一括して安養寺の檀家に編成されている。

このように上島の上津浦近郊でバテレンが摘発されると、富岡城代はすぐに下島でも転びキリシタンに再度の転びを強制している。また、大矢野島での一揆蜂起直後、天草一揆の中心人物、渡辺小左衛門は庄屋・百姓ら四、五十人を率いて上島の栖本郡代所に押しかけ、キリシタンへの立ち帰りを申し立て、転び証文の引渡しを要求している。この転び証文も寛永十年の転び証文とみてよい。

こうしたことから考えて、上津浦近郊でのバテレン摘発直後、下島の高浜村において行われた転びキリシタンの転び改めは、天草全島規模で実施されていたとみてよい。郡代所は河内浦のほかに下島の本渡、上島の栖本に置かれている。富岡城代は郡内三ヵ所の郡代所、郡代所ごとの檀那寺と連携して全島規模で転びキリシタンに再度の転びを強制したとみてよい。

絶望的になった立ち帰り

つまり天草領では、寛永七年にいたる宗門改めにおいて、島内のキリシタン信者の全員が棄教し、郡代所ごとに設定された檀那寺に所属させられた。そして寛永十年六月、上津浦近郊でのバテレン摘発を受けて、富岡城代は転びキリシタン全員に対し再度の転びを強制し、転び証文を取り立てた。このバテレンの摘発によって天草・島原地域に潜入しているバテレンが事実上途絶え、転びキリシタンに対する再度の転びの強制は、転びキリシタンの立ち帰りの可能性を絶望的にした。

その際に注目したいのは、先の高浜村の転び証文において、「この証文を取り戻さなければ、キリシタンに立ち帰る事はできない教えなので、どのようなことがあっても、最後まで立ち帰ることはありません」と、転びキリシタンに対し、立ち帰りの気持ちなど起さないことを誓わせていることである。転びキリシタンが心底に秘め、信仰継続の拠り所にしていた立ち帰りを望んだとしても、その可能性が断たれたことを意味する。天草一揆における転びキリシタンの立ち帰りは、一揆蜂起の四年前、寛永十年六月の再度の転びの強制、転び証文の取り立てを抜きには理解できない。

寛永十年六月の転び証文において、天草の島々の転びキリシタンたちは、「先年」（寛永七年）につづいて再度転び、「この転び証文を取り戻さなければ、キリシタンに復帰できない」ことを誓っている。

そして四年後、寛永十四年十月以降、大矢野島・上島の大矢野・上津浦地域では、これら転びキリシタンの立ち帰りが進んでいる。立ち帰ったキリシタンたちの一方的な信仰復帰の表明である。領主側に差し出した転び証文において、「この転び証文を取り戻さなければ、キリシタンに復帰できない」と誓約している以上、一方的な信仰復帰の表明は意味をもたない。

転び証文の取り戻しなき立ち帰り

では、どうするのか。厳密には証文の相手である領主側、富岡役所側との関係を立ちきり、自らの信仰復帰を「でいうす」（デウス）に誓い、これを守って行動していく以外になかったものと思える。立ち帰りを表明したキリシタンは、立ち帰って行動すること、それも村として地域として集団行動することで転び証文の取り戻しなき立ち帰りの壁を破ろうとしたものと推測できる。

寛永十四年十月二十六日、天草領大矢野で一揆が蜂起すると、一揆の中心人物渡辺小左衛門は、四、五十人の庄屋・村人と連れだって大矢野から下島南部の栖本（現・天草市）に向かい、栖本郡代にキリシタンへの立ち帰りを宣言し、転び証文の引き渡しを求めた。一揆蜂起直後の大事な時期に、渡辺らがまず栖本郡代所に向かっていることは、寛永十年の転び改めで取られた二度目の転び証文を取り戻すためだった。郡代は「証文は富岡にある」と抗弁した。渡辺小左衛門は、証文を取り戻してはいないが、郡代に立ち帰りを宣言し、信者として行動することで区切りをつけたものと思える。

天草領での一揆蜂起直後、熊本藩八代城主細川忠興の世子細川立允は、富岡城代三宅藤兵衛のもとに状況を聞こうと使者を送った。使者が上島北部の須子（現・天草市）に船を着け、陸路、富岡に向かおうとしたところ、上津浦の百姓たちに押しとめられた。使者が「これから三宅藤兵衛殿のもとに使いでいくところだ」といったところ、「藤兵衛というのは昔の事、今はデイウスの御代になった」と言い放っている（『綿考輯録』第五巻）。二度の転びを経験した転びキリシタンたちは、「デイウスの御代」をつくるために行動し始めたものといえる。

長き潜伏の始まり

結局、天草領での一揆に際して、大矢野島・上島の大矢野・上津浦地域以外、キリシタンに立ち帰り、一揆蜂起に結集する村々はなかった。大矢野・上津浦の一揆が、唐津藩勢と戦う島子・本渡合戦から富岡城攻めの時期、下島の転びキリシタンも流動化するが、大勢として大矢野・上津浦の一揆に連動・加担する動きは限られていた。

天草一揆の中心人物、渡辺小左衛門が五、六千はいるという「志岐・大江・高浜・崎津・河内浦」の転びキリシタンも、富岡城攻めで一揆勢が敗走すると沈黙している。その後は長き潜伏化が始まり、これら「五、六千」の転びキリシタンは、十九世紀はじめ下島西海岸の村々において明るみにでる五千人余の潜伏キリシタンの存在に通じていくものと思える。

それにしても島原・天草一揆の鎮圧後、百数十年にわたってこれだけの人数の潜伏キリシタン村落が存続しえたのはなぜだろうか。領主側の禁教政策が厳格でありつつも、同時に形式的でもあったことに基本的な原因がある。たとえば先に述べたように、高浜村では寛永十年の転び改めにおいて庄屋以下、五十九家族、都合百九十人が再度転びを強制され、転び証文を取られている。

一般的には、転宗者（転びキリシタン）の親族は、子々孫々にいたるまでキリシタン類族として家系的に管理されていると考えられている。高浜村にも転宗者の類族改め帳簿はある。たとえば、崎津村・今富村・大江村・高浜村・都呂々村の寛延三年（一七五〇）の『転宗者并類族死失帳』が残されているが、そこに記載されているのは元和元年（一六一五）に転んだ九家族だけである。先にみた寛永十年六月の転び証文の対象となった高浜村の五十九家族、百九十人はこうした転宗者に入っていない。つまり、天草では藩主寺沢広高代の転びキリシタンの家系だけが延々と類族として管理されつつ、寛永七年につづき、寛永十年にも転びを強制された転びキリシタンは、『転宗者并類族死失帳』の対象外とされているのである。

渡辺小左衛門のいう「志岐・大江・高浜・崎津・河内浦」の五、六千人の転びキリシタンは、寛永十年の転び改めを受けつつ、その後格別に経過監視されることもなく、一揆後、毎年くり返される宗門改め・絵踏をやり過ごしながら潜伏化していったのである。

第二節　島原藩領の政治社会状況

島原藩領の一揆が、藩領の南部地域（南目）を基盤に起きた基本的な要因は、松倉氏がキリシタン領主有馬氏の伝統的な地盤である南目を離れ、藩領全体に「村の代官」を置いて統治したことにある。一揆は南目の村々において代官を殺害して蜂起している。一揆の主たる原因とされる松倉氏の「苛政」と「村の代官」殺害はどのように関係しているのだろうか。

1 「苛政」の農業生産力——溜池のない風景

一揆の原因として松倉氏の苛政が強調されながら、ついぞ島原藩領の農業生産について検討されることはなかった。一揆前後の島原半島の農業生産についてみておくことにしよう。

万を超す溜池

近世初期の島原半島の農業生産について注目したいのは、現在の島原半島に無数に点在する溜池の存在である。溜池は近隣の水田と結びついている。実は、この溜池のほぼ全てが戦後（第二次大戦後）に造成されたものである。島原・天草一揆当時、島原半島には「溜池のない風景」が広がっていた。

平成十年（一九九八）十月、当時の南有馬町（現・南島原市）において、「原城発掘——西海の王土から殉教の舞台へ」と題するシンポジウムが開かれた。その成果はそのままの題目で刊行されている。『原城発掘——西海の王土から殉教の舞台へ』（新人物往来社、二〇〇〇年）の編者であった石井進氏は、当時、棚田学会の初代会長でもあった。石井氏は、「編者のことば」において、白木野谷水地区（現・南島原市）の棚田を含む原城周辺地域のすばらしい棚田景観にふれ、現地視察に同行された方の、「これだ、この棚田こそ島原の乱の百姓が蜂起した原因に違いない」とのつぶやきに対し、次のような所感を述べている。

このように条件のわるい谷間に苦労して棚田を開き、経営していた百姓たちであればこそ、まさにそれ故に、伝えられるような大名松倉氏の苛政に反撥し、蜂起したに違いないとのお考えであろう。これは実に重要な問題点をズバリ指摘されたものである。果してこの考え方が的を射ているかどうか、この地域における棚田の歴史をはじめとする数々の研究が必要とされようが、なかなか魅力的な意見であることは間違いあるまい。

石井氏の指摘は的確である。実際、原城周辺地域のみならず、島原半島には想像以上に水田地帯が広がり、山間丘陵部では頂上に向けて重畳たる水田が伸びている。同時に驚かされるのは、棚田景観を支えている溜池の数の多さである。それもおびただしい数である。半島全体では万レベルの数に達すると思える。

改めて指摘しておきたいのは、溜池のほぼ全てが戦後に造成されたものだということである。むろん、先の白木野谷水地区の棚田にしても、「谷水」という地区名からもうかがえるように、古くから「谷水」（自然湧水・谷水）を利用した谷間の迫田（谷田）は存在していた。だが、石井氏が書いておられるような「せまい谷の上部まで見事に開かれて、まさに『耕して天に至』ろうとするほどの棚田が連続」している景観は、第二次大戦後に造成された溜池とともにつくり出された景観である。島原・天草一揆当時、現在とは大きく異なる田畑の景観が広がっていたのである。

島原半島の農業生産

近世初期の島原半島の農業生産を知る史料として『島原大概様子書』（『島原半島史』下巻）という記録がある。宝永四年（一七〇七）、松平氏の統治時代に完成し、その後何度か改定されている。掲示した二つの表は『島原大概様子書』のいくつかの数字を、藩領の北目筋、南目筋に分けて整理したもので

表１　島原藩領北目・南目の土地構成

	村　数	名(小村)数	村高合計	田方面積	畑方面積	新地面積	草刈場面積
北目筋	17ヵ村	61名	15,612石	1,289町	1,214町	1,112町	6,425町
南目筋	16ヵ村	69名	23,149石	1,815町	1,681町	1,121町（田方174町、畑方826町）	11,251町

「島原大概様子書」（『島原半島史』下巻）による。

表２　島原藩領北目・南目の水田の水利灌漑形態

	沼田	天水所	井手掛り
北目筋	352町4反	38町	816町6反
南目筋	206町6反	76町9反	1,315町1反

「島原大概様子書」による。

ある。村高は島原藩の表高四万石に対応したものである。表高に対する内高の過大さは松倉氏の苛政を示すものとして諸書に受け継がれている。十二万石とも十三万石ともいわれる表高の三倍以上の内高が試算されているが、近世の石高にはカラクリも多く、ここでは使用しない。また過大な内高を引用し、その信じがたい検地打ち出しから松倉氏の苛政を強調する研究も、なぜか表高の三倍もの検地打ち出しを可能にした農業生産力の発展、耕地の拡大については等閑している。

このように村の石高については問題が多いので、ここでは田畑の面積を基準におく。『島原大概様子書』の田畑は検地帳に登録された本田・本畑（表中の田方・畑方面積）と新地に分かれる。島原藩では新地のことを「新切」と称している。「新たに切り開いた」という意味であろう。『島原大概様子書』では藩領の村々を北目、西目、南目の三地域に分けているが、ここでは西目と南目を一括して南目として扱うと、北目筋と南目筋の本田畑・新地の構成は表1のようになる。本田・本畑の構成をみると、予想に反して田地が畑地を上回っている。『島原大概様子書』が貴重なのは、本田の水利灌漑形態を分類していることである。表2は両地域の本田の水利灌漑形態を示したものである。このうち「天水所」は自然の降水以外に水利灌漑の便宜を有しない田地であり、数量的に少ない。

「沼田」というのは、排水ができず常時水を田地に滞留させた湿田・強湿田であり、山あいの谷間に多く、棚田の基底をなしている。沼田の近くには湧水・谷水が流れ、「井手掛り」の田地の中心は沼田の下方部に展開していることが多い。井手掛りの田地は灌漑・排水も可能な乾田であり、排水して畑地化した乾田は裏作も可能である。一揆後の造成分を見込んでも、島原藩領の井手掛りはかなりの整備をみている。「苛政」一辺倒では見えてこない半島の農業生産の高まりがある。

進む新地開発

その意味で注目したいのが「新切」（新地）の面積と、新地と関係する「草刈場」の面積の過大さである。この新地は島原藩初期の検地、すなわち有馬氏の慶長十二年（一六〇七）、松倉氏の寛永七年（一六三〇）、高力氏の寛文二年（一六六二）の検地のいずれかの時期に本田畑と新地の線引きがなされており、内高の増加に帰結している。仮に松倉氏の寛永七年検地において新地の本田畑への組み入れ＝本田・本畑の確定がなされ、それ以後増加した田畑を「新切」と扱っていたとしても、島原藩領における畑地を中心とした新地開発の動きはきわめて活発である。

本田畑だけをみると田地が畑地を少し上回っているが、新地を加えると、耕地の七割近くを畑地が占めている。このことは百姓の生活＝再生産を考えるうえで重要である。私は熊本藩の天保十三年（一八四二）の藩領統計資料から、田畑の構成比率をもとに百姓経営の所得水準を算出したところ、田地率三十%くらいの畑作地帯が最も所得水準が高いという結果をえた（吉村豊雄『日本近世の行政と地域社会』）。一般的なイメージからすると、水田の多さが百姓の豊かさに結びついているように感じられるかも知れないが、実際はそうともいえない。畑作の比率が適度に高いほど百姓の所得は高い傾向にある。

その理由は、日本の近世＝幕藩体制というものが、米を基準にした石高制で動いているからであり、年貢も基本的に米で支払われる。したがって百姓は田作の米の多くを年貢と翌年の種籾に宛てており、自らの生活は畑作を中心に賄っていた。畑作の場合、当時でも三毛作ぐらいは普通であり、四毛作、五毛作も出ていたはずである。畑作の比率の大きさは百姓の貧しさをあらわすものではない。島原藩領における畑地の開発・開墾をもう少し評価する必要がある。

むろん、松倉氏の年貢制度が苛政と呼ぶ状況にあったのは確かであろう。同時に百姓たちは開墾・新地開発を活発に行い、大規模な「新切」を実現していた。そして新地開発と密接な「草刈場」も実に広大である。また、半島の村々には松倉氏の苛政に捕捉されていない海・山の恵みもある。そして中世・近世以来の営々たる畑地の開発を基礎に、第二次大戦後、万以上の規模で溜池が造成されると、「新切」の畑地は水田につくり変えられ、今日の見事な棚田景観をつくり上げているのである。

平成十年十月、石井進氏に同行され、原城周辺の棚田を案内された故人が、「これだ、この棚田こそ島原の乱の百姓が蜂起した原因に違いない」とのつぶやきを、私なりに受け継ぐとすれば、島原藩領の百姓たちは、有馬氏・松倉氏の過重な年貢制度のもとで、生産基盤の拡充を求めて谷間の「沼田」（迫田）の上部の丘陵筋、草刈場近郊の原野に向けて新地開発に専心していたと思える。そうした勤勉な生産意欲が、寛永十年代に連続する凶作・飢饉状況のもとで、嘆息と怨嗟に転化する事態が招来したのではないかと推測される。

ただ、当時の島原藩領の農業生産をみる限り、藩領の南目と北目との間にそれほどの差異は存在しない。島原・天草一揆の段階、何が南目と北目の村々の動きを分けたのだろうか。

2　キリシタン領主の村

前述したように、島原藩領の一揆は藩領の南部地域、南目の村々において眼前の代官を殺害して蜂起している。有馬氏・松倉氏の時代を通じて島原藩領の村には代官が置かれているが、有馬氏時代の「村の代官」と松倉氏時代のそれとは、何が違っていたのだろうか。

村を枠組みとした領内体制

島原藩領は戦国時代以来、キリシタン領主として知られる有馬氏の領地であるが、有馬氏も松倉氏も「村」を枠組みとした領内統治を行ったことでは共通している。

近世初頭、有馬氏の領内統治が「村」を枠組みにしていたことは、藩主有馬晴信の法令が個別の「村」を対象に出されていることに象徴されている。たとえば藩主晴信は、慶長十一年（一六〇六）に千々石村（現・雲仙市）に対して二十一ヵ条の法令を出している（外山幹夫『肥前有馬一族』）。その一部を示せば、次のようなものである。

条々　　　　千々石村

一、留守中、千々石村の諸公役を停止し、耕作に専念するように申し付ける。付けたり、万一、余儀なき子細があれば、各々が談合をもって申し付けよ。
一、麦の納入は念を入れ、少しも未進なく、早々に収めるように、検者どもへも確かに申し付けよ。
一、加子・百姓以下、一人も走らぬように、堅く申し付けよ。
（中略）
一、千々石村の米・麦の未進、ならびに貸し付けた籾・麦の改めのこと。
一、千々石村の百姓・町人など、だれでも他方へ行かないようにせよ。但し、遠近により沙汰せよ。
（中略）
一、留守中、千々石村の法令を申し付けたうえは、百姓どもに格別に憐愍を加え、少しも贔屓・偏頗なく、何事もありように申し付けよ。
慶長十一年卯月十一日　晴信

藩主の名をもって出された法令は、領内レベルで出されるのが普通であるが、この法令は千々石村という個別の村を対象に出されているところに大きな特色がある。千々石村は、もともと在地有力者の千々石氏の本拠であったが、有馬氏が千々石氏を断絶にして没収し、直轄地とした。有馬晴信は、一時、千々石城を軍事上の本拠とし、弟のドン・エステワンを千々石村に置いているように有馬氏の権力基盤を構成する村の一つである。

この「条々」は、晴信が自分の留守中の千々石村の支配について代官にこまごまと方針と注意を示したものであり、内容的には領内の村々にも共通するような基本法令である。こうした基本法令が藩主晴信の名をもって千々石村という個別の村を対象に、村の支配にあたる「各々」（代官）に対して出されている。

村の家臣と代官

有馬氏時代の代官について、たとえば、ルイス・フロイスの『日本史』によると、有馬義貞（晴信の父）の時代、有馬氏の本拠である有馬村（現・南島原市）は、「身分の高い貴人」「有馬の最高位の代官」である「東殿」「西殿」が有馬村を東西に二分して管轄していた。

有家村（現・南島原市）では、有馬晴信の叔父で最有力老臣である安富徳内が村に屋敷を構え、代官の任にあたった。また慶長十七年（一六一二）当時、老臣（家老）のジャコベ松島源之丞が有家村に住み、同村の代官であった。村には松島源之丞だけでなく、村内に知行地を持つ「多くの貴人や身分の高い人たちが住んで」いた。本書で一揆謀議の中心人物とみる松島半之丞は、このジャコベ松島源之丞のせがれと考えられる。

このように有馬村・有家村には藩主の蔵入地とともに家臣の知行地も存在し、家臣が知行地の村に居宅を構える在村知行制をとり、在村する老臣（家老）クラスの重臣が代官に配されていた。

千々石村も同様の村支配の体制がとられていたものとみてよい。代官は千々石村の仕置全般にわたる裁量権を持ち、藩主の直轄地（蔵入地）のみならず、家臣の知行地を含めた村全体の支配にあたっている。

有馬晴信の時代には、村に居住する家臣の「入れ替え」を行いつつ、「村の城」を中心に、村を枠組みとした家臣と信仰の組織が一体的に整備された。

有馬氏時代の「苛政」

島原藩領の一揆の原因として松倉氏の苛政が強調されるが、有馬氏の時代にも同様の指摘ができる。有馬氏が日向延岡に国替になり、元和二年（一六一六）に松倉氏が入部するまでの約二年間、島原藩領は大村・鍋島・松浦の三氏により分割管理される。三会・三之沢・東空閑・杉谷・大野・湯江（以上、現・島原市）の六ヵ村を管理した大村氏の元和元年の年貢勘定目録によると、次の点が指摘される。

①六ヵ村の有馬氏の「上知」高＝大村氏の引き継ぎ高は八千五百三十三石である。これは藩領で用いられた実勢の石高（内高）であるが、島原藩の公式石高四万石に対応した村高（表高）の合計は三千三百二十三石であり、差額の四千九百八十二石は有馬氏による検地打ち出し分を反映しているとみられる。近世の石高は便宜性・机上性が高く、従来の研究にみられる表高と内高による検地打ち出し率の算出には問題もあるが、参考までに示しておけば、内高は表高の二・六五倍となっている。

②年貢米の三十八％が赤米（大唐米）であり、種籾の貸し付け量も赤米が米の三倍を占めている。赤米にみる田地耕作の不安定性のもとで種籾の高利貸し付けが行なわれ、さらに検地の大幅な打ち出しが行われたことになる。このように苛政といえば、有馬氏の時代からその傾向を指摘できる。

3　「苛政」と代官殺害の構図

島原藩領の南北問題

島原藩領の一揆の原因として常套的に松倉氏の苛政が指摘されるが、松倉氏のもとで苛政が問題化する基本的な要因は、松倉氏が、有馬氏の伝統的な地盤である南目を離れ、北目寄りに拠点を移し、藩領全体に「村の代官」を置いたことにある。

松倉氏は入国すると、とりあえず有馬氏の旧城の日野江城に入っているが、数ヵ月後、島原の浜の城に移り、ただちに森岳城（島原城）の築城にとりかかっている。松倉氏は、新城建設と併行して有馬氏時代の「村の城」の破却を推し進め、「村の城」を中心とした家臣組織、家臣が居住する村に知行地を持つ地方知行制を廃止した。そして島原から派遣された代官が、藩領全体の村々を統治する統一的な支配体制が整備されていった。

松倉氏が、有馬氏の伝統的地盤である南目から離れ、家臣が居住する村に知行地を持ち、村の支配に関わる地方知行制をとらなくなったこと、有馬氏のような家老クラスの在村の代官でなく、村に島原派遣の「村の代官」を配置したことは、とくに南目地域への地方統治力を弱体化させたとみてよい。そこで松倉氏は、村の信者組織の中心でもある村役人＝庄屋・乙名に転宗策を集中し、代官には村内にも屋敷を持たせて村支配を強化した。

松倉氏の苛政については、島原藩領での一揆蜂起当時、肥前大村の獄中にあったポルトガル人のドアルテ・コレアの「手記」に、「憐れなる農民の膏血を絞って大名の増収」を図る松倉氏の苛政の実体が示され、信じがたいような多種多様な年貢の種類も明らかにされている（「ドアルテ・コレア島原一揆報告書」『長崎県史』史料編第三）。また、寛永十年代の九州諸藩において凶作が連続し、寛永十三年（一六三六）をピークにたびたび多くの餓死者を出す飢饉に立ちいたったことも知られている。

こうした凶作状況のもとで年貢取り立てを強行し、飢饉を現出していたのは、なにも島原藩だけに突出した現象ではないが、島原藩において「村の代官」による厳しい年貢取り立てがなされ、飢饉を現出していたことは事実であったといってよい。ただ、こうした状況を苛政というならば、有馬氏の時代にも同様の指摘ができることは先に述べたとおりである。

松倉氏の治政が「苛政」との不満を増幅させていったのは、村の支配をめぐる有馬氏時代との違い、「昔（有馬氏の時代）はよかった」との思いが底流にあったものと思える。有馬氏も松倉氏も「村」を枠組みとし、代官による村支配を行っている点では類似しているが、有馬氏の時代は、有馬氏の家臣が村に住み、家老クラスが村の代官となり、先の千々石村に宛てた有馬晴信法令にみるように、代官の側に大幅な村支配の裁量権が認められていた。

村に居住する家臣の多くはキリシタンであり、有家村の代官・ジャコべ松島源之丞のように重臣の代官自体がキリシタンであった。在村する家臣や代官の存在は百姓側にも負担であったろうが、同時に年貢減免など種々の訴願も眼の前にいる代官に訴え、要求し解決もできた。有馬氏の「キリシタン領主の時代」には、「村」を枠組みとした領主・領民関係がより身近な日常的な関係として存在していたといえる。

松倉氏のもとで村の状況は変わった。島原藩の大名が有馬氏から松倉氏に代わると、有家村のジャコべ松島源之丞のように、有馬氏時代の在村家臣の多くは牢人となり、帰農し庄屋・乙名といった村役人になる者も多かった。松倉氏は、これら村役人層にキリシタン「迫害」を集中し、島原から派遣された「村の代官」のもとに編成しようとした。松倉氏のもとで苛政を生み、また、苛政への不満を増幅させていった下地はここにある。

村のキリシタン組織

近世初頭の有馬氏の時代、島原領は「領民の全てがキリシタン」であった。天正十五年（一五八七）、豊臣秀吉は、島津氏を討って九州を平定した軍事遠征の帰途、博多においてバテレン追放令を出した。その際に、秀吉は、博多の陣営にいたキリシタン領主に棄教を迫り、高山右近を除く、キリシタン領主が棄教に応じている。有馬晴信も棄教している。ただ、晴信の棄教は少し違う。イエズス会側史料によると、晴信は棄教を迫った秀吉に対し、「御意次第」と答えている（神田千里「伴天連追放令に関する一考察」『東洋大学文学部紀要』史学科篇37）。

晴信の「御意次第」という答えは、「秀吉様の御意に従います」というより、「どうとでもお好きなように解釈してください」というような響きに近い。実際、有馬晴信は帰国すると、平戸に集まっていたイエズス会宣教師全員の受け入れを表明し、その大部分を領内に受け入れている。有馬晴信が真のキリシタン領主になるのは、バテレン追放令の直後であるといってよい。

では、近世初期の島原藩領のキリシタンたちはどのような状況に置かれていたのか。有馬村とならぶ一揆の拠点的な村となった有家村に即して、松倉氏の入国初期の村の信仰組織についてみていこう。

有家村には全国の有力信者がイエズス会側に提出した元和三年（一六一七）の証言文書が残されている（松田毅一『近世初期日本関係南蛮史料の研究』）。この文書は、先に述べたように、慶長十八年（一六一三）、徳川家康によって出された禁教令によってキリシタンへの弾圧が激しくなり、他の修道会からイエズス会の宣教師が信者を見捨てているとの中傷がなされたので、時の日本管区長マテウス・デ・コウロスの依頼によって全国各地の有力信者が、イエズス会宣教師の司牧活動について証言した証言集である。

この証言文書は、松倉氏が入国した翌年の元和三年に作成されているが、すでに有馬氏のもとでも前領主有馬直純の時代の慶長十七年からキリシタンの転宗策が強化されていた。松倉氏も入国と同時に転宗策に着手しており、宣教師の活動がしだいに制限されつつある状況下で証言文書は作成されている。島原藩領の証言文書は「肥前国　有馬」、「肥前国　有家村・布津村・深江村」、「肥前国　嶋原町・山寺・三会町」の三通が存在する。

有馬村は単独で証言文書を作成しているように、村全体が大きな信仰組織である。ただ、同村の信者代表者の署名部分は名前と洗礼名だけであり、ここでは信者代表者の肩書の記載がある有家村についてみておきたい。同村の証言文書の条文も三ヵ条からなる。条文で注目したいのは、元和三年当時、島原藩領に四人の神父が潜入し、司牧活動を行っていると証言していることである。実際、当時の南高来郡にはパシェコ、ゾラ、ジョアン・デ・フォンセカ、中浦ジュリアンの四人の神父が潜伏していた（五野井隆史『島原の乱とキリシタン』）。したがって信者たちが、転宗策で心ならずも転んだとしても宣教師のもとで信仰を取り戻すことも可能であった。三ヵ条の証言の条文のあと、信者の代表が署名しているが、有家村の署名部分を、ラテン語・日本語の洗礼名を略し二段組みにして示すと次のとおりである。

有家村庄や　馬場内蔵丞　　有家村組頭　林田七左衛門
同　大窪吉左衛門　　同　矢橋吉兵衛
同　山仁田清介　　同　古江源内
同村乙名　池田七右　　同　中山九郎左
同　田中次郎左　　同　鬼塚監物
同　明司久左　　同　作左衛門
同　中山新五　　同　中山助左
同　原槙喜左衛門　　同　伊東舎人
同　西原作右　　同　後藤清右
同　伊藤大炊助　　同　長橋新八郎
同　松嶋元（源）之允

有家村は内部に十六の小村を抱える村高四千四百七十石の大きな村であり、証言文書には庄屋三人、小村の乙名七人と十人のコンフラリヤ（組）の組頭が信者代表として署名している。名前からみても署名者の多くが帰農した牢人か、武士的系譜をひく有力百姓であろう。先にみた松島源之丞のように、有馬氏時代の在村の家臣で、その後帰農した牢人が何人か存在するものとみてよい。庄屋・乙名の村組織と組頭を世話役とした信仰組織＝コンフラリヤ（組）が固く結びついており、当時の信徒組織として全国屈指の組織性をみせている。

村の信仰リーダーたち

有家村の信者代表に庄屋の馬場内蔵丞、乙名の松島源（元）之丞がいる。馬場内蔵丞の父が馬場休意（有家監物）である。有馬氏時代の馬場休意は有馬氏の家臣であり、有馬氏の日向国替後も村にとどまり、せがれの馬場内蔵丞は同村の庄屋となっている。馬場休意も内蔵丞の前の庄屋であったと想定される。馬場休意は、このあと有馬村における一揆蜂起に際して代官殺害事件を主導し、その後有家監物と名乗り、原城一揆の実質的な中核となる。かの天草四郎の舅（岳父）とも擬せられる人物でもある。

松島源之丞は、先に述べたように、キリシタン領主有馬晴信の時代の家老であり、有家村に屋敷と知行地をもった在村の家臣であり、同村の代官でもあった。洗礼名はジャコベである。松島は、有馬晴信の次の直純の代に転宗策により知行を没収され、牢人となり、有家村で帰農している。松島源之丞はその後有家村の村役人となり、村の信者組織の中心となっている。有家村と松島源之丞との関係は島原藩領南目の村々のキリシタン組織の一つの典型である。

有馬氏の日向国替で島原藩領に残された有馬氏家臣は多かった。平戸オランダ商館長のニコラス・クーケバッケルは、有馬氏が「全員を有馬に残して出発」したと記録しているくらいである（『平戸オランダ商館日記』）。こうした有馬家牢人は屋敷のある村方で帰農し、馬場休意や松島源之丞のように村役人となり、キリシタン組織の中心ともなった。

村の信仰リーダーと一揆謀議を結ぶ線

松島源之丞について今一つ注目したいのは、寛永十二年（一六三五）末に松倉家を退去し、一揆首謀者となった松倉家牢人である松島半之丞の父親が、この松島源之丞と想定されることである。松島源之丞は主君の有馬直純の転宗策に抗して知行を没収され、牢人となっており、その信仰態度はせがれの半之丞にも受け継がれていよう。

ミゲル松島半之丞は松倉氏に召し抱えられつつ、勝家の代に藩主への批判を強め、四十七人の仲間とともに主家を退去している。あとでみるように、その理由の一つが転びの強制にあったと推測される。ここに有家村の松倉家牢人の松島半之丞と馬場休意（有家監物）という関係が一揆謀議の主軸として浮き上がってくる。

このように元和初年ごろの有家村の信仰組織は、有馬氏（直純）・松倉氏のもとで転宗策が展開されつつも、「領民の全てがキリシタンであった」有馬氏時代の在地構造を継承し、村の組織と信仰組織が一体的な関係で結びついていた。また、藩領内には四人の宣教師も存在し司牧活動を行っており、仮に転宗したとしても立ち帰る方途は開かれていた。

島原藩領の村・町にはもう一つの信者の証言文書として、十六世紀末に日本に進出したフィリピンのドミニコ会の証言文書がある。長らく単独で日本で布教していたイエズス会に対抗しつつ、転宗した人びとをキリスト教に復帰させた。自派の信仰組織に組み入れるに際して徴した証言文書をみると、ドミニコ会士コリャードは、松倉氏が入国当初の元和初年に実施した転宗策によって転んだ人びとを「残らず」信仰に復帰させたとしている（松田毅一『近世初期日本関係南蛮史料の研究』）。

イエズス会の証言文書が作成された元和初年段階、信者にとって転宗したとしても宣教師との関係で信仰に復帰する方途は開かれていたし、ドミニコ会のように、転びキリシタンの「立ち上げ」（信仰復帰）を通じて教勢を伸ばす会派も存在した。しかし、松倉氏のもとで全てのキリスト教信者が転宗を余儀なくされ、宣教師の潜伏活動も困難になってくると、転びキリシタンが信仰復帰する方途が絶望的な状況となっていくことになる。

転び証文取り戻し行動の蹉跌

松倉氏は、寛永二年（一六二五）と寛永四年に藩領全域にわたる転宗策を推し進め、拒む信者には迫害を加え、寛永七年にはほぼ全てのキリスト教信者を棄教に追い込んでいる。

まず、松倉氏は、寛永二年に藩領全域にわたる「宗門御穿鑿」を行い、信者に「宗門替わり」（棄教）を強制し、これに応じなかった七人を「海に沈め」、十人を「（雲仙の）温泉地獄に沈め」るという迫害を行っている（「肥前国有馬古老物語」『島原半島史』中巻）。

「宗門御穿鑿」というように、単なる宗門改めでなく、キリスト教信者に棄教を迫り、拒む者には名をとどろかせている雲仙の「温泉地獄」をもって臨んだことがうかがえる。

寛永四年には、藩主重政は「キリシタン全部の名簿」の作成を命じ、棄教を迫る責め道具として、「切」「支」「丹」という極印を取り入れ、棄教を拒む信者に焼けた極印を額や頬に刻みつける方式をとった（レオン・パジェス『日本切支丹宗門史』下巻）。「北有馬村農夫の覚書」とされる『肥前国有馬古老物語』によると、長崎奉行水野守信は転宗手段として威力を発揮した方策を松倉重政に授けているが、その責め道具が「切」「支」「丹」の極印であった。

有家村においても、寛永二年の「宗門御穿鑿」と同四年の「キリシタン全部の名簿」作成によって、キリスト教信者の多くが棄教し、転び証文を提出したと考えられるが、パジェスの『日本切支丹宗門史』によると、有家村では殉教事件がつづき、寛永四年にも「有家のキリシタン五十人はこの様を見ても、固く信仰を守っていた」とある。

そして、寛永五年には棄教した信者たちによる転び証文取戻し騒動が起きている。有家村の騒動について、『肥前国有馬古老物語』には次のような記述がある（『島原半島史』中巻）。現代文に直して示そう。

寛永五年には、有家村の村民二百七人が以前に転んで証文に判を捺したことを後悔に思い、各々残らず連れ立って、島原に判形を取り返しに押し寄せた。その内、権左衛門・作右衛門・休意夫婦・又右衛門・監物が娘、この七人はその張本であり、竹鋸にて挽かれた。そのほかの人びとは堪えかね、皆々が転んだ。しかし、吉兵衛一人は転ばず、終に竹鋸で挽かれ、落命した。権左衛門以下の七人は頭人であるので、権左衛門・作右衛門は誅罰され、残る四人は助命された。その後、有家村庄屋の（馬場）内蔵丞らが堀の内の田に埋められ、竹鋸にて首を挽き落とされた。この者は外道宗門ではないが、村中をみだりにしたので、右のごとく仕置された。

寛永五年、馬場休意をはじめとする有家村の村民二百七人が、藩側の圧力に屈して宗門を転び、証文に判形を捺したことを「後悔」し、転び証文に捺した判形の取り消しを求めて島原城の役所に押し寄せている。「権左衛門・作右衛門・休意夫婦・又右衛門・監物が娘」の七人が、騒動を主導した「張本」とされている。

作右衛門とは、先の元和三年の証言文書に示した有家村乙名の「西原作右」であろう。「監物が娘」

とは有家村組頭の鬼塚監物の娘であろうか。人数的にみて姉妹で加わっている。「休意」とは馬場休意のことである。夫婦で集団行動の先頭に立っている。

藩当局は、転び証文の取り消し騒動を受けて、再度、有家村の転びキリシタンに転びを迫り、騒動の「張本」とされた「権左衛門・作右衛門・休意夫婦・又右衛門・監物が娘」には首を竹鋸で挽かせる拷問を加え、権左衛門・作右衛門を竹鋸で誅伐している。また二度目の転びを頑強に拒んだ吉兵衛（トマス吉兵衛）も竹鋸で挽かせて惨殺した。松倉氏は、あくまで棄教を拒む信者を誅伐し、残る村民を転ばせる方策をとっている。

それでも殉教事件はつづき、寛永七年が殉教の節目となる。この年に有家村は大がかりな殉教を経験し、棄教した村民が残されることになる。馬場休意もその一人である。寛永七年の殉教事件について、パジェスの『日本切支丹宗門史』は次のように記述している。

一六二七年（寛永七年）には、住民が信仰に熱心な有家における迫害は物凄く、おびただしい人々が落命した。五月十九日に、キリシタンたちは仏僧の家に連れて行かれた。二百八十人の中、漸く五十人が頑張った。彼等は島原に導かれ、そこで残虐極まる拷問を受けた。

パジェスによれば、寛永七年の時点で棄教を拒む村民は二百八十人を数えていた。これらの信者は「仏僧の家」（寺）で棄教を迫られ、これを拒んだ五十人は島原に連行され、「拷問」を加えられている。そして同年九月、藩当局は有家村の信者組織の中心的存在を拷問のうえで誅伐し、有家村の転宗策に目途をつけている。

この時の拷問で有家村では庄屋の馬場内蔵丞・大窪吉左衛門、組頭の林田七左衛門・古江源内が惨殺されている。庄屋・組頭の四人は潜伏中のイエズス会日本管区長（マテウス・デ・コウロス）の行方を知っているものとして拷問され、殺害された。庄屋の馬場内蔵丞らの村役人は竹鋸で惨殺され、その首が晒された。馬場休意（有家監物）は、転び証文を取り戻すどころか、拷問のすえ二度の転びを強いられ、さらにせがれの馬場内蔵丞を惨殺されている。この深い悔恨と怨念は、休意の胸に深く沈潜していたことは想像にかたくない。

二度の転び——代官殺害の意識化

有家村のキリスト教信者は、寛永二年にその多くが転び、寛永五年の転び証文取り消し騒動によって再度転びを強制され、寛永七年には信者の全てが転びキリシタンとして確定した。それは、「領民の全てがキリシタンであった」島原藩領の全ての信者の運命であったといえる。先にみた天草領のキリシタンも同時期に信者の全てが転びキリシタンとなっている。天草領の転びキリシタンは、寛永十年六月に下島の上津浦近郊でバテレンが摘発されると、全員に再度の転びが強制されている。

天草領の転びキリシタンは、全員が二度の転びを余儀なくされ、島原藩領の転びキリシタンも多くが二度転んでいる。ドミニコ会の元和七年十一月十日付けの証言文書によると、松倉氏による元和初年の転宗策によって「ころび申す者、数限りなく」いたが、ドミニコ会の宣教師によって全員の「立ち上げ」＝立ち帰りがなされたとある。ドミニコ会の証言文書では信仰に復帰することを「立ち上げ」といっているが、この証言文書は、松倉氏による元和初年の転宗策で転んだ信者が、信仰への復帰を表明したものである。しかし、「立ち上げ」となった信者も、寛永四、五年の転宗策によって、より厳しく転びを強制されていたはずである。信者たちは二度転ばされたのである。

従来の研究では、一揆蜂起の直前、寛永十四年十月に一気に進んだ立ち帰りによる信仰復帰は問題にしても、島原藩領・天草領のキリスト教信者に広く認められる二度の転びの事実を看過させている。こうした信者が二度目に転び、「立ち上げ」「立ち帰り」の可能性が閉ざされた時、信仰を捨てただろうか。二度転んだ信者は、二度の「後悔」（コンヒサン）を経験することになるが、その「後悔」は密かな信仰の継続の意志につながったのではないか。

また、松倉氏によるキリシタン「迫害」は村役人に集中して行われているが、せがれを惨殺された馬場休意夫婦にみるように、「迫害」被害者の家族・関係者は、その怨念というべき内奥を密かな信仰の継続という形で転化させていたように思える。

島原藩領での一揆蜂起直後、寛永十四年十月二十七日の朝、熊本藩領の飽田郡小島村（現・熊本市）に逃げてきた落人が、一揆蜂起の状況について、「長門守殿（松倉勝家）より切支丹改めをきびしく申し付けられ、内証はキリシタンを転んでいない百姓たちが、申し合わせて一揆を起した」と供述している（『綿考輯録』第五巻）。島原藩では藩主重政代の寛永四〜七年には全てのキリシタンが転んでおり、勝家代の厳しい「切支丹改め」は、転びの苦痛と悔恨を呼び起こさせたが、同時に、信者に「内証はキリシタンを転んでいない」との意識を持たせたのではないか。

天人たる「四郎殿」は、こうした在地状況のもとで出現している。転びキリシタンが「四郎殿」のもとで立ち帰るためには、信仰を継続する意思を具体的な行動で示すことが求められた。ある時点で眼前にいる敵（ゼンチョ）として、「村の代官」の存在が意識されたものと思える。

在中の軍事力——先んじた島原藩の「鎖国」体制

島原藩領の南目の村々が代官殺害を意識し、武力蜂起する軍事的な契機となったのは、自らの村に大量に存在する鉄砲・弾薬と在地鉄砲組織、いわば在中の軍事力の存在である。

松倉氏は、入国すると間もなく居城を前領主有馬氏時代の日野江城・原城から藩領北目寄りの島原に移しているが、港湾の拠点は島原と原城に近い口之津であった。口之津との関係で注目したいのは、寛永十四年十月二十五日に蜂起した島原藩領の一揆が、口之津の武器庫「御用蔵」を管理下に置き、二人の蔵奉行を拘束していることである。

この「御用蔵」について、『耶蘇天誅記』には、一揆勢が、「領主（松倉）長門守勝家、南蛮船襲来用心のために、兼て積み置きたる兵糧五千石、鉄砲五百余挺、鉛丸七箱、銃薬二十五箱、その外弓・長柄等を悉く奪い取り、早速城中に取り入れた」とある。重大な記述である（『耶蘇天誅記』『島原半島史』中巻）。一揆勢が口之津の武器庫の兵糧・武器・弾薬を奪い、原城に立て籠もる際に運び入れたというのである。松倉氏が口之津に武器庫を置いていたことは、一揆勢が二人の蔵奉行とその家族を拘束し、蔵奉行の一人を一揆勢の幹部とし、男の子供たちを天草四郎の「小姓」として仕えさせていることでも確実である（『原陣温故録全』『島原半島史』中巻）。

松倉氏は、藩主重政の代から、島原築城後も島原とともに、口之津を領内の港湾拠点として位置づけていた。そして重政は、幕府から命じられたキリシタンの取り締まりを徹底すべく、イエズス会の宣教活動の拠点である呂宋（マニラ）を軍事的に叩くことを幕府に進言し、寛永七年（一六三〇）十月十四日、長崎奉行の竹中重義と連携して宣教師派遣の実態を探索するためマニラに船を派遣した。そして、寛永七年にかけて領内の転宗策を徹底し、口之津を中心に南蛮船に備えた沿岸防備体制をとっている。藩主重政は、マニラに探索船を派遣した五日後、小浜（現・雲仙市）にて急死しているが、次の藩主勝家の代にも重政代の治政の方向が継承され、口之津に武器庫と蔵奉行を置き、南蛮船の来航に備えた沿岸防備体制は強化された。

島原藩の沿岸防備体制といっても、口之津に配置された家臣は二、三人の蔵奉行だけである。島原藩の沿岸防備体制が南目の村々の在地鉄砲組織を基盤に編成されていたことをうかがわせる。その意味で注目したいのが、原城膝下の港湾、有馬村の北岡に所在している「鉄砲屋大膳」の存在である。

鉄砲屋大膳は、毎年藩側に鉄砲を製作・納入し、一揆段階で都合「千挺」もの鉄砲を納入している鉄砲製造鍛冶であり、武器商人であった（「島原一揆松倉記」『島原半島史』中巻）。この大膳が島原城下に移住せず、有馬村の北岡にとどまったのは、口之津の武器庫と海岸線の在地鉄砲組織に鉄砲と弾薬を供給する存在だったことをうかがわせる。島原藩は、口之津の武器庫と北岡大膳の鉄砲・弾薬製造所のもとに在地鉄砲衆を組織して、南蛮船の来航に備えた海岸防備体制をとっていたと想定される。

周知のように、幕府は、島原・天草一揆のあとポルトガル船の来航を禁じ、国家レベルで海禁・沿岸防備体制をとって「鎖国」を具体化し、九州諸藩もポルトガル船の襲来に備えて海岸線の要地に兵員と武器を配備しているが、島原藩は、一揆以前の時期から、いわば藩「鎖国」体制をとっていたことになる。

この藩主勝家代の島原藩がとった藩「鎖国」体制、そのための口之津の武器庫と有馬村の鉄砲・弾薬製造所に存在した大量の武器・弾薬、南目の村々の在地鉄砲組織、こうした在中の軍事力が、南目の村々に、武力蜂起、そのきっかけとしての「村の代官」殺害を意識化させることになる。

第二章　武力蜂起へのシナリオ

島原・天草一揆は、百姓主体の一揆ながら、最初から武力蜂起、領主側との軍事対決が志向されている。すなわち一揆は、島原藩領において「村の代官」を殺害して蜂起すると、その後天草領の一揆と合流しつつ、一貫して合戦と城の占拠を志向し、最終的に島原一揆勢が「本陣」としていた原城に立て籠もり、幕藩軍を迎え討っている。

そこには領主側に対する訴願的な側面は一切なく、初発から領主側の血を流し、訴願に基礎をおく百姓一揆的な妥協性を切り捨て、退路を断って「城の占拠」をめざしているところに一揆の歴史的特性が認められる。武力蜂起へのシナリオは、どのようにしてでき上がったのだろうか。

第一節　一揆のシナリオ

1　一揆謀議の始まり――松倉・寺沢家臣集団退去事件

松倉家の抗争

島原・天草一揆の企てのきっかけは、寛永十年（一六三三）ごろにさかのぼる。島原と天草で一揆が蜂起する約四年前のことである。一揆の直前の時期に島原や天草では何が起きていたのか。

実は、この時期に天草では上島の上津浦近郊でバテレンが摘発され、全島規模で転びキリシタンの転び改めが行われ、島原藩松倉家では家臣が集団で退去する事件が起きている。家臣の集団退去事件は二度にわたって起きている。二度目は天草を飛領とする唐津藩寺沢家をまきこんで起きている。この知られざる松倉家と寺沢家の家臣集団退去事件からご紹介しよう。

松倉家において最初の事件が起きたのは、寛永十年九月半ばごろのことである。当時参勤のため豊後鶴崎（現・大分市）に着いた熊本藩主の細川忠利が、府内目付の駒木根政次・堀利政に宛てた寛永十年九月十五日付けの書状において、「松倉の家臣が内々に申し分ありとして、三十五、六人が立ち退いたとのことを、昨日、国元から知らせてきた」と知らせている（『細川家史料』十七）。

府内目付とは、徳川家康の三男、結城秀康の嫡男で越前北ノ庄城主（六十七万石）を改易され、豊後府内（現・大分市）に配流されている松平一伯忠直を監視するために一年交替で付けられた幕府役人である。長崎奉行が江戸に戻っていたので、府内目付の二人が当時九州にいた唯一の幕府出先役人であった。府内目付は平時から九州諸藩の監察的役割も果たしており、諸藩の政治情報も通報されていた。細川忠利は、松倉家の御家騒動をうかがわせる国元からの知らせを受け、鶴崎から船出する前に府内目付に通報したものである。松倉家の情報は幕府に知らせておくべき内容と判断されたからである。

細川氏の国元、熊本からの知らせによると、松倉家では藩主勝家に「申し分」があるとして、三十五、六人もの家臣が立ち退いた、というのである。松倉家の家臣たちが最終的に主家を退去するのは寛永十二年末であり、その間、彼らは「申し分」を幕府に訴え、それぞれの在所（知行所）などに移り、幕府の裁定を待ったものと思える。

松倉家では寛永七年（一六三〇）十一月に初代の重政が死去し、勝家が藩主に就いていた。代替わり直後から御家騒動は噴き出していたものと思える。天草領を領知する唐津藩寺沢家でも寛永十年四月に初代広高が死去し、堅高に藩主が交替している。両家ともに二代目の評判は悪かった。寺沢家の場合、二代目の堅高は、徳川政権の要人であった初代広高との落差が大きく、家中の不満は飛領の天草にも波及した。松倉家では新藩主に対する批判は御家騒動に発展し、四十人近い家臣が「申し分」ありとして幕府評定所に訴え出ている。

幕府の審理は長引いている。寛永十一年から翌年にかけて「松倉家中よりの訴状」が幕府評定所で審理されている（『細川家史料』十八）。審理が長引いたのは、家臣側の「申し分」が重大な内容だったことを推測させる。しかし、藩主勝家の身に変わりがないことからみて、結局、家臣たちの訴えは斥けられ、帰参はかなわなかったものとみてよい。最終的に退去した家臣は都合四十八人に及んでいる。一揆蜂起の二年前に起きた、これだけの規模の松倉家の抗争事件が島原・天草一揆と無関係であるはずがない。

この松倉家の御家騒動について佐賀藩鍋島家の家譜『勝茂公譜考補』には、「長門守（松倉勝家）は父にも似ず、武を忘れ、諸士を愛さず、色を好み、酒に耽りて、領内の仕置正からず。家中の輩これを疎み、寛永十二年に大身・小身の侍四十八人申し合わせ、暇をも申し請けず、長門守兼ねての不足を申し立て、白昼に城下を立ち退く」と記述されている（『佐賀県近世史料』第一編第二巻）。外から見ていても、松倉家の内紛が尋常でなかったことがうかがいうる。

熊本藩八代城主の細川忠興は、孫の光尚（熊本藩主細川忠利の嫡男）に宛てた寛永十四年十一月七日付けの書状において、島原藩領での一揆蜂起を受けて、その原因が寛永十二年の松倉家の御家騒動にあったことを知らせている。すなわち忠興は光尚に対し、「当時は忠利（忠興三男、熊本藩主細川忠利）も、その方（光尚）も思い至らなかったようだが、今となっては思い至っていると思う」と述べ、「去々年（寛永十二年）の松倉家の抗争のころから、今日の事態をある程度想定していたと述懐している（『綿考輯録』第七巻）。忠興の政治的な読みの深さを示しているとともに、忠興が、松倉家の家臣集団退去という事態を観察し、今回の一揆蜂起をある程度予測していたことになる。寛永十年に始まる松倉家の御家騒動のなかに、今回の一揆の下地が胚胎されていたことを予測させる。

戦慄の江戸屋敷

松倉家における家臣の二度にわたる集団退去事件の背景には何があったのか。島原藩領での一揆蜂起後、松倉家への加勢を求められた九州の近隣諸藩は、これだけの事態を引き起こした松倉家に対する怒りを強め、一揆制圧後、藩主勝家には厳罰が下ることを予測している。藩主勝家は原城落城後改易となり、美作津山藩の森長継のもとに預けられた。島原藩領を受け継ぐことになった高力氏が、江戸の松倉氏の下屋敷を掃除していた時のことである。土蔵のなかから驚くべきものを見つけ出している。何と塩漬けされた死骸が出てきたのである。

美作の森長継の座敷牢に入れられていた松倉勝家は急遽江戸に召喚され、尋問を受ける。勝家は「自分は何も知らない、全て留守居がやったことだ、留守居に聞いてくれ」と答えた。江戸留守居の頭は勝家の寵臣、家老の岡田作右衛門である。岡田作右衛門ついて、『徳川実紀』には、「世に伝ふる所は、長門守勝家、常に岡田作右衛門・大町権之助といふ佞臣を信用し、国政みだりがはしく民を苦しめけるより、このたび一乱を引起しけるをもて、罪蒙りしなり」とある（『徳川実紀』第三篇）。大町は岡田の配下である。岡田作右衛門は大和国（奈良県）の吉野に隠れ住んでいたところを見つけ出され、江戸に召喚され取り調べを受ける。岡田はすさまじい「拷問」を受けたようであるが、「別に申し分もない」として口を割らなかった。

松倉家臣安藤半助の手記「有馬原之城乱兵之記」は、「一揆発り候事も、この作右衛門ゆえなり」と書いている（「有馬原之城乱兵之記」『島原半島史』中巻）。岡田作右衛門は縛り首に処せられた。幕府役人が大名家の家老クラスの重臣に拷問を加えるのは余程のことである。幕府が「拷問」までして白状を迫ったのは何だったのか。

情報通の熊本藩主細川忠利は、江戸で取沙汰されている情報をもとに、松倉家取り調べの嫌疑として次の諸点をあげている。すなわち、①「沙汰の限り」とされる江戸屋敷の無軌道なあり方、②江戸屋敷の土蔵から塩づけされた死骸が見つかり、キリシタンとの関係が問題となっていること、③屋敷から数多くの「きりしたん道具」が発見され、土中に埋められた多数の死骸との関係が問題にされていること、④配布先のリストまで見つかっている「毒」の使用目的、こういった点をあげている（『細川家史料』二十三）。松倉家の闇を感じさせる嫌疑の数々である。

ことの発端は、松倉氏改易のあと島原藩領を引き継ぐことになった高力氏が、松倉氏の江戸下屋敷を掃除中に、屋敷の蔵で塩漬けの死骸を見つけたことにある。さらに屋敷の庭から埋められた数多くの死骸が掘り出され、数多くの「きりしたん道具」、毒薬と次々に「沙汰の限り」の物証が見つかっている。塩漬けの死骸は「十二、三の小々姓と三十ばかりの女」であった。塩漬けの死骸、多数の土中に埋められた死骸の真相は分かっていないが、幕府の取り調べは、死骸と「きりしたん道具」との関係に置かれている。「きりしたん道具」について、勝家は、父重政の代から「改易」処分にした家臣の「きりしたん道具」を櫃に入れていると答えている（『細川家史料』二十三）。

以上の幕府役人による藩主勝家の取調べ内容をみると、幕府が、勝家の「沙汰の限り」の振る舞いや治政ぶりを問題にしていると同時に、藩主勝家に関わる問題をキリシタンとの関係で調査し、尋問している。そのためか江戸では「勝家がキリシタンではないか」と取沙汰されているほどである。

そして幕府は、島原藩領での一揆蜂起直前に起きた四十八人もの家臣が集団で退去した事件についても、勝家の病的ともいえるキリシタン弾圧策との関係で取調べていた。勝家の返答からも、父重政の時代からキリシタンとの関わりをもつ家臣を改易・追放の処分にしたり、死罪にして死骸を江戸屋敷の土中に埋めるといった行為が長期にわたってつづけられていたことをうかがわせる。

松倉家のキリシタン「迫害」は領民のみならず、家中にも向けられていた。処罰した家臣を塩漬けにする狂気と、追放した家臣の証拠物たる「きりしたん道具」を櫃に入れてしまっておくようなキリシタン弾圧に向けた執拗さは、江戸屋敷だけに限られていたのではあるまい。国元にも及んでいたとみられる。

幕府に訴え出た家臣たちの「申し分」には、こうした松倉家の内情が切々と述べられていたはずである。しかし幕府は、結果的に松倉家の治政や内情には政治介入しなかった。へたに介入したら大変な事態に発展する恐れがあったからである。結局、幕府は松倉家中の「申し分」を却下し、松倉勝家を不問にし、藩主として存続させることにした。藩主勝家が、主君を幕府に訴えた憎悪から当該の家臣集団に圧力をかけ、従来の治政をより徹底させたことは想像にかたくない。

勝家は本気である。先で述べたように、南蛮船の来航に備えた藩「鎖国」策をとる藩主勝家が、主君を幕府に訴えた家臣、キリシタンに関わる家臣の存在を許すわけがない。島原藩領には勝家の「沙汰の限り」の振る舞い、キリシタン弾圧策に怨念をいだく家中と領民は相当に存在していたとみてよい。一揆蜂起にいたる村方の信仰復活活動の指導者には、肉親が松倉氏の禁教策で惨殺された者が少なくない。こうした松倉氏への怨念、棄教し「転び」を重ねたことに対する「後悔」（コンヒサン）が村方に潜在し、離散を余儀なくされた松倉家臣の集団退去事件と結びついたとき、ある種の謀議が生まれた。

謀反としての退去

先の鍋島家の家譜の記述によると、寛永十二年（一六三五）の末には四十八人もの家臣が藩主勝家に見切りをつけ、勝家に暇も告げず、白昼、島原城下から退去している。人数も増え、都合四十八人に及んでいる。「大身・小身」の家臣とあり、重臣クラスも存在していたとみられる。日向に移った有馬直純の叔父、有馬重正も含まれていた可能性がある（「天草陣雑記」）。有馬重正は御家騒動の旗頭的な存在であったであろう。四十八人の家臣といえば、当時の松倉家臣の三割程度には相当していたとみてよい。白昼、集団でこれだけの家臣たちが、藩主勝家を見限って城下を退去している。現実には、藩主勝家を幕府に訴えた家臣たちが退去せざるをえないような身の危険が迫っていたものと思える。

とはいえ、藩主勝家に暇も告げず、白昼、集団で退去する行為は、藩主から討手を送られても申し開きできない行為である。一揆制圧直後に作成された一揆首謀者の罪状書に、「松倉氏、近時致を脩めず、一日、家人四十八人党を結び辞去す」とあるように（「原城紀事」『島原半島史』中巻）、四十八人の家臣は討手に注意しながら、集団で島原城下を離れている。罪状書は、家臣らの行為を「党」と断じているように、彼らの無断退去は藩主勝家側からみれば徒党を組んだ謀反に近い。牢人となった四十八人は、もはや島原藩領にはとどまれない。彼らは領外に逃れたものとみられる。

松倉氏は大和五条（現・五條市）一万石から四万石に加増されて島原藩に入部しており、入国後には家臣団の大規模な増強が図られたはずである。有馬氏の日向国（現・宮崎県）への国替で在地に残った旧有馬氏家臣を含めて新規召し抱えが行われたものとみられる。松倉氏の家臣団は、いわば寄せ集めの状態で編成されていた。松倉家の内紛の基底には、五条以来の譜代家臣と新規召し抱えの新参家臣との対立があったことが想定される。

岡田作右衛門を中心とした藩主近臣たちの専権、門閥譜代家臣を中心とした藩政運営に対する不満が、旧有馬氏家臣など新参家臣たちを中心に表出し、今回の「党」を結んだ家臣の集団退去事件を現出したものともいえる。松倉家牢人は、ひとまずどこに向かったのか。近隣で交流もあり、比較的統治の緩やかな島嶼部である天草に向った者も少なくなかったものと思える。領外に出ても近隣藩領に止まって松倉家の状況変化を見守っていた印象を受ける。

一揆謀議の牢人たち

原城落城後、作成された一揆関係重要人物の罪状書によると、一揆に関わった松倉家牢人として確認できるのは、松島半之丞・相津玄察・上田源太夫・(某) 大膳などである（「原城紀事」『島原半島史』中巻）。まず松島半之丞に着目したい。

松島半之丞という名前で想起されるのは、島原半島のキリシタン領主・有馬晴信の時代の家老で有家村の代官でもあったジャコベ松島源之丞（レオン・パジェス『日本切支丹宗門史』のディエゴ松島源之丞）である。松島半之丞は松島源之丞のせがれと想定される。前にも述べたように、松島源之丞は有馬晴信時代の家老である。同時に、有家村に屋敷と知行地を持つ同村の代官であり、有家村のキリシタン組織であるコンフラリア（組）の中核的存在でもあった。

慶長十七年（一六一二）三月、島原藩主有馬直純は、父晴信の南蛮問題がらみの贈収賄事件（岡本大八事件）を契機とした幕府の禁教令を受け、にわかに転宗策を打ち出した。転宗策を取らざるをえなかったといえる。有家村では「有家の住民のなかでももっとも名望ある人物」である松島源之丞とその家族に圧力をかけ、強く棄教を迫った。しかし、松島源之丞は棄教を拒否し、知行を没収され牢人となっている。

この年のイエズス会の『日本年報』によると、松島源之丞の妻スザンナ、息子のミゲル半四郎も強く棄教を迫られているが、頑として拒否し、当時、十四、五歳で「年貢徴収の任」にあったミゲル半四郎も「殿が生計の資として与えていた物」を失っている（『十六・七世紀イエズス会日本報告集』第Ⅱ期第1巻）。この松島源之丞のせがれ、当時十四、五歳のミゲル半四郎が後年、松島半之丞を名乗ったものと想定される。

罪状書によると、松島半之丞（四十歳ほど）は、芦塚忠右衛門（有馬家牢人、五十六、七歳）・相津玄察（三十四、五歳）・池田清左衛門（六十歳）らとともに、「これらは専ら謀議を主る」とある（「原城紀事」『島原半島史』中巻）。松島半之丞は、有馬氏に代わって入国した松倉重政に家臣として召し抱えを受けつつ、藩主勝家の代になって松倉家を退去したことになる。

相津玄察は、後世の編纂物類において等しく一揆策謀者、一揆勢の幹部として登場する人物である。相津玄察・上田源太夫・松島半之丞の三人は年齢からみて寛永十二年に退去した四十八人の松倉家臣の一員とみなしうる。相津玄察の姓は、記録によって天草・大矢野とも称されているように、松倉家退去後、天草大矢野に向かったことが想定される。相津玄察は渡辺玄察と記されることも多い。渡辺姓は大矢野地方の有力な姓である。相津玄察は、松倉家退去後、故地の大矢野に向かい、同じ退去牢人を呼び寄せた可能性もある。

一揆蜂起直後、熊本藩細川家に捕縛された天草一揆の中心人物、渡辺小左衛門が、現地向けに書かされた書状のなかで村方の親しい人びとの一人として、「宗意老、玄察老」と記しているように、相津

（渡辺）玄察は天草一揆の中心人物と目される渡辺氏との関係も深い。「宗意老」とは、山田右衛門作の供述書によって天草四郎工作の中心人物と目される「五人の牢人」の一人、森宗意軒と想定される。

原城から救出された山田の供述によって名を知られている大江源右衛門・大矢野松右衛門・千束善右衛門・森宗意軒・山善右衛門といった五人の牢人も全くの架空の存在とも思えない。山田の供述書では、この五人の牢人に渡辺小左衛門・相津玄察・芦塚忠右衛門（忠兵衛）を加えた者たちを「高来（島原）・天草二郡の間に徘徊したる伴天連」としている（「山田右衛門作口上覚書写」『熊本県史料』中世篇三）。

上田源太夫は肥後加藤家の重臣「加藤与左衛門家老」とされ（『綿考輯録』第五巻）、加藤家退去後、松倉家に召し抱えられたとみられる。この上田についても一揆幹部の可能性もある。久留米城下の商人与四右衛門が天草の本渡の浜で天草四郎を目撃したという時、四郎に従っていた二人の「乙名」の一人が「源太夫」だと供述している（「島原日記」）。上田源太夫がこの「源太夫」だった可能性もある。

多彩な首謀者たち

一揆に関わった松倉家牢人は以上の三人だけではあるまい。改めて罪状書の記述を示すと、「松倉氏、近時致を脩めず、一日、家人四十八人党を結び辞去す。玄察・源太夫・大膳、また徒党なり」とある。松倉氏の失政が、大量の家臣に「党」を結ばせ、退去させる事態を招いている。松倉家牢人が一揆に深く関わっていたことを感じさせる記述であり、一揆に関係した松倉家牢人がこの三人にとどまらないことも感じさせる。

通常、一揆に関係した牢人というと小西家・有馬家牢人であり、罪状書も「兇賊は大概小西・加藤・

有馬氏の逋客に出ず」として、逋客（牢人）としてあげているのは、善右衛門、平兵衛（加藤家牢人）、芦塚忠右衛門（有馬家牢人）である（「原城紀事」『島原半島史』中巻）。善右衛門が千束善右衛門とすれば小西家牢人である。千束善右衛門は、山田右衛門作の供述書において、二十六年前に国外追放になったバテレンの予言書によって天草四郎をつくり出す「五人の牢人」の一人である。一揆謀議の端緒となる人物は用意されている。

芦塚忠右衛門（忠兵衛）で注目されるのは、一揆終結後、幹部クラスの牢人のなかで、類縁者がさがし出され、処刑されているのは芦塚だけだったことである（「島原日記」）。芦塚は島原領の旧領主有馬氏の牢人であり、山田右衛門作とともに総大将天草四郎の側近的幹部とされ、寛永十五年二月の上旬から中旬にかけて原城の旧主で日向延岡藩主の有馬氏との間で城中の降伏交渉にあたっている。一揆終結後、芦塚忠右衛門の二人の男子として、皆吉長右衛門・芦塚権右衛門は薩摩島津領で見つけ出されている（「島原日記」）。松倉家臣の山田右衛門作や口之津蔵奉行の家族が一揆勢に拘束される際に、男子が天草四郎の側廻り家臣に組織されているところからみて、芦塚忠右衛門は一揆勢に拘束される際に、二人の子供を逃がしていたことも考えられる。

有馬家牢人として今一人注目しておきたいのが、島原藩領有家村の有家監物である。有家監物は松島源之丞とならぶ有家村のキリスト教信者組織の中心であった馬場休意のことである。有馬家を牢人になると帰農して有家村の庄屋となったとみられ、隠居後、休意と名乗り、原城に入ったあとは監物を名乗った。城中では「四郎舅」（天草四郎の岳父）と目され、原城に籠る一揆勢の実質的な中心人物とみなされる存在であるつまり、馬場休意（有家監物）と松島半之丞は、ともに有馬家牢人であり、有家村の住人であった。両人の動きについては、このあとで説明することになるが、少し述べておくと、両人は、かつて有馬家に仕え、有馬氏・松倉氏の禁教策のもとで過酷な棄教経験をしている。前述したように、馬場休意は寛永五年（一六二八）に棄教させられると、転び証文を取り戻すため二百人余の村民とともに島原城下に押し寄せた。そのため竹鋸で挽く拷問に処せられ、寛永七年にはせがれで有家村庄屋の内蔵丞を虐殺されている。

松島半之丞の父、松島源之丞は有馬直純による転宗策を拒否して牢人となり、帰農すると村役人となり、有家村の信者組織の中心ともなっている。松島半之丞は、その後松倉家に召し抱えられるが、寛永十二年末に松倉家を退去すると、ひとまず有家村に戻ったものと思える。馬場休意が一揆の中枢人物に押し立てられている経緯から考えると、馬場休意（有家監物）と松島半之丞が結びつき、一揆の謀議の中心を担っていった可能性も整合的に理解できる。

以上、一揆に関わったとされる牢人についてみてきたが、これら牢人たちの活動の節目となったのは、四十八人もの松倉家臣が集団で退去した事件である。そして一揆謀議に向けた行動の始まりとなったのが、一揆の一年前、松倉・寺沢両家で引き起こされた「若衆」の集団逃走事件である。

「若衆」たちの逃走

松倉家臣の集団退去は先の四十八人にとどまらなかった。松倉家における二回目の家臣の集団退去事件は、寛永十三年（一六三六）八月に起きている。島原・天草一揆のほぼ一年前のことである。情報通の熊本藩八代城主の細川忠興は、せがれの熊本藩主細川忠利に宛てた寛永十三年八月十九日付けの書状において、「寺沢・松倉の家中に何か起こったのであろうか。家臣が大勢走っているとのことである。何れも若衆とのことであるという。そのように思える。寺沢も気がかりなことだ」と申し送っている（『細川家史料』六）。今度は寺沢・松倉両家で事件が起こっている。

寛永十二年の松倉家臣四十八人の無断退去事件につづいて、翌年には松倉・寺沢両家において家臣の集団逃走事件が起こっている。寛永十二年の無断退去事件も、松倉家からの討手に備えながらの逃走になるが、翌十三年の事件は文字どおりの「走り」、家臣の主家からの逃走である。しかも、なぜか逃走したのは「何れも若衆」であった。「若衆」とは、十二、三歳から一七、八歳ぐらいの少年である。通常、小姓など藩主や重臣の側廻りなどに配されている。こうした松倉家と天草寺沢家の「若衆」たちが、寛永十三年八月ごろに主家から逃走したというのである。

松倉家だけをみれば、松倉家の不安定な政治状況のもとで二回目の事件が起きたという見方もできるだろうが、今回は松倉家だけでなく寺沢家でも事件が引き起こされ、両家で示し合わせたかのように家臣の逃走事件が起こっている。しかも両家ともに逃走したのは「何れも若衆」だった。

寺沢家の領地は本領の唐津藩領と天草領からなっているが、細川忠興は隣藩のうわさを報じたものである。寛永十五年一月二十五日、一揆勢が籠る原城からの落人が、「天草にて寺沢兵庫（堅高）殿の侍が抗争した時、ちりぢりになった奉公人の一人」だと供述している（『綿考輯録』第六巻）。寺沢家でも家中の内紛が起き、「若衆」たちが天草富岡の寺沢家から逃げ出している。唐津藩主寺沢堅高も松倉勝家同様に世評は悪かった。熊本藩主細川忠利は、堅高の資質・性向を危惧し、母（ガラシャ玉、明智光秀の娘）の甥にあたり、堅高の在国中には唐津に詰める富岡城代の三宅藤兵衛に対し、「万事慎みなさなされるよう補佐せよ」と忠告している（『明智一族　三宅家の史料』）。

「若衆」たちの逃走先はどこだろうか。「若衆」たちの生まれ在所ではあるまい。両家の「若衆」逃走事件には明らかに外部からの働きかけが加わっている。誰が、何のために松倉家・寺沢家の「若衆」に働きかけ、集団逃走するように仕向けたのか。働きかけたのは一年ほど前に集団退去して牢人となっていた旧松倉家臣、あるいは大矢野方面の牢人を加えた牢人集団だったと思える。

一揆首謀者は意識して十代の少年たちを集めていた。島原藩領の一揆には口之津蔵奉行や山田右衛門作の子供たちも拘束され少年集団の一員に加えられている。集められた少年たちのなかに松倉・寺沢両家から逃げ出した「若衆」たちが加わっていたと考えるのが自然である。一揆首謀者は意図的に少年たちを集め、何をしようというのであろうか。

想起されるのは、のちに原城に立て籠もった一揆勢の幹部となり、例外的に助命された山田右衛門作の供述である。山田は、島原・天草の一揆の立ち上がりを説明するなかで、天草千束島に潜んだ牢人たちが、「丑（寛永十四年）六月」ごろからキリシタン復活・立ち帰り工作活動を始めた供述している。寛永十四年六月といえば、「若衆」の集団逃走事件の十ヵ月あとである。工作の準備期間を考えると時期的に符節する。

牢人たちの工作の柱となったのは、信仰復活工作の象徴を創り出すこと、信仰を復活・公然化させ、信者たちを統合し象徴となる「天子」「天帝」としての「四郎殿」（天草四郎）をつくり出すことである。「若衆」たちは、「四郎殿」に仕え、その分身として活動するために松倉家・寺沢家から集団で逃走したものとみられる。

2　一揆の謀議

バテレンの予言書

一揆の謀議の始まりとして注目されるは、原城落城直後の山田右衛門作の供述である。山田右衛門作は原城に立て籠もった一揆勢のなかで例外的に助命された人物として知られている。山田は、有馬家牢人で松倉家から扶持を受ける南蛮絵師としても知られ、口之津で一揆勢に拘束され、城中の幹部となった。山田は、幕府上使松平信綱の取り調べに応えて、一揆の起こりについて次のように供述している。前にも紹介したが、再度示しておこう。

島原でキリシタン一揆が起こった原因は、天草の千束島の山中に隠れ住んでいた松右衛門・善右衛門・源右衛門・宗意・山善左衛門の五人が策動したからです。彼ら五人は、去年（寛永十四年）の六月時分から各地で、二十六年前、上津浦に住んでいたバテレンが国外に追放される時に書き残した記録に、「今から二十五年後、この世に木に饅頭がなり、野も山も草も木も焼けるような天変地異がおとずれる異常な状況となるが、人びとを救済すべく一人の幼き天使が現れると書いてある。この天使こそ天草の大矢野四郎という少年に違いない」と言いふらしました。

二十六年前、天草上島の上津浦から国外に追放されたバテレンとは、マルコス・フェラーロ神父のことである。千束島に隠れ住んでいた松右衛門・善右衛門・源右衛門・宗意・山善左衛門の五人は、マルコスが追放される時に書き残した記録だという「バテレンの予言書」（「ママコスの予言書」）なるものを持ち出し、終末的な状況の到来と、信者を救済すべく天から遣わされた「幼き天使」の出現を説いて廻った、というのである。

バテレンの予言書など荒唐無稽なしろものと考えがちであるが、マルコス・フェラーロ神父が、上津浦・大矢野方面で司牧活動にあたり、二十六年前に上津浦から国外追放になっていることはまぎれもない事実であり、牢人たちによってつくられた「バテレンの予言書」には相応の真実味を感じさせるものがある。

天草上島の上津浦といえば、マルコス・フェラーロが十九年間にわたって駐在した在所である。そしてごく最近、村人にかくまわれていたバテレン（斎藤パウロ神父）が摘発されたのも上津浦付近であった。上津浦一帯は長崎奉行の徹底した穿鑿を受けたとみてよい。天草・島原地方において最後となるバテレンの摘発であり、斎藤パウロの捕縛は、二十六年前のマルコス・フェラーロの記憶を呼び起こさせたものと思える。当時の天草地方、とくに大矢野・上津浦地域の転びキリシタンにとって、「バテレンの予言書」なるものは胸にひびく何かがあったのではないか。

牢人たちといえば、寛永十二年の末には島原藩松倉家において都合四十八人もの家臣が主家を退去し、翌寛永十三年八月半ばには、松倉・寺沢両家において、なぜか「若衆」ばかりが集団で逃走する事件が起きている。

家臣の集団逃走事件が松倉家と天草寺沢家の両家で同時的に起こり、「何れも若衆」ばかりが逃走していることからみて、「若衆」たちは外から手引きで主家から逃走している。手引きしたのは先に退去した松倉家牢人を中心した牢人たちと考えるのが妥当である。

こうみてくると、松倉家を退去した家臣たちの一部は、山田右衛門作がいう「天草の千束島の山中に隠れ住んでいた松右衛門・善右衛門・源右衛門・宗意・山善左衛門の五人」の存在と重なり合う。これらの牢人たちは、「バテレンの予言書」なるものをつくり出し、松倉家・寺沢家から「若衆」たちを逃走させた。「若衆」など少年たちを「四郎殿」のもとに集め、キリスト教復活の工作活動を引き起こすためである。

「若衆」たちの活動

松倉家・寺沢家から逃走した「若衆」たちは、どのような活動にはいったのか。注目されるのは、島原・天草一揆の節目において少年たちの存在が目立つことである。

島原藩領における一揆の立ち上がりの時期には、「四郎殿」に代わって「若輩の童」「十六、七のわっぱ」が村方に現れている。佐賀藩鍋島家の家老の多久茂辰は、寛永十四年十月三十日付けで島原一揆の発端と自藩の対応について江戸に知らせた書状のなかで、島原藩領の一揆発端に関する「雑説」を紹介している。すなわち、「若輩の童」が前触れもなくやって来て、「奇妙の教え」を説き、村人をキリシタンに立ち返らせたところ、松倉家の役人がこれを改めたので一揆が蜂起した、というのである（「勝茂公譜考補」、『佐賀県近世史料』第一編第二巻）。

あとでも述べるように、島原藩領の一揆は、寛永十四年十月二十五日、有馬村での代官の殺害を契機に蜂起し、加津佐（現・南島原市）・小浜・串山（以上、現・雲仙市）などの村々での代官殺害を通して拡大するが、この一揆発端に関わった「若輩の童」の存在は、有馬村において村人を「宗門に勧め入」

れ、同村での代官殺害事件のきっかけをつくった三吉・角内（覚内・角蔵とも）の存在ともだぶる。三吉・角内は、それぞれ「ベアト」と「ガスパル」という教名を名乗ったとされる村方の宣教者であり（『綿考輯録』第五巻）、活動を公然化させ、藩側役人に連行される。

後年の編纂物類は三吉・角内が天草に渡り、「益田四郎」から教えを受け、絵像を授けられたとしている（「佐野弥七左衛門覚書」「別当杢左衛門覚書」「林小左衛門覚書」、『島原半島史』中巻）。両人は自然に村方の宣教者になったのではない。三吉・角内に教えを授けた「益田四郎」に相当する人物がいたはずである。これを三吉・角内と、一揆首謀者のもとに集められていた「若輩の童」との関係で理解すれば、整合的に説明できる。「若輩の童」とは、三吉・角内のような村方の宣教者を指導しつつ、村方でのキリシタン立ち帰り活動の前面に立った「四郎殿」の代理者、宣教者といえる。

こうした少年たちは、一揆蜂起後、城方につくか、一揆方に味方するかで去就に揺れる村方にも現れている。あとで述べるように、島原城の北方、三会村（現・島原市）は典型である。諫早鍋島家の家臣亀川勝右衛門の現地報告によると、寛永十四年十一月初旬、「十六、七のわっぱ」が村にやってきて、「奇妙の教え」を説き、いったん城方についた村方を一揆方に味方させるが、城方派の百姓が「わっぱ」を成敗し、城中に詫びを入れている（「諫早有馬記録」）。

三会村の事例で注目されるのは、「十六、七のわっぱ」が現実に村方の立ち帰り工作の前面に立ち、その後村人と行動を共にし、一揆方への組織化につとめていることである。こうした「十六、七のわっぱ」は、村方での一揆発端に関わった先の「若輩の童」と対応している。「十六、七のわっぱ」は、揺れる村人を一揆方につなぎとめておくべく行動を共にし、城方派に傾いた百姓たちによって殺害されたといえる。「若輩の童」「十六、七のわっぱ」は単身で送り込まれていたのではあるまい。数人ずつ手分けして村々に張り付いていた印象を受ける。一揆首謀の牢人たちにとって優秀で企てに共鳴し、動いてくれる少年たちが必要だった。

これら少年宣教オルグ集団は一揆首謀者によって一揆組織化の前線に送り込まれ、村人に「奇妙の教え」を説き、「四郎殿」のもとへの結集を呼びかけたものとみられる。村人たちのなかでも、ねらいをつけたのは信仰にも過敏で、行動力もある村の若者・少年たちである。一揆蜂起に際して、村を越えて横断的に活動する「若き者」たちこそ、少年宣教オルグ集団の宣教活動の重点対象であった。

姿を現した「四郎」たち

また天草においては、四郎とそっくりの恰好をした少年たちの存在が記述されている。天草の庄屋の家筋に伝えられたという『四郎乱物語』によると、寛永十四年十一月十三日、天草の一揆に加勢するため、四郎に率いられた島原の一揆勢が天草上島の上津浦に上陸しているが、同書は、この一揆勢の中央に位置する四郎の周りにいた、「四郎のごとく出で立たせ」た二十人ほどの「十六、七の前髪の若者」たちの存在について記述している。実感できる記述である。「若輩の童」「十六、七のわっぱ」たちと、四郎と同じ出で立ちをした「十六、七の前髪の若者」とはダブった存在とみてよい。

のちに一揆勢が立て籠もる原城の城中には「四郎が小姓ども」も存在していた。一揆勢によって襲撃された口之津「御用蔵」の蔵奉行の子供たちもその一員であった。蔵奉行の家族は一揆勢に拘束され、十代の子供たちは四郎の「小姓」としてつけられていた（「原城温故録」『島原半島史』中巻）。山田右衛門作も同様に拘束され、やはり男の子供が四郎の側廻りに配されていたようである。

一揆首謀の牢人たちが意図的に少年たちを集めていたのは明瞭である。松倉・寺沢両家から逃走した「若衆」たち、牢人たちの子供や孫、口之津蔵奉行・山田右衛門作など拘束した松倉家臣の子供など、数十人規模で少年たちが集められていたとみてよい。

一揆勢の盟主であり、総大将である「四郎殿」のもとには、数十人の若者・少年が側廻りとして組織されていた。若者・少年のなかには、四郎と同じ出で立ち・髪形をした者たち、あり体にいえば数多くの「四郎」たちがつくられていたことになる。

第二節　武力蜂起への過程

1　訴願から実力行使へ

騒動の予兆

一揆蜂起の時期は、松倉・寺沢両家の「若衆」が集団逃走したころからほぼ一年後の十月、寛永十四年（一六三七）の十月に想定されていたものと思える。一揆蜂起直後、状況偵察のため島原城に派遣された熊本藩細川家の家臣道家七郎右衛門は、一揆同調者も交じる城中での聞き取りとして、「一揆の催しは去年に始まっている。今年は麦も作らず、やがて死ぬのだ、というようなことを言っている」と、熊本に報告している（『綿考輯録』第五巻）。

十月は年貢納入の時期である。寛永十年代に入って連続する凶作・飢饉状況のもとで、村々の百姓たちに松倉氏・寺沢氏の「苛政」に対する実感を持たせ、領主批判、年貢不払い意識を増幅させながら、キリスト教信仰の復活・公然化へと導き、一揆へと組織化していくには、年貢納入の時期である寛永十四年の十月こそが一揆蜂起の最適の時期と判断されていたと思える。

むろん、多くの百姓たちにとって一揆蜂起など思いもよらぬことであった。ここ数年、連続する凶作・飢饉状況のもとで領主側に願筋を申し出ることこそ行動の中心であった。しかし、寛永十四年九月下旬には、騒動らしき動きもみられたようである。久留米藩の記録「島原陣覚書」には、「九月下旬、島原領でキリシタン宗門の者が起った由、どこからともなく伝わり、久留米で風評されている」とある（『島原陣覚書』）。また、天草領でも「十月二十日ごろ、天草領内の百姓どもが何事か騒いでいる由、島原にも伝わった」とある（『佐野弥七左衛門覚書』、『島原半島史』中巻）。

家老の年貢取り立て

こうした時期に、口之津村を中心とした島原藩領の南部地域でとんでもない事件が起きている。百姓たちによる松倉家の家老田中宗甫の殺害未遂事件である。この話しは秋月黒田家の『黒田長興一世之記』の記述するところであり、従来から松倉家による「苛政」の具体例としてあげられてきた。

黒田長興は福岡藩の初代藩主黒田長政の三男。支藩の秋月藩の初代藩主である。秋月黒田家といえば通称「島原陣屏風図」で知られる。この屏風絵は初代秋月藩主黒田長興の島原凱陣二百年祭の記念事業として作成されたものである。黒田長興の事績として島原陣は大きな位置を占めており、長興の事績録『黒田長興一世之記』には他家の記録にない記述もみられる。

この松倉家の家老襲撃事件から一揆蜂起にいたる経緯の記述も独自的である。話しの大筋はこうである。島原藩では寛永十四年の九月に入って年貢未進分の取り立てを始めている。年貢はその年の十月を期限に納めさせ、年内の皆納をめざした。不足分がでれば、翌年の春・夏の麦・雑穀で取り立てるのが普通であるが、それでも取り立てることができなかった分が未進分となり、次年度の年貢とは別に取り立ての対象となる。未進の取り立ては百姓側の生活維持とのかねあいもあり、藩側としても悩ましい問題であるが、島原藩は寛永十四年九月に入って累積未進の取り立てを本格化させている。

まず物頭（鉄砲・槍・弓などの隊長クラス）を送ってきびしく取り立て、さらに未進の百姓の「母・妻子」を水籠に入れたが、成果があがらなかった。そこで「家老の隠居」の田中宗甫が直々に取り立てに乗り出し、村々を廻ってきびしく取り立てたので少しは成果があがった。ところが、口之津村の「大百姓」与三左衛門は未進米「三十俵」を抱え、納入延期を願い出た。田中宗甫はこれを承引せず、与三左衛門の嫁を捕まえ、水籠に入れて責めた。嫁は懐妊していて九月が臨月だった。与三左衛門は、「嫁の代わりに男を水籠に入れて欲しい」と頼んだが、田中は応じず、六日間水籠に入れつづけた。それで十月初め、嫁は水籠のなかで子供を産み、死んでしまった。

舅の与三左衛門は、「これから先、何の楽しみもない、もはや生きていても仕方がない」との思いを強め、未進の取り立てを受けた他の百姓たちと「無念」の思いについて話し合っているうちに、「七、八十人程」の百姓たちが「一同に相果てることになっても、この一念を晴らしたい」との思いで一致した。そして、この人数に親類縁者も加わり、「七、八百人」が「一身同心」して田中宗甫を討ち取る「手立て」をめぐらした。

こうして口之津村を中心に、村々を回っている田中宗甫を「大勢にて取包」む計画が立てられるが、村方の動きを察した田中が、夜陰にまぎれて宿所を抜け出し、島原城内に逃げ込んでいる。このあと口之津村の騒動は一揆蜂起に展開し、田中宗甫を追う形で一揆勢は島原城へと攻め入っている。以上が話しの大筋である。

家老襲撃計画

松倉氏の水籠による年貢取り立てについては、大村の牢獄で囚人となっていたポルトガル人のドアルテ・コレアの報告（『長崎県史』史料編三）とも、熊本藩細川氏側の記録とも符合する。後者については、熊本藩八代城主細川忠興の家臣志方半兵衛が、幕藩軍による最初の原城攻撃について知らせた寛永十四年十二月二十九日付けの書状のなかで、城中の一揆勢が城ぎわに取りつこうとする松倉勢に対して、「この間は年貢を払えと水籠に入れ、色々拷問して責められたが、只今も責めてこい。少しは目にもの見せてやろう。今度も責めてこないようなら、卑怯ではないか」と言い放った由と書いている（「志方半兵衛言上書」）。確度の高い情報であり、『黒田長興一世之記』の記述ともある程度対応する。

またこの時期、諸藩において年貢取り立てに物頭クラスの家臣を村方に派遣することはあった。熊本藩も年貢の取り立てに鉄砲衆を送っているし、水籠も近世中期まで存続している。島原藩の場合、隠居した家老が直々に未進の取り立てに出向いているところに特異さを感じるが、それだけ松倉家では年貢未進の累積問題に悩まされていたといえる。細川家側の記録によると、年貢未進の累積は七年に及んでいる（『綿考輯録』第五巻）。

口之津村の「大百姓」与三左衛門も未進「三十俵」を抱えているが、これも累積した未進分とみられる。三十俵は十二石ぐらいになる。「大百姓」という言い方と、集中的に責め立てられてことからみて、与三左衛門は村役人として村方の未進分を肩代わりしていた可能性が高い。いずれにしても過酷な取り立てによって「家老の隠居」田中宗甫が村方の怨嗟の的になったことは想像にかたくない。

「家老の隠居」とは、家老を退いた老臣という意味であろう。当時の松倉家の家老は田中宗夫宗行・

岡本新兵衛雅信・多賀主水次定の三人である。「家老の隠居」が家老を退いた老臣ということであれば、名前からみて田中宗甫は、家老田中宗夫の父親ということになる。当時、藩主勝家は参勤で江戸滞在中であり、三家老協議のうえで懸案の累積未進に対処するため「家老の隠居」を差し向けた。家老には代官が随行したはずであり、代官が支配の村に構えている屋敷を宿所としていたとみられる。

口之津村の「大百姓」与三左衛門たちは、村の代官屋敷の田中宗甫を襲撃する計画を立てた。『黒田長興一世之記』によれば、寛永十四年十月上旬、まず田中の取り立てによって「難儀」を受けた「頭百姓以上」の百姓「七、八十人程」が計画に賛同し、これに親類縁者などが集まって都合「七、八百人」が「一身同心」して家老襲撃に向かっている。明らかに大がかりな一揆行動であり、家老殺害が実現していたら、ここから島原藩領の一揆が蜂起していたかも知れない。

これだけの「手立て」が与三左衛門周辺の百姓だけで立てられていたとは思えない。家老の襲撃計画、そして実際に決行される代官殺害にいたる一揆蜂起の経緯を考えると、口之津村一帯での百姓たちの不穏な動きを聞きつけた一揆首謀者が、これに積極的に介入し、百姓たちの「一念」を晴らす方向に工作し、「一身同心」させることにこぎつけたことを想定させる。

十月十日の庄屋会議

一揆蜂起の直前の時期、寛永十四年十月十日に南目の村々の庄屋による「会合」がもたれている。その後十月十五日には、加津佐村の寿庵と名乗る人物が村々の庄屋・乙名衆に対して結集を呼びかける「寿庵廻状」なる檄文が廻され（「耶蘇天誅記」『島原半島史』中巻）、十月二十五日には南目の村々が代官を殺害して一揆蜂起している。こうした経緯をみると、十月十日の庄屋会議が重要な意味合いを持っている。先の十月上旬の口之津村を中心とした家老襲撃事件が事実だとすれば、庄屋会議はその直後に行われていたことになる。

南目の村々の庄屋たちの会議について記述しているのは『耶蘇天誅記』のみであるが、『高来郡一揆之記』にも関係する記事もあり、内容的にも十分に蓋然性のある記述だと思える。寛永十四年十月の早い時期に、すぐこのあとで一揆蜂起の中心となる「南目村々の庄屋ども」が、年貢・未進問題について集まって話し合いの場をもつことは当然ありえた。藩側も年貢納入に向けた村々の連帯的な関係を促すうえで「南目」を範囲とした「会合」を推奨した可能性は十分ある。

『耶蘇天誅記』によると、十月十日、「南目村々の庄屋ども」が有家村の庄屋甚右衛門の屋敷で「会合」をもっている。島原藩領は半島中央部の雲仙岳の山塊と雲仙地溝（断層）帯をもって半島は地形的にも大きく南北に二分され、島原半島の北半分を北目、南半分を南目といっている。こうした地形に根ざした近世初期以来の広域的区域は、意外に村々を束ねる行政的な枠組みとしての役割を果たし、時代とともにその役割が強まっている傾向にある。とくに松倉氏の場合、郡（南高来郡）と村との間に中間的な区域を設けておらず、また、藩領統治の拠点を南目から北目寄りの島原城に移しており、南目の村々をまとめる意味で「南目」という広域的な区域に相応の行政的な役割をもたせていたことが想定される。庄屋たちが藩政と村々をつなぐ中間的な連絡の場として北目・南目をまとまりとした会合をもっていたことは十分考えられる。

村の長である庄屋たちが、十月十日の庄屋会議で何を話し合ったのかが重要になってくる。会議の主要な内容は「公用の相談」ということであるが、やはり十月末を期限とした年貢納入についてどう対処するか、ということが中心的な議題であったろう。年貢問題について相当に踏み込んだ話し合いがなされたはずである。

庄屋たちの胸にある思惑が吐露されるのは、「公用の相談」のあとである。用談が終わって庄屋たちが雑談していたところ、深江村（現・南島原市）の庄屋勘右衛門が小声で切り出した。深江村は、島原藩領での一揆蜂起に際して代官を殺害して蜂起すると、南下してくる松倉勢を村全体で迎え討った「深江村合戦」を引き起こした村方である。庄屋勘右衛門は深江村一揆の中心人物だったとみよい。

勘右衛門は切り出した。「皆も同じような考えだと思うが、近年の年貢の重さは限度を越えていると思わないか。皆はどう思う」と一座に問いかけると、中木場村（現・島原市）庄屋の久兵衛が待っていたかのように、これに応じた。「実は私も皆にその事で相談しようと思っていた。村の困窮はひどい。今年などはどのように曲事だといわれようと、死刑に処せられようと、年貢の皆済など思いもよらない、この先、どのような辛き目が待っているかと考えるだけで空恐ろしい」と応じた。

年貢不払いの実力行使

『耶蘇天誅記』の記述によると、庄屋たちはため息まじりに年貢の支払いをどうするか話し合っていることになるが、南目の村々の十月中の一揆蜂起に向けた行動日程を考えると、嘆息だけでは終わっていない。一揆蜂起後の松倉氏側の説明によると、寛永十四年の年貢は現実的には「半分」しか納入されていない。また、先に述べたように、秋月黒田家の『黒田長興一世之記』によると、十月上旬には口之津村を中心とした村々の百姓「七、八百」が、未進分の取り立てに乗り込んできた「家老の隠居」田中宗甫を襲撃せんと行動している。十月に入って当年分の年貢納入と累積未進分の取り立てをめぐって、村々と松倉氏側は緊張した状況となりつつあったことが想定される。

したがって十月十日の庄屋会議は、実際には、残る年貢をどうやって納めるのかということではなく、これ以上の年貢は納めないという方向で足並みを揃えることが話し合われた可能性が高い。『高来郡一揆之記』によれば、会議のあとのよもやま話の口火をきったのは、口之津村の庄屋甚右衛門となっている。口之津村といえば、家老田中宗甫による未進取り立てが集中され、家老襲撃事件の中心的な村方となって動いている。庄屋たちの「よもやま話」は尋常なものではあるまい。『耶蘇天誅記』に戻ろう。

それからの話しの進展が重要である。松倉氏の治政に対する批判が出る。松倉治政に対する悪口は、その前の有馬氏の時代はよかった、という往昔への追慕となった。中木場村庄屋の久兵衛は「有馬氏の時代は耶蘇宗門が繁盛し、五穀も豊穣だった」と、有馬氏の時代への懐旧となり、こうした時節にめぐり合わせた身の不運を嘆いた。そして重要なことは、一座の庄屋たちが「天帝主こそ恋しく候」と、有馬氏の時代、「領民の全てがキリシタン」だった時代への回帰の心情を共有したことである。

十月十日の庄屋会議は以上で終わっている。「天帝主こそ恋しく候」という言葉も、その場の溜息まじりのぐちであったのかも知れない。しかしながら注目したいのは、十月十日の庄屋会議をさかいに「天帝主こそ恋しく候」という嘆きが、具体的な行動に向けて動いていることである。前章にみたように、松倉氏の転宗策以前、庄屋の多くは村々の信者組織の中核であった。村全体が転びキリシタンとなったとしても、村々の信者組織は大きくは変わっていまい。村々の年貢不払いに向けた連携の動きが、キリシタンへの復帰＝立ち帰りと併行して進んでいくことになる。

村々を廻った怪文書

改めて村々の動きをみると、南目の村々の庄屋会議が寛永十四年十月十日、その十五日後の十月二十五日には村々は代官を殺害して一揆蜂起している。その意味で庄屋会議の十月十日と一揆蜂起の日となる十月二十五日の中間にあたる十月十五日に、村々に対し結集を呼びかけた「寿庵廻状」なる怪文書は重要な意味あいを持ってくる。十月十日、南目の村々の庄屋たちが会議を終えて、それぞれの村方に帰っていくに際し、何人かの庄屋たちの間で密議がもたれたことも十分想像される。庄屋会議から五日後の「寿庵廻状」はその表明ともいえる。

一般に「寿庵廻状」と呼ばれる文書は、「天人の御使」と名乗る「上総（加津佐）村寿庵」なる人物が、村々の庄屋・乙名に対し、キリシタンへの立ち帰りと、「天帝主」たる「四郎様」のもとへの結集を呼びかけたものである。

この廻状は『耶蘇天誅記』『高来郡一揆之記』などに収載されつつ、文言も多少相違し、廻状が廻された先が、『耶蘇天誅記』は島原藩領、『高来郡一揆之記』は天草領としている。両記録によると、天草と島原の代表者が中間に位置する島、湯島（現・上天草市）で談合し、共通の「天帝主」として「四郎殿」を仰ぐことになっている。湯島は俗に談合島と呼ばれている。確かに湯島は双方から落ちあうのに格好の位置にある。

寿庵廻状がどの程度事実を反映しているのか分からないが、こうした趣旨の文書が村々を廻ったのは確かではないか。文書を村から村へ届け、村役人の結集に向けて動いたのは「若き者」たちであったと推測される。島原藩領において、転びキリシタンの信仰復帰がこの寿庵廻状をはさむ十月十日ごろから二十日にかけて急速に進んだものとみられる。

農業継続拒否の意志表示

こうした村々における信仰復帰の動きとともに注目したいのは、十月十日の南目村々庄屋会議の主要議題であった年貢納入問題が、その後どのような展開をたどったのかということである。寛永十四年分の年貢の帰属は一揆蜂起の重要な岐路ともなるからである。

この点について松倉家臣は、のちに原城に立て籠もった一揆勢の兵粮の見通しに関して、寛永十五年一月中旬の時点で、「一揆勢は去る物成（寛永十四年の年貢）の半分を所務している。然る上は作徳を一杯に見積もっても今月中は持つだろう」と細川家臣に語っている（『綿考輯録』第七巻）。「所務」とは本来領主側の用語である。所務とは年貢を収取することであり、年貢を収取した残り分が百姓側の取り分＝「作徳」ということになる。

松倉家臣のいう「所務」という言葉には、年貢納入に難渋した村々が、まだ「半分」の年貢を払えずにいて、結果的に残りの分が一揆方の「作徳」になったというのではなく、村々が意図的に「半分」の年貢を「所務」した、取り込んだという実状に近い。つまり寛永十四年十月中旬の南目の村々では、十月十日の庄屋会議あたりを境に、年貢不払いの気分が醸成され、村々では年貢不払い分を「所務」する実力行使の動きが具体化していたものと推測される。

そして百姓たちの次年度に向けた農業継続の意志をうかがううえで注目されるのが、畑地および田地裏作の麦の作付けである。前にふれたように、一揆蜂起直後の島原城に派遣された細川家臣の道家七郎右衛門は、現地情報に関して、「この事（キリシタン立ち帰り・一揆蜂起）は去年からの催しであり、当年などは麦をも作らず、やがて死ぬのだということを言っている」と報告している（『綿考輯録』第五巻）。

麦・雑穀は百姓の生活の主体である。年貢収納期の十月に次年度に向けてとりかかる麦の作付けは、百姓の生活維持に決定的な意味あいを持っていた。麦の作付けをしないということは、翌年には飢餓に瀕するかも知れないことに不安を懐きつつ、一揆と命運を共にするという意志表示にもつながる。一揆蜂起にいたる過程において、百姓のなかに「今年は麦を作らない」と表明する者たちがいた。一揆をはさむ寛永十年代には凶作・飢饉が連続し、寛永十八・十九年の飢饉は「寛永飢饉」として江戸時代の四大飢饉の一つとされている。こうした飢饉状況のさなかに、一揆勢のなかには「今年は麦を作らない」と表明する百姓がいたのである。

多くの百姓は百姓としての長年の習性から、実際には自然と麦の作付けに向かっていたものとみられる。原城に籠城した一揆の制圧にあたった幕府上使の戸田氏鉄が、寛永十五年二月十一日に、諸家の家老を呼んで指示したなかで、「麦をむざと刈らざるように」と命じている。上使の命令を受けて佐賀藩家老の多久茂辰は、同日に「陣小屋廻りの外」での麦刈りを禁じている。幕藩軍が陣を置いている原城の近辺でも麦が作付けされていたのである。

原城の近辺といえば、一揆の本拠となる有馬村である。寛永十四年十月二十七日、一揆勢は、一日だけの島原城攻めを終わって在所に引きあげるが、百姓たちの多くは在所において通常の農作業として麦の作付けを継続していたものと思える。そして有馬村では村人全員が一揆に参加するなかで、作付けされた麦が残されていたことになる。その意味で、一揆蜂起に向かう過程において、「今年は麦を作らない」と表明する百姓がいたことに、改めて注目しておきたい。

2　武力蜂起への転回

村方の宣教者

一揆蜂起に向けたシナリオは、有馬村の三吉と角内（覚内・角蔵とも）という二人の百姓によって実行に向けたスタートを切る。三吉と角内が実在の人物であることは、島原藩家老が寛永十四年十一月一日付けの書状でその存在を江戸に知らせていることからも明らかである（「耶蘇天誅記」『島原半島史』中巻）。

天草領の一揆の中心人物である渡辺小左衛門は、十月二十六日の一揆蜂起の直後、十月二十九日に大矢野を離れ、熊本藩領宇土郡の郡浦に潜入したところを捕縛されるが、その渡辺が十二月十九日付けの供述書で、三吉について注目すべき供述をしている（『綿考輯録』第五巻）。

○島原大将分は三吉と申す者と聞いています。

○有馬の頭取は三吉と申す者と聞いています。その他、牢人出身の庄屋が頭取をしていると思います。

○口之津の頭取は五郎作と申す者と聞いています。五郎作は大矢野に参り、（益田）四郎と知り合いになりました。

渡辺小左衛門の供述によれば、天草側の中心的人物である渡辺は、一揆の現場を離れる十月二十九日の時点で島原側の一揆の計画についてある程度のことを知っていたことになる。渡辺の供述によると、島原藩領の一揆では、村々を率いる「頭取」が組織され、頭取の中核に口之津村の五郎作と有馬村の三吉を立て、一揆蜂起後、三吉を「島原大将分」にする計画が立てられていたというのである。口之津村の五郎作という人物は不明であるが、口之津村で想起されるのは、先にみた口之津村の百姓を中心に「七、八百」を動員して計画された松倉家家老の襲撃事件である。五郎作はその中心人物だったはずである。

三吉は有馬北村の百姓、角内は有馬南村の庄屋次右衛門の弟とされている。先にふれたように、三吉・角内の父親は松倉氏による寛永五年（一六二八）に転宗策を頑強に拒んで死罪となり、首を晒されている。死罪も竹鋸による惨殺の可能性が高い。『耶蘇天誅記』によると、三吉・角内は夜陰にまぎれて晒された首を持ち帰り、ひそかに自宅の土中に埋めたという。のちに一揆の中心的存在となる有家村の馬場休意（有家監物）といい、島原藩領での一揆の企てが、松倉氏のキリシタン「迫害」で肉親を惨殺された家族の怨嗟・情念といったものを基底に引き起こされた側面は確実にある。

三吉と角内が、松倉氏による転宗策のもとで転びキリシタンとなりつつも、ひそかに信仰継続の意志を持ちつづけていたことは想像にかたくない。そして寛永十四年（一六三七）に入って両人は天草大矢野島におもむき、「益田四郎」から教えを授けられ、「伴天連」となり、村に「吉利支丹の絵」を持ち帰って村方での活動に入ったという。こうした話しは後世の一揆関係の諸書に記述されており、一定の真実味を感じさせる。

村方宣教者の活動

島原藩領の村々のキリシタン復活の動きは自然発生したのではない。天草一揆の中心人物と目される渡辺小左衛門は、島原藩領での一揆の起こりについて次のように供述している。すなわち、有馬村においで表具の破れた「御影」（キリスト像）が十月二十日ににわかに新しくなり、大勢の人が押し寄せ、「べやと」「がすぱる」なるものが教えの「だんぎ」（講義）を行った。代官がベヤトとガスパルを捕縛したことで一揆が起こった、と説明している（『綿考輯録』第五巻）。このベアトとガスパルは三吉と角内に比定される。

また、渡辺小左衛門は、口之津村頭取の五郎作も「大矢野に参り、四郎と知り合いになった」と供述している。「四郎」とは、のちに島原・天草一揆の盟主・総大将になった「四郎殿」、益田（天草）四郎のことである。

松倉家臣の佐野弥七左衛門によると、島原藩当局は、十月二十日に天草領の百姓が「何事か分からないが、騒いでいる」と察知し、同二十二日には代官を村々に派遣し、沿岸の浦々や往来筋の監視を強めている（「佐野弥七左衛門覚書」『島原半島史』中巻）。佐野の縁戚の佐野惣左衛門も二十二日に茂木（現・長崎市）の押えに出向いているが、茂木は大変な状況になりつつあった。『佐野弥七左衛門覚書』『耶蘇天誅記』によると、この時期、茂木村では庄屋の惣兵衛が大矢野島の益田四郎のもとに二男の右衛門四郎を遣わし、「吉利支丹の仏」をもらい受けている、というのである（「佐野弥七左衛門覚書」）。

これらの話しは、天草の大矢野島・千束島方面において、一揆首謀者と島原側との接触、島原側の宣教者の養成がなされていたことをうかがわせる。三吉・角内、口之津村の五郎作、あるいは茂木村庄屋物兵衛とせがれ右衛門四郎、これらの者たちは島原藩領における村方の信仰復活活動の中心的な存在であったとみてよい。三吉・角内の両人は大矢野島に赴き、「益田四郎」から教えを授けられ、「伴天連」(宣教者)となり、村に「吉利支丹の絵」を持ち帰ったという先の『耶蘇天誅記』の記述は、大筋で信じてもよい話しではないのか。同じ時期に自宅に信者を集めた千々石村の善之丞の宣教活動も連動した関係にあったとみてよい。

島原藩領の村々から大矢野島・千束島方面に渡る者たちが相当数いた。そこには「四郎殿」に仕える大勢の少年たちがいた。少年たちが詰める建物は教会的装いがなされた施設だったとみてよい。三吉・角内は、教会的施設にて宣教者になるための宗教教育を受けて「伴天連」となり、ベアト、ガスパルの教名で村方での活動に入ったことが想定される。

村方宣教者の捕縛

島原藩当局が村方の不穏な動きを察知して対応をとり始めるのは、寛永十四年十月二十二日である。この日、松倉家の家老は、代官と下役人を村々に派遣するとともに、道筋・船着への警戒を強めた。二日前、「天草領の百姓が、何事か騒いでいる」との情報が伝わっており、領内の転びキリシタンへの警戒から、天草との往来、村人の往来に目を光らせた。

そして十月二十三日には、村方におけるキリシタン立ち帰りの動きが公然化している。中心となったのは有馬村である。前述したように、松倉家臣の佐野弥七左衛門の覚書によると、有馬村の三吉・角内は、これ以前、天草大矢野島に渡り、「益田四郎」からキリシタンの教えを授けられ、絵像をもらい受け、十月二十三日には絵像をかかげ、村人に宗門をすすめ、キリシタンへの立ち帰りを主導している。『耶蘇天誅記』は、この日だけで「男女七百人」が立ち帰ったとしている。

この時期に島原藩領南目の村方に宗教指導者の動きが出ていたことは、島原藩家老が寛永十四年十一月一日付けの書状において、村方で信者を集めている存在として、有馬村の三吉・角内、千々石村の善之丞について江戸に知らせていることからも明らかである（「耶蘇天誅記」『島原半島史』中巻）。

さて、十月二十四日の夕刻、有馬村において偵察にあたっていた代官からの注進を受けた松倉家の家老は、有馬村の三吉・角内の捕縛のために家臣に馬乗衆八人、足軽二十人を付けて派遣した。足軽は鉄砲足軽とみてよい。藩側も村方の武力的な抵抗を想定していたことをうかがわせる。有馬村に派遣された林小左衛門の覚書によると、二十四日の夕刻、家老衆からの呼び出しを受け、「有馬村にて百姓どもがキリシタンに立ち帰り、無作法なことを申している。なかでも三吉と角内は本尊を掲げて村人を集めている。両人を捕らえてまいれ」と申し渡されている（「林小左衛門覚書」『島原半島史』中巻）。キリシタンに立ち帰った村人たちが言っている「無作法なこと」とは、「松倉の世は去り、いまやデイウス（デウス）の世となった」といった類いの表明であったろう。

林たち一行は、十月二十四日の午後十時ごろ、船で有馬村の北岡に着くと、手分けして村人が集まっている三吉と角内の家に踏み込み、翌日の未明にかけて三吉・角内とその家族を捕縛し、船で島原に連行している。林小左衛門の覚書を見るかぎり、三吉と角内の捕縛・連行に際して村人たちは反抗をみせたような記述にはなっていないが、実情は違うようである。

後年の編纂物ながら叙述の確かな『高来郡一揆之記』によると、二百人余の百姓たちが有馬村の北岡から船に乗せられる三吉・角内一行の跡を追っている。松倉家臣たちは不気味であったろう。足軽たちに追っ払わせても追ってくるので、家臣が「打ち殺せ」と下知して、多くの百姓たちを打ち果たしている。『高来郡一揆之記』は、百姓たちが「身に当たるほど却って悦びける」として討たれたと書いている（「高来郡一揆之記」『島原半島史』中巻）。有馬村の一揆は、この北岡の浜辺で起こったといっていいのかも知れない。

代官殺害の決行

島原藩の政務記録『日帳』によると、有馬村から村々の代官が殺害されたとの急報がもたらされたのが、寛永十四年十月二十五日の昼の十二時ごろである（「島原一乱家中前後日帳覚」『島原半島史』中巻）。急報によると、討ち取られたのは有馬北村の林兵左衛門、串山村（現・雲仙市）の高橋武右衛門、加津佐村（現・南島原市）の山内小左衛門・安井三郎右衛門であり、代官の下役人を含めて十人に及んでいる。林小左衛門たちが、三吉・角内を捕縛して有馬村を立つのが十月二十五日の「二番鳥の時分」（午前四時ごろ）であるので、三吉・角内の捕縛・連行後すぐに、村々において代官の殺害が決行されていることになる。

有馬村における代官殺害については、後年の編纂物ながら充実した内容に定評のある『高来郡一揆之記』『耶蘇天誅記』と松倉家臣の佐野弥七左衛門の覚書をもとにみていこう。まず『高来郡一揆之記』

『耶蘇天誅記』を併せて勘案すると、有馬村では三吉・角内の連行後、一気に武力蜂起の気運は高まっている。

武力蜂起は二つの形態で表出している。一つには、三吉・角内連行後の村方を偵察にきた松倉家臣を攻撃していることである。藩当局は、有馬村のその後の状況を見分するため役人を差し向けた。甲斐野半之助、代官の躰島久太夫らが有家村に着き、庄屋の源之丞、乙名の善左衛門・平作を案内者に立て、船で有馬村の北岡に着くと、村人たちが「鉄砲を打ち懸け、礫を打って」役人の下人をうち殺し、案内者となった有家村庄屋の源之丞を負傷させた。

また、三吉・角内の連行後、有馬村では一揆が蜂起している。『高来郡一揆之記』は、「角蔵に劣らぬ者ども、数人の頭を立て、その外、大勢寄り集まる」とある（「高来郡一揆之記」『島原半島史』中巻）。角蔵とは角内のことである。有馬村では三吉・角内のあとを受けて新たな頭取が生まれ、一揆勢が拡大している状況をうかがいうる。

姿を現した一揆の中心人物

有馬村において三吉・角内のあとを受けて村方を指導するのが、佐志来作右衛門と有家村の馬場休意である。佐志来作右衛門は謎の人物である。三吉・角内の捕縛・連行のあと、唐突に有家村の馬場休意とともに姿を現し、有馬村で代官殺害事件の状況をつくると、その後は姿が消している。また、有馬村の代官殺害の直前の時期に有家村の馬場休意が姿を現していることも唐突である。有家村と有馬村の指導者が連携し、三吉・角内の連行後、有家村の馬場休意と佐志来作右衛門が有馬村の一揆蜂起に肩入れしたものと思える。馬場休意との組み合わせを考えると、佐志来作右衛門なる偽名くさい人物は松島半之丞の可能性が高い。

馬場休意と佐志来作右衛門は絵像を佐志来の居宅に掲げ、ミサを行っていた。代官の林兵右衛門をおびき寄せるためでもあった。見込どおり代官の林兵右衛門がミサの現場にのり込んできた。林は絵像を破りすて、主宰者を捕縛しようとした。これから先が『耶蘇天誅記』と『高来郡一揆之記』とでは代官林兵右衛門の討ち取り方が違っている。『耶蘇天誅記』では、ミサの現場で林を殺害しているのに対し、『高来郡一揆之記』では、佐志来の居宅を出た林を百姓たちが追いかけて討ち果たしている。松倉家臣の佐野弥七左衛門の覚書は、『高来郡一揆之記』に近い。

まず『耶蘇天誅記』の記述である。林兵右衛門は、佐志来作右衛門の催しを聞きつけ、十月二十五日の午前十時ごろ、佐志来の家内をうかがい、四、五十人の百姓たちが絵像を囲んでミサを開いている現場に踏み込み、絵像を引き破って火中に入れた。百姓たちは一時茫然としていたが、次第に怒りをみせ、「天帝主の敵だ」「打ち殺せ」と叫び、その場で打ち殺した。惨殺である。

百姓たちが手にしている凶器は、それぞれが持ち寄った日常の道具、「熊手・鳶口・鎌・鍬・鍥・鉞の類、農具・樵具」である。鍬を手にしている者もいる。これらの道具は、百姓一揆の用語でいう「得物」である。百姓一揆の得物は百姓たちが日常的に使う道具である。得者は、凶器と化した。事前に家々から持ってきていたことに注目したい。林兵右衛門の死骸を前に百姓たちは動揺するが、やがて祈りを唱え、落ち着きを取り戻した（「耶蘇天誅記」『島原半島史』中巻）。

『高来郡一揆之記』では、ミサの現場にのり込み、絵像を引き破り、火中に入れた林兵右衛門は現場を立ち去っている。百姓たちは、「代官はどこに行った。まだ近くにいる。追いかけろ」と叫び、二、三百人が林兵右衛門を追いかけた。百姓たちは、ほどなく林に追いつき、殺害している。殺害されたのは代官の林兵右衛門だけではない。林とともに「北有馬村の目付」の葉室嘉兵衛を殺し、さらに島原から瓦を取りに来ていた船頭と十五人の水主（ふなのり）までも殺害している（「高来郡一揆之記」『島原半島史』中巻）。島原城下町の別当杢左衛門の覚書も船頭・水主の殺害を記述しており（「別当杢左衛門覚書」『島原半島史』中巻）、事実とみてよい。

村々への檄文

松倉家臣の佐野弥七左衛門の覚書によると、代官の林兵右衛門を追いかけた百姓たちは、逃げる林の行く手をさえぎり、殺害している。時刻は『耶蘇天誅記』と同じ、十月二十五日の午前十時ごろとしている。佐野弥七左衛門の覚書は、さらに「百姓たちは、さらに村々に飛脚を出して触状を廻し、代官・加番・出家・社人を悉く打ち殺せと申し送った」と記述している。この「触状」と同一のものと思える檄文が『耶蘇天誅記』に載っている（「耶蘇天誅記」『島原半島史』中巻）。次のようなものである。

きっと申し遣わす。当村の代官林兵右衛門がデウス様に敵対したので打ち殺した。かねがね天人が申されていたのもこのことである。村々の代官をはじめ、ゼンチョ（異教徒）を一人残らず討ち取らねばならない。宗門として団結しなければならない。村々へ廻状を廻す次第である。

十月二十五日　　　　佐志来作右衛門
　　　　　　　　　　山　善右衛門

村々庄屋衆中

有馬村の代官殺害は一揆蜂起に向けてしくまれた事件である。主導者は、こうした事態を予期していたかのように即座に檄文を作成し、村々に発している。「十月二十五日」という日付が強烈なインパクトを放っている。

佐志来作右衛門・山善右衛門は一揆首謀者とみてよい。山善右衛門は、先の山田右衛門作の供述調書によれば、天草千束島で天草四郎を擁し、キリシタン復活工作を策謀した「五人の牢人」の一人である。佐志来作右衛門はやはり松倉家牢人の松島半之丞あたりではないだろうか。一揆首謀者の二人が連名で村々の庄屋に結束を呼びかける形態をとっていることになる。檄文は「若き者」たちによって、「北は口ノ津、加津佐村、小浜村、串山村、千々石村、南は有家村、堂崎村、布津村、深江村、木場村、安徳村」という半島の南目の村々に伝えられた。

3　武力蜂起

つづく代官殺害

有馬村から出された檄文は南目の村々に伝えられ、有馬村では計画どおり代官殺害を決行したことが周知された。有馬村につづく決起を呼びかけたものである。実際、村々において連続して代官が殺害されている。殺害されたのは、千々石・小浜・串山三ヵ村の代官高橋武右衛門、加津佐村の代官山内小右衛門・安井三郎右衛門である。また、余り知られていないが、細川家の関係文書には、深江村で「百姓にきられ候代官」として手嶋（躰島）久太夫・村田作太夫の記載がある（『綿考輯録』第五巻）。村々の一揆勢は十月二十五日に蜂起すると、翌日には深江村を中心とした一揆勢が松倉勢と交戦しているが、深江村でも百姓たちが代官を殺害し蜂起していたのである。深江村においては代官の殺害による一揆蜂起と藩軍勢との「合戦」は連続したものとして展開されている。殺害された代官は諸書によってまちまちであり、正確を期したいが、都合六人となる。

千々石・小浜・串山三ヵ村の代官高橋武右衛門の殺害に関して、原城の一揆制圧にあたった幕府年寄（老中）の松平信綱は、原城制圧直後、生け捕った一揆勢のなかから代官高橋武右衛門を殺害した主導者として、「小浜村才助・三会村金作・有家村甚吉」の三人を探しだし、処刑している（「原城紀事」『島原半島史』中巻）。『高来郡一揆之記』によると、千々石村にいた高橋武右衛門は一揆とは夢にも思わず、百姓たちが人家に火をつけ、出てきたところを討ち取られている。「生け捕りて、牛擘きにして殺しけり」というから、むごいものである（「高来郡一揆之記」『島原半島史』中巻）。ちなみに三会村の金作は「下針の金作」と異名をとる射撃の名手だった。寛永十五年正月元日の原城攻めで討ち死にした幕府上使の板倉重昌を狙撃したのもこの金作とされている。

千々石村における代官殺害の主導者の三人をみると、代官高橋武右衛門の管轄の小浜村から才助がでているが、他の二人は有家村と、小浜村から遠く離れた島原城の北方の三会村の出身である。この三人が代官殺害につづいて三会村の米蔵襲撃の中心として行動しているところからみて、これら主導者は村方を越えて行動していたとみられる。加津佐村の代官山内小右衛門と安井三郎右衛門は、庄屋助右衛門から知らせを受けて村々を脱出する途中で百姓たちの追撃を受け、小浜村と串山村の境で討ち取られている。

以上のように、十月二十五日には都合六人の代官が殺害されている。代官殺害が有馬村だけに終わっていれば南目レベルでの広域的な一揆蜂起には発展していなかったかも知れない。一揆の熱気の急速な拡大、代官殺害という村々の共同謀議、これに加担したという一味神水的な代官殺害事件が村の結束を固め、村々の広域的な一揆蜂起を生んだ。

十月二十五日の動きとの関係として注目されるのは、同日の昼の十二時ごろ、島原城下でも百人ばかりの一揆勢が寺を襲い、住持の首を旗指物がわりにし、駆けつけた松倉家臣に切りつけ、討ち取った「三人の侍」の首を同様に旗指物にして島原城の大手に押し寄せていることである。蜂起した南目の村々の一揆勢が島原城をめざして動き、翌十月二十六日には城攻めを行っていることからみて、城下における一揆勢の行動は、南目の村々の代官殺害事件と連動した一揆蜂起の動きだったとみてよい。

代官殺害の意味するもの

村々における代官殺害は、百姓たちに現実を覚醒させるうえで重大な意味をもった。この松倉家臣の殺害事件は従来さして注目されてこなかった。ただ単に、一揆蜂起に際して百姓たちが眼前の代官を血祭りにあげたという程度の説明しかされていない。しかしながら、考えてみていただきたい。江戸時代の百姓たちの騒動・一揆のなかで、百姓たちが武家領主を殺害することがあっただろうか。一揆に際して武器を携行したとしても、領主側に向けて武器を行使することはなかった。幕藩制下の百姓一揆は、法と制度に従った「遵法闘争」であった。

島原・天草一揆は違う。この一揆は代官を殺害して蜂起している。しかも一人ではなく、その日のうちに六人もの代官を次々に殺害している。島原城下では「三人の侍」の首を晒している。明らかに殺害することを目的として計画的に松倉家臣を襲っている。百姓たちが興奮状態にあったとしても、武家領主たる松倉家臣を殺害すればどうなるのか、ある程度の予測はつけていたであろう。当然、捕らえられれば百姓としての明日はない。百姓たちには逡巡と先行きへの不安があったはずである。松倉家に訴願するどころではない。訴願の相手に刃を向け、殺害しているのである。

それでも百姓たちは代官殺害を決行している。一揆の志向性は明確である。島原藩領の一揆は代官を殺害し、領主側の血を流したことで、訴願に基礎をおく百姓一揆への退路を断ったのである。

一揆勢は代官を殺害すると、「出家・神主、その他、他宗の者をば、はや残らず打ち殺し」ながら島原城をめざして動き、翌日には松倉家の軍勢と交戦した深江村の一揆勢と合流し、島原城を攻めている。代官殺害は武力蜂起への跳躍台となった。

戦闘態勢の準備

島原藩の政務記録『日帳』によると、藩当局が、有馬村において代官の林兵左衛門が殺害されたことを知るのは、寛永十四年十月二十五日の昼の十二時ごろである（「島原一乱家中前後日帳覚」『島原半島史』中巻）。相役の本間九郎右衛門が急報したものである。

家老は有馬村に軍勢を差し向けている。家老岡本新兵衛を大将に、「若き侍ども」を残らず動員して「船大小二十艘」を送った（「佐野弥七左衛門覚書」『島原半島史』中巻）。軍勢は同日の午後四時ごろ有馬村北岡の沖合に着いているが、沖合にとどまり、翌十月二十六日の未明には島原に戻っている。松倉勢が有馬村の北岡に上陸しなかったのは、有馬村に向かう海上において有馬村から深江村にかけての六ヵ村の「塔・宮・寺」に火がかけられているのを目撃し、島原城自体が危ぶまれたからである。

それに有馬村の北岡では一揆勢が待ち受けていた。北岡は、島原藩領の一揆の「大将分」に予定され、前日の未明に連行された三吉の在所である。有馬村北岡では沖合に松倉勢の船団が見えた時、軍備を整えた一揆勢が待ち構えていた。『佐野弥七左衛門覚書』には、「有馬村にはきびしく弓・鉄砲を揃え、舟どもを相待ち居り申し候」とあり（「佐野弥七左衛門覚書」『島原半島史』中巻）、『高来郡一揆之記』『別当杢左衛門覚書』は、一揆勢が「鉄砲八百挺程」で待ち構えたと書いている（「高来郡一揆之記」「別当杢左衛門覚書」『島原半島史』中巻）。一揆勢が有馬村の北岡でまとまった鉄砲を準備して松倉勢を待ち構えていたのは間違いあるまい。

有馬村北岡には「鉄砲屋大膳」という鉄砲鍛冶・鉄砲商人がいる。毎年、松倉家に鉄砲を納入している御用職人であり、納入した数量が都合「千挺」というから、鉄砲製造の規模は相当なものである。殺害された林兵左衛門の相役である代官の本間九郎右衛門が、島原に脱出する際に頼ろうとしたのも鉄砲屋大膳である。本間は海岸づたいに北岡に向かい、北岡の浜でたまたま「天草よりキリシタンの絵像を拝みに来ていた者たち」の小舟を見つけ、島原に脱出している（「高来郡一揆之記」『島原半島史』中巻）。

鉄砲屋大膳は、御用職人という身分からも藩側の人物だったとみてよいが、結局、一揆勢に拘束され、原城に籠っている。有馬村の一揆勢は、蜂起すると鉄砲屋大膳を拘束し、大膳の鉄砲と玉薬を管理下に置き、海岸線の在地鉄砲衆を北岡に集め、「鉄砲八百挺程」で松倉勢を待ち受けた。有馬村に一揆勢の鉄砲の過半が集められていたとみてよい。

管理下に置かれた口之津の武器庫

村々の一揆勢は、代官を襲い殺害すると、もう一ヵ所、戦略上の重要拠点を襲撃している。口之津の武器庫、「御用蔵」である。前に述べたように、一揆勢の地盤である南目の村方にこの島原藩の武器庫が存在していなかったら、世にいう島原・天草一揆は起きていなかったものと思える。百姓たちの村方にあった武器庫と、松倉家に「千挺」もの鉄砲を製造・供給した鉄砲御用職人の「鉄砲屋」大膳の存在が、一揆勢に武力蜂起を決意させた武力の源泉であった。

『耶蘇天誅記』によると、蔵のなかには「兵糧五千石、鉄砲五百余、鉛丸七箱、銃薬二十五箱、その外、弓・長柄等」が保管され、口之津蔵奉行が管理していた（「耶蘇天誅記」『島原半島史』中巻）。兵粮もさることながら、「鉄砲五百余、鉛丸七箱、銃薬二十五箱」などの武器は、一揆勢にとって垂涎のものとなったろう。幕藩制下において、これだけの武器・弾薬と鉄砲の製造拠点が存在した在所は他にない。

一揆勢は最終的に有馬村の原城に立て籠もるが、幕府上使側が推定した城中の鉄砲が五百挺程度である。数合わせ的には口之津の武器庫の「鉄砲五百余」だけでこれに相当する。また、一揆勢は一揆の全過程を通じて「玉薬」（火薬）の乏しさに悩まされつづけるが、恐らく玉薬の大部分は口之津の武器庫の「鉛丸七箱、銃薬二十五箱」と鉄砲屋大膳によってもたらされていたとみられる。しかも村方にいた藩側の役人は蔵奉行の二人だけである。一揆勢は、口之津蔵奉行を拘束して一揆勢に加え、子供たちを「四郎殿」の「小姓」としている。

第三章 「城の占拠」をめざした百姓たちの戦い

島原藩領の一揆は、一揆蜂起の時点で領主側（代官）の血を流し、「合戦」と城攻めをくり返し、天草領の一揆と合流しながら、最終的に原城に立て籠もる。島原・天草一揆は一貫して領主側との軍事対決を志向している。したがってこの一揆は、百姓を主体としながら、百姓一揆のような要求はない。島原藩領と天草領の一揆がめざしたのは、端的にいえば「城の占拠」である。一揆は島原城・富岡城を攻め、最終的に有馬氏時代の拠点城郭である原城を占拠した。島原藩領と天草領の一揆勢の合戦と城攻めの実相について検証していくことにしよう。

第一節　島原の合戦と城攻め

1　合戦の志向――深江合戦

寛永十四年（一六三七）十月二十五日、「村の代官」を殺害して蜂起した島原藩領南部地域（南目）の一揆は、翌十月二十六日に大きな節目を迎える。前日、十月二十五日、代官殺害という一線を越えた一揆勢は、翌二十六日、島原城の南方、深江村において松倉方の軍勢と「合戦」に及び、さらに島原城まで攻め込んでいる。百姓たちが、これまでの支配領主である松倉家に対して武器をもって正面から戦いを挑んでいるのである。

キリシタンに立ち帰った一揆勢が、松倉家との軍事対決、「戦争」を選択した瞬間といえる。十月二十六日以後、百姓を主体とする一揆勢は合戦と城攻めをくり返し、領主側と軍事対決する事態が常態化する。一揆勢にとって初戦となる深江合戦の状況をみていくことにしよう。

行動する「若き者」たち

寛永十四年十月二十六日、一揆側も島原藩側も活発な動きを展開する。藩側の動きからみていこう。前日の十月二十五日、有馬村での代官殺害の急報に接した藩当局は、家老岡本新兵衛・多賀主水に引率させて有馬村に二十艘の船団からなる軍勢を派遣する。一揆勢も有馬村の北岡を中心に鉄砲衆を配備した迎撃態勢をとっており、松倉勢は上陸はせず、翌十月二十六日の午後二時ごろ島原城に戻り、一揆勢の来襲に備えて城中の備立てを決めている（「別当杢左衛門覚書」『島原半島史』中巻）。

十月二十六日の夜明けというから、午前六時ごろであろうか。島原城は緊張につつまれている。一揆勢が城下の焼き討ちを行い、城下南方の深江村では一揆の軍事的な動きが活発化していた。一揆勢による城下の焼き討ちから述べよう。

一揆勢が島原城を攻撃するのは十月二十六日の夕方であるが、この日の早朝、若者の一団が城下を急襲し、焼き払っている。島原藩の政務記録『日帳』によると、「有馬村より中木場村」までの七ヵ村の「若き者」たちが、城下に押しかけ、町に火をかけ焼き払っているのである。すぐに松倉勢が出動するが、すでに城下一帯に火の手が回っており、なすすべもなかった。「若き者」たちは、いずこかに退散している（「島原一乱家中前後日帳覚」『島原半島史』中巻）。

この「若き者」たちの村々を横断した行動に注目したい。先に述べたように、有馬村において代官の林兵左衛門が殺害されるのが、十月二十五日の午前十時ごろである。それから村々を横断する共同行動を主導したのが、これら「若き者」たちであった。まず、南目の村々において代官やその下役人の殺害が連続した。そして、村人への一揆への参加、「四郎殿」のもとへの結集を呼びかけ、一揆への参加を拒む寺社などへの焼き討ちがなされている。これらの行動の実行主体は村々の「若き者」たちであった。

藩当局は、その日の昼の十二時ごろに有馬村での異変を知り、午後四時ごろに有馬村に軍勢を差し向けるが、船団は有馬村に向かう海上において、有馬村から深江村にかけて村々の「塔・宮・寺」が焼かれている惨状を目撃している。この広範囲にわたる焼き討ち行動の実行主体も、これら「若き者」たちであった。この若者集団のなかに「四郎殿」に仕える「若衆」たちもいたはずである。

十月二十六日の早朝の時点で、「有馬村より中木場村」までの七ヵ村の「若き者」たちが城下に押しかけ、城下を焼き払っていることからも、島原藩領南目の村々において広域的に一揆蜂起させる実質的な行動主体が、これら「若き者」たちであったことを想定させる。

島原・天草一揆において、村々が一揆に参加するかどうか、庄屋・乙名など村役人層の判断と指導力が大きく影響したことは確かであるが、村々の気分、村民を引っぱっていく広域的な行動力において重きをなしたのは、「若き者」どもであった。村々の「若き者」たちが、一揆首謀者や「四郎殿」に仕える「若衆」たちの教えに共感し、村々の長老たちを説いて一揆蜂起の下地をつくりあげた、というのが私の理解である。

いずれにしても、藩領南目の村々の「若き者」たちは、蜂起直後の一揆が、まだ村一揆の段階にとどまっている十月二十五日の午前中に、村々の一揆の横断化に向けて行動を起こし、目標とする島原城に向けて北上しながら十月二十六日の夜明け、島原城下を焼き払っている。

深江合戦

十月二十六日の明け方、一揆蜂起した村々の「若き者」たちが島原城下を焼き払うころ、島原藩はもう一つの事態に直面していた。島原城の南方、深江村の百姓たちが一揆蜂起し、活発化しているというのである。島原城のすぐ南が安徳村（現・島原市）、その南が深江村（現・南島原市）である。藩領南部地域の村々で起こった一揆の波が島原城に近づいていた。松倉家の家老たちは家臣を安徳村に走らせ、味方するかどうか意志確認するとともに、島原城の守りと一揆勢の進攻に備えるため軍勢を二つに分け、「侍八十余騎、上下五百余人」を深江方面に出動させた。

こうして藩領南目の村々で一揆が蜂起するなかで、一揆蜂起後二日目には、まず深江村の一揆が、これまで支配領主であった松倉家と軍事対決することになる。深江村の一揆には、周辺の安徳村・中木場村（以上、現・島原市）の百姓も含まれていたと思えるが、基本的には深江村単独の一揆である。『別当杢左衛門覚書』などは深江合戦を「深江村合戦」と呼んでいる（「別当杢左衛門覚書」『島原半島史』中巻）。一つの村が支配領主の軍勢と「合戦」に及ぶ。戦乱が日常化していた戦国時代にも起らなかったことである。深江合戦については、従軍した佐野弥七左衛門・林小左衛門の覚書が参考になるが、やや一揆勢の動きを誇張している。この点に留意して、まず、佐野の覚書をみてみたい。

さて、島原を立った藩軍勢は、安徳村を味方につけ、庄屋らを人質に取って道案内させ、深江村に向かった。途中、味方を申し出た中木場村の庄屋喜右衛門を道案内に加え、一揆勢が籠っているとの情報があった安徳・深江境の瀬野尾村古城に押し寄せ、城の空堀を越え、城内の屋敷に入った。村方有力者の屋敷とみてよい。

屋敷には「老いたる男女四、五人」のほかは誰もいない。老人たちは、「昔からキリシタンです。切りなさい」と首を差し出したという。深江村では、二人の代官を殺害して一揆蜂起すると、体の不自由な一部の老人たちを除き百姓たちが総結集していた。松倉勢が深江村に入り、中窪という在所にさしかかると、突如、待ち構えていた一揆勢が攻撃してきた。一揆勢「千人余」は、窪地や林の中など各所に人数をふせ、敵を十分に引きつけておいて、にわかに旗を揚げ、小高き所へ上り、「膝台にて一段のつるべ撃ち」で鉄砲を撃ち放って攻撃した。鉄砲を一列に並べて「つるべ撃ち」に撃ちかけている。「膝台にて」というのは、片膝をついた鉄砲の撃ち方である。一列縦隊の「つるべ撃ち」など、一揆勢には鉄砲の撃ち手が揃えられていたことをうかがわせる（「佐野弥七左衛門覚書」『島原半島史』中巻）。

佐野と同様に出陣していた林小左衛門の覚書も同じような書き方をしている。松倉勢が深江村に近づいても人気はなく、村に入っていくと、一揆勢は「本陣」を構え、その前面には三間ばかりの「堀道」に鉄砲五十挺、百人ばかりの槍・棒を持った者を配し、松倉勢が近づいていくと「鉄砲を並べ」、ねらいを定め一発一発の射撃をしている（「林小左衛門覚書」『島原半島史』中巻）。一揆勢は一列縦隊に並び、ねらいを定めた狙撃的な撃ち方をしていたものといえる。

島原城下町の別当・杢左衛門も、「敵は一度に鉄砲を撃ち放した」と、一揆勢の戦い方が一斉射撃を特徴にしていることにふれている。ただ、一斉射撃は玉込めに際して無防備となる。杢左衛門によると、松倉勢は鉄砲隊を二つに分け、一揆勢が玉込めをしている際に残る鉄砲隊が鉄砲を撃ちかけ、鑓（槍）・長刀で追い散らし、村内の庄屋屋敷に逃げ込んだところで一揆勢を討ち取っている（「別当杢左衛門覚書」『島原半島史』中巻）。庄屋屋敷は、佐野弥七左衛門の覚書や島原藩の記録『日帳』では深江古城になっている（「佐野弥七左衛門覚書」「島原一乱家中前後日帳覚」『島原半島史』中巻）。深江城の一角に庄屋屋敷があったものと思える。

佐野の覚書に戻ろう。深江村の中窪にて待ち構えていた一揆勢に「不意」をうたれた松倉勢も反撃し、一揆勢を深江城に追い込んだ。島原藩領の村々には有馬氏時代の「村の城」があった。深江城などは深江村の一揆勢が本陣としていた可能性が高い。佐野の覚書には、「城内の屋敷には一揆の総大将増田（益田）四郎が立て籠もり、道筋に逆茂木を立て、菱を撒き、人数を隠し、数多くの弓・鉄砲を構え、松倉勢を一騎打ちの場所へおびきいれ、前方と左右の三方から激しく撃ち立てた」と書いている。

林の覚書では、四郎左衛門という元庄屋の屋敷ついて、「屋敷は広大で、二棟の大きな居宅があり、本屋の方では二百人が経（オラショ）を唱えていた」という（「佐野弥七左衛門覚書」『島原半島史』中巻）。四郎左衛門なる人物は、有馬氏時代の深江城主の血筋につながるものかも知れない。深江村一揆の拠点となった元の庄屋屋敷で大勢の百姓たちがオラショを唱えている。実感できる情景ではある。

島原藩『日帳』によると、松倉勢は深江城の一揆勢を破り、火をかけ、島原に引き上げている（「島原一乱家中前後日帳覚」『島原半島史』中巻）。林の覚書では庄屋の屋敷を焼き払うと、一揆勢は「山上がり」をし、別当杢左衛門の覚書には「敵は布津村に向けて敗走した」とある（「林小左衛門覚書」「別当杢左衛門の覚書」『島原半島史』中巻）。一揆勢は南方の布津村方面に敗走し、一部が近くの山々に逃げ込んだものと推測される。

数多い死傷者

佐野の覚書によると、深江村の戦闘で松倉勢の総大将である家老の田中新兵衛が深手を負い、多くの死者・手負いを出し、軍勢を退いている。死者・手負いの人数は松倉勢が六十人程度、一揆勢の死者が三百人程度に及んでいる（「佐野弥七左衛門覚書」『島原半島史』中巻）。双方で四百人近い死傷者が出ている。激闘である。死者は圧倒的に一揆勢に多い。満足な武器も持たない、戦闘に不慣れな百姓がオラショ（祈りの文句）を唱えながら、死地に飛び込んでいる情景を想像できる。驚くべき情景というほかはない。きのうまで農業に専念していた百姓たちが、一転して武士＝支配領主と戦い、数百人規模で戦死しているのである。島原藩の家老は「深江村のキリシタンの半分を討ち取った」と江戸に報告している（「耶蘇天誅記」『島原半島史』中巻）。

松倉方も一揆勢に勝利したという実感はない。佐野弥七左衛門は、「もう少し戦闘が長引いていれば、一揆勢は加勢の人数と一つになり、前後から挟み撃ちになっていた。味方は一人も逃れることはできなかったであろう」と、有家・有馬方面からの加勢が加わっていれば全滅の恐れもあったと述懐している（「佐野弥七左衛門覚書」『島原半島史』中巻）。

こうして深江合戦は終わった。深江村における松倉勢と一揆勢の戦闘を見ると、これは百姓たちと武士との軍事的な激闘、「合戦」と呼ぶ以外にない。実は、深江村一揆の軍事活動は深江合戦だけでは終わっていない。村では一揆の別働隊として四十人を島原城に向かわせ、松倉側に「味方」になると称して城中にもぐり込ませている。そのうち松倉方が彼らの動きをあやしみ、「大将分のもの」を拷問し、「全員がキリシタンである。城を焼くために入り込んだ」と白状させている。すると、深江村の別働隊は城外に向かって切って出ている（『綿考輯録』第五巻）。深江村の一揆は次の島原城攻撃まで見通した戦略を立てていたことになる。

2　一日だけの城攻め――島原城の攻略

島原城の力攻め

寛永十四年十月二十六日、深江村を中心とした一揆勢は島原藩勢と合戦に及び、多大な死傷者を出し、隣村の布津村（現・南島原市）に退いて救援を求めた。救援に駆けつけた有家・布津・堂崎（以上、現・南島原市）方面の一揆勢は、島原に退いた藩軍勢を追って島原城に向かい、深江村や城下周辺の中木場村・安徳村・三会村（以上、現・島原市）の一揆勢を加えながら、その日の夕方、島原城に襲来している。一揆勢の襲来に城下・近郷は大混乱に陥っている。一揆勢の進路となる安徳村の百姓たちは、牛馬に荷をつけ、子供を抱きかかえて城に逃げ込んだ。城下の住人も全て城内に逃れた。

一揆勢が島原城の大手に襲来したのが十月二十六日の午後五時ごろである。一揆勢は城下に入ると、すぐに江東寺・桜井寺などの寺院に火をつけ、大手筋の町屋を焼くと城の大手に殺到した。一揆勢の人数について、佐野弥七左衛門は千五百余人とし、林小左衛門は「雲霞のごとく」大手門に押し寄せたと書いている（「佐野弥七左衛門覚書」「林小左衛門覚書」『島原半島史』中巻）。

これに対し城中の松倉家臣（知行取の家臣）は五、六十人程度だった。大手門に十七人、その他の家臣を惣構えの塀裏、いくつかの城門（搦め手の桜門、諫早門、先駈門）、出口（田町口・東小口・西小口）に配しており、守備の主体となる松倉家臣は少人数で分散されていた。

大手門に配置された鉄砲がわずかに「七挺」だったというが、やや少人数であることを誇張しているる。鉄砲は城内に二千挺程度はあったであろうが、信用して任せられる撃ち手が少なかったのは事実とみてよい。城内には城下町人や北目（東空閑・大野・湯江・多比良・土黒・西郷）と城下周辺の村々の百姓も入っていたが、こうした群衆が油断できなかった。

一揆勢の配置について、参考までに『耶蘇天誅記』の記述を示せば、総勢二千三百余を三つに分け、主力が有家・布津・堂崎・深江の庄屋に率いられた一隊、これに大江源右衛門・千束善右衛門に率いられた一隊を加えた二千が大手を攻め、中木場・安徳・三会の庄屋に率いられた三百が搦め手から攻めたとしている（「耶蘇天誅記」『島原半島史』中巻）。大江源右衛門・千束善右衛門は、山田右衛門作の供述書において、一揆の策謀に関わったとされる「五人の牢人」の一員である。先に有馬村での代官殺害に際して山善右衛門の名を確認したところであり、一揆の策謀に関わった牢人は島原の一揆現場に参加していたことになる。

佐野弥七左衛門の覚書によると、一揆勢は三本の旗を押し立て、キリシタンの高札を引き抜き、「関の声をあげ、耶蘇の経をよみ、鉄砲を撃ち立て、はや門ぎわまで詰め寄」り、「鑓・長刀・斧・鉾」で大手門を壊しにかかった（「佐野弥七左衛門覚書」『島原半島史』中巻）。一揆勢がとった島原城攻めの戦略は、短時間の集中的な力攻めである。戦略的に想定されていたのは、城内にもぐり込ませていた味方との連携と、城内に入っている群衆の離反である。

城内では城下の町人や近隣の村々の百姓も動員して守備に配置されている。三会村の百姓たちのように離反者がでそうな村方は城外に出されていたが、城内の住民の状態も流動的である。松倉方にとって家臣の動きも油断できなかった。五十人以上の退去者を出した御家騒動のあとである。比較的信用できるのは知行取の家臣だけだったといってよい。足軽・中間などの下級家臣や家中の奉公人たちは一揆に同調して放火をくり返しており、百四十一人もの誅伐者を出していた。

一揆勢は城中に仲間をもぐり込ませていた。たとえば、先に述べたように、深江村の一揆は代官を殺害して蜂起すると、すぐに制圧にやってきた松倉勢と合戦に及んでいるが、合戦に先だって四十人からなる別働隊を組織し、島原城に向かわせ、味方と偽って城中にもぐり込ませている（『綿考輯録』第五巻)。城中で離反者を出し、城に火を放って城中を大混乱に陥れるためである。一揆勢は、やみくもに城門の破壊に向かっていたわけではなかった。

一揆勢が島原城の大手門か、搦め手門など、いくつかある城門の一つを破って城内に乱入していたら、城内の百姓・町人が一揆方に寝返る可能性は十分にあった。ともかく城門の一つを破って城中に入る、城中に入れば何とかなる、この一点で攻撃している。その意味で一揆勢が大手門に攻撃を集中させたのは、城攻めの方策としては妥当である。一揆勢は大手門の扉を「二尺四方」に打ち破り、門近くの番屋に火をつけたが、門扉をこれ以上破壊することはできなかった。

松倉勢は、破られた大手門の透き間から鉄砲を撃ち、百三十七人とも、八十三人ともいわれる人数を討ち取っている（「島原陣覚書」、「別当杢左衛門覚書」『島原半島史』中巻）。一揆勢も同様に門扉のすき間から鉄砲で撃ち返せばよいはずであるが、これだけの多人数が討たれているということは、大手門を破る過程で鉄砲の玉薬を使い切っていたことが考えられる。玉薬にもう少し余裕があり、一揆勢が鉄砲で援護されながら門扉の破壊を続行していれば、あるいは城門のひとつに火をつけれぱ、島原城は危なかった。松倉家臣の佐野弥七左衛門も「ここを破らせまじく」との一念だったと往時を回顧している（「佐野弥七左衛門覚書」『島原半島史』中巻）。

弾薬不足による撤退

結局、一揆勢は島原城の大手門を破り、城中に乱入することはできなかった。最大の原因は「玉薬」が尽きたことにある。熊本藩主細川忠利は、福井藩主松平忠昌に宛てた寛永十四年十一月十二日付けの書状において、「一揆勢は、二十六日、二十七日、城を取り巻いて攻めたが、玉薬が尽きて退いた」と説明している（『綿考輯録』第五巻）。

一揆勢の火薬の乏しさは一揆の全過程を通じて弱点となるが、限られた火薬をこの一日に集中させていることからも、一揆勢が短時間の集中的な力攻めにかけていたことをうかがわせる。玉薬に余裕があれば、松倉勢に引けをとらない鉄砲衆をもって城門の松倉勢の動きを抑え、扉の破壊に時間をかけることができた。そして城門が破られていたら、一揆蜂起直後であるだけに、城内がどういう混乱状態になったか分からなかった。一揆の中心である有馬村や、島原藩の武器庫を管理下においている口之津村の一揆が島原城攻めに加っていないことが玉薬不足をもたらしている。蜂起当初の島原藩領の一揆は、まだまだ村々の一揆の寄せあつめであり、相互の連携を欠いていたことが玉薬の不足となって露呈したといえる。

一揆勢は火薬が底をつき、城下の火の手が城近くに迫ってきたこともあって、十月二十七日には島原城攻めを中止し、退却を開始している。一日だけの城攻めであった。これ以上の松倉勢との戦闘の継続は限界にきており、一揆勢は戦力・戦闘態勢を整えるために有家・有馬を本拠に在所へ引き上げた。そして深江村の一揆を中心に、島原城近郊の村々の百姓たちは山に上がり、「昇を立て」て立て籠もり、五十人、百人と城廻りに一揆勢がくり出す状況が、寛永十四年十一月中旬のころまでつづいている。

3　天草四郎の出現

島原藩領における一揆蜂起直後、島原城を攻撃した一揆勢が退き、有馬・有家の本拠を中心に在所に布陣した寛永十四年十月二十九日ごろ、「四郎」が突如島原表に姿を現している。同じころ、「四郎」の存在は天草の島々でも取沙汰される。一揆勢の盟主、総大将ともされる「天草四郎」の現実世界への出現の状況をみておこう。

「四郎殿」の出現

島原表において、確実な史料のうえで「四郎殿」なる人物が初めて伝えられるのは、島原城に派遣された熊本藩細川家臣の道家七郎右衛門による寛永十四年十月二十九日付けの現地報告である。道家は、一揆蜂起四日目の十月二十八日に島原に派遣され、同日の午前八時ごろに島原城に到着、同二十九日の夜に熊本に戻るまでに十月二十八日付けで一通、二十九日付けで二通、計三通の現地報告を送っている（『綿考輯録』第五巻）。二通目までに四郎の記載はなく、三通目の十月二十九日段階の島原情勢の詳報において、突如「四郎殿」なる人物が登場する。

十月二十九日というと、一揆勢による島原城攻略は実質的に終了している。一揆勢は二十七日に城攻めを中止しており、道家が島原城に入ったのは、一揆勢が在所に撤退してから二日目にあたる。結局、一揆勢は再度島原城を攻撃することはなく、島原城から数キロ北方の三会村や南方の深江村の山々に籠った一揆勢が、断続的に城周辺に出没するという状況がつづくことになる。道家の報告は、島原城近くに出没する一揆勢が城中に向けて叫ぶ、いわば宣伝工作を書き留めたものであり、夜な夜な城廻りまで出てきた一揆勢が「わめき申す」なかで「四郎殿」は出現している。

すなわち一揆勢は、現実に城下周辺で発生している出火が、「切支丹のとむらい」さえできない状況に怒った天のなせるわざであり、こうした出火にみまわれた終末的状況のなかから信者たちだけを救済するために「四郎殿」をお遣わしになったと叫んでいる。このように道家は報告している。

一揆勢がねらったのは、「四郎殿」の島原表への動座を宣伝することで城中で離反者を出すことにあった。効果はあった。典型的なのは島原城のすぐ北側の三会村（現・島原市）である。三会村は一揆勢につくか、城方に味方するかで揺れつづけ、いったんは城方につく。藩当局は三会村の百姓たちを信用せず、城外に出して城門の守備にあてた。果たして村は二分し、十月二十八日には半数が一揆方に加わっている。城方につき、城外の番につけられていた百姓たちも、十一月四日には「きりしたんの白旗」を立てて離反し、成敗されている（「勝茂公譜考補」『佐賀県近世史料集成』第一編第二巻）。

松倉家の「天草四郎」認識

「四郎殿」は、一揆の初発段階で「天草四郎」とも呼ばれるようになる。豊後府内目付の林勝正・牧野成純は、寛永十四年十一月二日付けで松倉家の家老から伝えられた「島原一揆の子細」を大坂城代・大坂町奉行に報告したなかで、「天草四郎」についての松倉家からの使者の口上を次のように伝えている（「島原日記」）。原文を読み下して示そう。

松倉長門《勝家》領分に今度一揆起こり申さざる先に、天草四郎と申すきりしたん大将、天草より参り候えば、豊後守《重政》代にころび申し候きりしたん共立ちあがり候と風聞御座候、天草にても四郎出候と風聞御座候が、四郎儀はゐ候も、ゐ申さず候もしれ申さず候と、使の広瀬吉右衛門申し候

府内目付とは、徳川家康の三男、結城秀康の嫡男で越前北ノ庄城主（六十七万石）を改易され、隠居

させられて豊後府内（現・大分市）に配流されている松平一伯忠直を監視するために付けられた幕府役人である。長崎奉行が江戸に戻っていたので、府内目付の二人が当時九州にいた唯一の幕府出先の役人であった。

松倉家から伝えられたところによると、四郎は、一揆蜂起以前に、天草から島原藩領に現われ、松倉重政の代に転ばされたキリシタンを立ち帰えらせたと風聞され、その後四郎は天草にも現れたと風聞されている。そして「四郎殿」は「天草四郎」とも呼ばれるようになっている。天草から島原表にやって来たので天草四郎と呼ばれたものとみてよい。

こうした「風聞」は、城廻りに出没する一揆勢からも城中に宣伝されるが、松倉家は、風聞をあまり信用してはいなかった。城廻りの一揆勢が「四郎殿」の存在を叫ぶだけで、肝心の天草四郎が一向に姿を現わさないからである。松倉家では一揆勢の宣伝に疑問をもち、幕府の出先機関たる府内目付に対し、「天草四郎」なる人物は「ゐ候も、ゐ申さず候もしれ申さず候」と報告している。

松倉家は、一揆勢から流される宣伝攻勢の実正について現実的な判断を下しつつあった。何よりも「風聞」されるだけで四郎は「きりしたん大将」として一向に姿を現さない。松倉家は、「四郎殿」「天草四郎」が「風聞」だけの存在であり、実際には「いないのではないか」と判断していたと思える。

天草での「四郎」の取沙汰

天草領でも一日遅れで一揆が起こるが、天草四郎の存在は島原表と同じころに天草でも取沙汰されている。熊本藩領芦北郡の郡奉行堀田諸兵衛・吉田孫四郎は、十月二十八日、島原表でのキリシタン蜂起を受けて熊本から任地に向かい、翌二十九日の朝、芦北郡日奈久（現・八代市）に着くと、郡内の惣庄屋を招集して不審者への警戒を命じるとともに（徳富家文書「触状扣」）、天草の状況を偵察するため配下の役人を天草に送った。熊本藩ではこうした他国・他領の情報収集にあたる者を「外聞」という。

十月三十日、外聞の本山二右衛門は芦北郡の対岸に位置する上島南部の赤崎村（現・上天草市）の庄屋のもとを訪れている。以前から付きあいがあったのであろう。赤崎村庄屋の森七右衛門は驚くべきことを本山に打ち明けた。「四郎」に関する情報である。この日、熊本藩領宇土郡の郡浦（現・宇土市）で天草一揆の中心人物渡辺小左衛門が捕縛されるが、まだ藩当局には急報されておらず、外聞の本山にとって赤崎村の庄屋の話しは寝耳に水だった。赤崎村の庄屋は、口頭だけでは信じてもらえないと思ったのか、次のような一筆を書いている（『綿考輯録』第五巻）。

この度、きりしたんを広めた者について申し上げます。肥後のうち、宇土の江部というところに、長崎よりきた甚兵衛と申す者の子、四郎と申す者がいます。年は十五歳になります。この者が有馬（島原）に行き、大矢野・上津浦までキリシタンを広めています。相違はありません。念のため一筆したためます。

天草庄屋赤崎村
森七右衛門　判

十月三十日

本山二右衛門殿

天草上島の南部地域は、近くに栖本郡代所が所在することもあって、上島北部から東部にかけてのキリシタン一揆は浸透していなかったが、十月三十日の時点で四郎に関する具体的な情報がもたらされている。四郎は甚兵衛なる者の子で、年は十五歳、「宇土の江部」から島原、ついで大矢野・上津浦にわたって信仰への復帰を説いている、という情報である。情報にあいまいさはない。甚兵衛・四郎父子の在所とされる「宇土の江部」は、渡辺小左衛門の供述で明らかになるが、渡辺の供述以前に、具体的な情報が上島の南部地域にも伝えられていたことになる。キリシタンへの立ち帰りが浸透していない上島南部地域の村々でも、事態の推移に強い関心を向けていたことが想像できる。

本山二右衛門はすぐに芦北郡日奈久の郡奉行のもとにとって返し、郡奉行は熊本に急行している。熊本藩当局が、いかにこの情報を重大視したのかは、外聞がもたらした赤崎村庄屋の書付をもとに領内に触状を出していることに示されている（「触状扣」）。ちょうどその頃である。領内の宇土郡郡浦において渡辺小左衛門を捕縛したとの知らせが舞い込んだのである。藩当局は、「四郎殿」をより現実的な存在として意識するようになる。

4　揺れる村々

寛永十四年（一六三七）十月二十五日、島原藩領の南目の村々において、代官殺害を通して一揆が蜂起し、翌日島原城を攻撃すると、藩領の村々において一揆方と城方（藩側）の区別が明確になり始めた。同時に、南目と北目の境目となる島原城下周辺の村々では、去就に迷う村々も出てくる。一揆の拡大と去就に揺れる村方についてみていこう。

一揆の拡大

寛永十四年十月二十五日、島原藩領において代官殺害を契機に一揆が蜂起すると、一揆に参加する村々は島原半島の南半分、南目一帯に拡大した。佐賀藩鍋島家の家老が十月三十日付けで江戸に送った言上書によると、十月二十六日の深江合戦の時点で一揆に結集していたのは、島原半島南部の「南方」（南目）の九ヵ村としている。九ヵ村とは、島原城を基点にすると、城の南の深江、布津、堂崎、有家、有馬（北有馬、南有馬）、口之津、加津佐（以上、現・南島原市）、串山、小浜（以上、現・雲仙市）の村々である（「勝茂公譜考補」『佐賀県近世史料』第一編第二巻）。

一揆勢は、十月二十六日の夕方から翌日にかけて島原城を攻撃すると、二十七日には島原城から退却し、在所に戻っている。島原城に派遣された熊本藩細川家臣が、「一揆勢の本陣は有馬である」「一揆勢は城から四、五里の有家・有馬に退いた」と報告しているように（「御家中文通の内抜書」）、有馬・有家を拠点に、在所に白旗を立てて布陣し、島原城周辺の村々では近くの山々に籠る状態がつづくことになる。

島原藩当局もさまざまな手づるを使って村々の一揆参加状態を探ろうとしている。島原藩家老が寛永十四年十一月一日付けで江戸に送った報告によると、キリシタンに立ち帰った村方は、島原城北方の三会村から千々石村までの南目十三ヵ村であり、このうち島原城下周辺の安徳・中木場・島原の三ヵ村では「庄屋と乙名、百姓の半分ほどが城中に入っている」とし、東空閑村（現・島原市）から愛津村（現・雲仙市）までの北目十二ヵ村は「別に変りない」としている（「耶蘇天誅記」『島原半島史』中巻）。

そして島原藩当局は、寛永十四年十一月七日ごろには南目の村々の詳細な一揆参加状態をつかんでいたようである。熊本藩細川家の文書の『御家中文通の内抜書』のなかに、「嶋原の内きりしたんに立帰候者村付の写」がある。先の三会村から千々石村までの南目十三ヵ村について、男女人数、「みかた（城方）人数を書きつけたものである。島原藩側から情報提供を受けたものとみて間違いあるまい。

島原藩領の村々の一揆参加率をみると、村民全員参加（参加率一〇〇％）の村が深江、布津、堂崎、有家、有馬、口之津、加津佐、串山の八ヵ村であり、串山村から北は小浜村（同九〇％）、千々石村（同五〇％）となる。また、島原城下近郊では三会村（参加率七五％）、島原村（同七五％）、中木場村（同八〇％）であり、安徳村は二五％程度と推測される。半島の東側では島原城下近郊の村々から北方、半島の西側では千々石村から北方の北目の村々は藩側についている。まさに一揆は島原半島の南半分、南目の村々を基盤としていた。

もっとも村民全員参加の村々も全員参加にいたる過程にはドラマがあったし、南目と北目の境界地域では一揆方・城方をめぐる村内抗争がくり広げられた。たとえば有家村では、有馬村で代官殺害事件が引き起こされる寸前の時期、有家村の庄屋の一人、源之丞は一揆に与せず、有馬村に松倉家の役人を道案内して鉄砲で狙撃され、負傷している。島原藩領の村は大きい。「名」という小村の複合形態をとっている。したがって有家村でも小村レベルの不同意がみられた。代官殺害という実力行使が一揆蜂起に際して反対派を抑え込み、一揆への村民全員参加を実現したといえる。

千々石村でも一揆に同意しなかった庄屋の治右衛門は、老人・女子供を近隣の愛津村に立ち退かせ、若者に武器を持たせて一揆勢の来襲に備えるとともに、自身は愛津村に走り、代官の槙田長兵衛・新甚左衛門に急を知らせた。代官は村の足弱どもを山田村に送り、山田・守山・野井の三ヵ村（現・雲仙市）

に出動を命じ、千々石村の一揆を攻めた。ふいを食らった一揆勢は小浜村への立ち退きを余儀なくされている。

揺れる三会村

一揆蜂起直後、島原藩領の南目と北目の接する地域、とくに島原城周辺地域の村々は一揆方か城方かをめぐって流動的な情勢となる。島原城の北方の三会村、南方の安徳村・中木場村・木場村である。松倉家はこれらの村々を藩側に取り込もうと老臣を派遣し、懐柔を図っている。一揆蜂起の翌日、十月二十六日に松倉勢が深江村に進攻すると、態度を決めかねていた村々も、ひとまず藩側に帰順する態度をとっている。

ところが松倉勢が島原城に引き上げ、深江に集結した深江村・布津村・堂崎村・有家村の一揆勢が島原城を攻め、松倉勢が籠城状態になると、再び村々の情勢も流動的になる。三会村（現・島原市）はその典型であり、近隣の安徳村・中木場村・木場村も類似した状態となる。

三会村が揺れ動くのは、島原城の近郊でありつつ、かつて充実した信者組織が存在していたからである。先に見たイエズス会日本管区長コウロスが、同会宣教師の司牧活動について有力信者の証言を集めた元和三年（一六一七）の証言文書によると、「島原町・三会町（三会村）」は有馬村、有家村とならぶ信者組織を有している（松田毅一『近世初期日本関係南蛮史料の研究』）。「嶋原町・三会町」の証言文書の署名者をみると、島原町から乙名一〇名、組親・乙名一名、看坊一名、三会町では別当二名、乙名一名、組親五名、惣代二名、看坊一名が署名している。署名者の人数と構成からみて、三会町（三会村）は有馬村・有家村に匹敵する信者組織を有していたとみてよい。

一揆が蜂起すると、島原城下（島原町）の町人はほぼ全員が城中に入っているが、三会村は去就に揺れている。同村は、村内に「三会町」が存在するように、島原城下に隣接した町場を抱えた村方であり、信者組織は町場（三会町）で発達していた。三会村が城方か一揆方かで分かれるのは、同村が村方と町場に二分され、信者組織が町場を中心に村方に拡大していたことによる。

三会村の百姓たちの多くは、十月二十五日の一揆蜂起直後、在所を離れ、島原城に難を逃れていた。百姓たちは近隣の村々の百姓たちとともに城外に置かれ、城門の一つ、桜門の警備につかされた。翌二十六日、一揆勢が島原城を攻撃してきた。すると三会村の百姓たちは、突如、一揆勢を攻撃するとみせて一揆方に走るや、くるりと向き直り、一揆勢と一緒になって城方に発砲している。

そして一揆勢が一日で城攻めを中止し、在所に退きあげながらキリシタンへの立ち帰りに不同意の在所を焼き払うと、三会村の百姓たちにも変化がおきている。村が大きく二つに分かれたのである。百姓たちの半分が一揆方に加わって近隣の堂宇を焼き払い、山に籠り一揆に加わったのに対し、消極的な百姓は島原城の近辺に向かった。

「十六、七のわっぱ」の出現

注目したいのは、三会村ではこの時期に百姓たちの前に「十六、七のわっぱ」が突如現れている事実である。諫早鍋島家から島原表に派遣された亀川勝右衛門は、寛永十四年十一月三日付けで次のように江戸に申し送っている（「勝茂公譜考補」『佐賀県近世史料』第一編第二巻）。

三会村は、この前まで城方に同意の村だったが、ふらっと十六、七のわっぱがやって来て、奇妙の教えを説き、たぶらかされて一揆方についた。だが、かの者が実正なき者と見極め、かのわっぱを成敗して城方に降参し、男女ともに城に籠りたいと門外で詫び事を言っている。

三会村はいったん城方についたものの、「十六、七のわっぱ」がやってきて「奇妙の教え」を説き、「わっぱ」の「奇妙の教え」に心動かされて一揆方に加わろうとしていた。しかし、「わっぱ」の「実正」なきを見破り、成敗して城方に降参を求め、島原城の門外で城内に向けてしきりに詫び言をくり返している。このように亀川は報じている。

一揆蜂起当時、島原藩領の村々が一揆方と城方に分かれて敵対したのは多くの村方で認められたことであるが、何度も逡巡しているところに三会村の特性がある。三会村の規模は大きく、十ヵ村近くの小村をまとめた「郷」に近い規模である。小村ごとに意見の違いがあったろう。意見の割れた流動的な村方に「十六、七のわっぱ」が現れ、「奇妙の教え」を説いた。「十六、七のわっぱ」とは、一揆首謀者が送り込んだ「四郎殿」の分身である。「私は四郎様のお使いで来た」と称し、「この世はインヘルノ（地獄）の状態となる。救済されたければ、キリシタンに立ち帰り、四郎様のもとに結集せよ」、といった「奇妙の教え」を説いたのであろう。

一揆首謀者は村方内部が割れ、一揆方につくことに逡巡している村方を説得すべく四郎の代理者を送り込んだものである。「わっぱ」の教えに従ったかどうかは別にして、三会村の半分が一揆方についた。一揆に懐疑的で消極的な百姓たちは、「わっぱ」の素性や「奇妙の教え」の「実正」に難癖をつけたのであろう。そして城方に帰順する方向で意見がまとまると、帰順の意志を示すため「わっぱ」を殺害し松倉方に帰順を求めたものである。

こうして再度城方についたものの三会村の百姓は城内には入れず、城外の番を命じられた。城外に置かれた百姓たちの心情はなおも揺れていた。揺れたすえに百姓たちは城外に「きりしたんの白旗」を立てている。再度一揆方についたのである。「きりしたんの白旗」を持ったまま城に近づいているところに、去就に迷う百姓たちの心情をうかがいうる。一揆方についた百姓は成敗され首を晒されている。

その後も三会村は揺れている。城中に入った三会村の百姓は「鉄砲・長柄六十程」を奪い、一揆方に走っている。城中では三会村の者たちが徹底して吟味され、二百人が獄門・晒首となった。処刑されるまでわめき散らしていた者たちが、切られる時には「きりしたんの唱え」をしていたという。三会村の百姓たちの揺れ動きは、城中に入っている多くの百姓たちに共通する心情でもあったと思える。

5　兵站の自覚――三会合戦

島原一揆の本陣設定

一揆蜂起から半月、寛永十四年十一月十日前後、島原藩領の一揆は新たな段階にさしかかっている。同年十月二十七日、島原城攻撃から撤収した一揆勢は、有馬・有家を拠点にして在所に布陣した。細川家では有馬・有家の本拠のうち、有馬村を一揆勢の「本陣」とみているが、その場所は有馬氏時代の拠点城郭であった原城と想定される。

平戸オランダ商館長のニコラス・クーケバッケルの十一月十日の日記に、この日の報告として「彼等は有馬領の海辺にある廃城に行き、ここを補強し始めた」とある（『平戸オランダ商館日記』）。この「海辺にある廃城」とは、寛永十四年十二月上旬に島原・天草一揆勢が立て籠もる原城（原古城）とみるのが妥当である。島原城攻めから撤収した一揆勢は有馬村一揆を中心に連携を固め、一揆全体の「本陣」として有馬村一揆の本陣たる原城に定め、要害化のために「補強」普請を加え始めた。

松倉氏は元和元年（一六一六）に入部すると、ひとまず日野江城に入り、すぐに島原城の建設に着手するが、原城も日野江城もいわゆる一国一城令で破却されることはなく、石垣・堀・虎口などの城郭の要害機能は基本的にそっくり残されていたはずである。したがって一揆勢が「補強」し始めたのは、一揆勢の籠城段階、城の周囲をめぐっていた土塁の築造と想定される。オランダ商館長の情報入手の時間経過からみて、「海辺にある廃城」＝原城の普請は寛永十四年十一月初旬に開始され、一揆勢が籠城する同年十二月上旬まで継続されたものと思える。

このように島原藩領南目の村々が、有馬村の原城を「本陣」として連携を強めていたことと関係して注目されるのは、島原藩領の一揆勢が、十一月九日ごろから同十三日にかけて天草の一揆勢のもとに救援の軍勢を送っていることである。両一揆勢は合同して同十四日には唐津藩勢と島子・本渡において合戦に及んでいる。つまり島原藩領の一揆勢のなかに村々の一揆全体を統轄する一揆指導部が整備され、本陣を有馬村の原城におき、天草一揆との連携も視野にいれた指揮系統が整備されつつあったことをうかがわせる。

こうした時期に、松倉勢が島原城下近郊の三会村千本木の米蔵を急襲し、蔵の米を城中に運び入れるという事件が発生する。この事件は島原藩領の一揆の連携・戦略の弱さ、兵站というものの意識が欠如している現実をつきつけた。三会合戦についてみよう。

松倉勢の米蔵急襲

寛永十四年十一月十二日、一揆勢は、島原城の北方、三会村の千本木にある藩の米蔵をめぐって松倉勢と交戦している。十月二十六日の深江合戦・島原城攻め以来の本格的な交戦となるが、この間、島原城攻めから撤退した一揆勢は、有家・有馬の本拠を中心に在所において弾薬・武器の製造につとめていた。そのような最中、三会の米蔵の米穀を松倉勢に奪われるという事態に遭遇する。三会合戦があった十一月十二日は、一揆勢が島原藩勢との軍事対決を継続していくうえで、戦略、あるいは武器・弾薬・兵粮の確保・補給という兵站の重要性を自覚させる一日となる。

島原城の北方へ二、三キロ、三会村の千本木には島原藩の米蔵があった。村々から集めた年貢米を収納・保管しておく蔵である。一般には郷蔵といわれる。島原藩領の各所には米蔵が点在していた。佐賀藩鍋島家の家老多久茂辰が、寛永十四年十一月九日の覚書において、「松倉長門殿の米蔵が一揆方の在々にあるが、一揆方は米蔵に少しも手をつけていない」と述べているように（「勝茂公譜考補」『佐賀県近世史料』第一篇第二巻）、島原藩領の南目、および島原城周辺の地域は一揆勢が布陣し、この地域の米蔵は一揆勢の管理下に置かれていた。鍋島家の家老が「一揆方は米蔵に少しも手をつけていない」と不思議がっているように、管理下に置いているという意識からか、一揆勢は米蔵の米穀を確実に一揆方に取り込むような動きをみせていない。

三会村千本木の米蔵も三会村一揆の活動する在所にあったが、何とも微妙な位置にあった。何より島原城に近かった。戦略的にみれば一揆勢は北目に属する三会村の米蔵の米穀を安全な南目地域に運び出しておくべきだった。そもそも一揆勢には、長期戦略をみすえ、在々に点在する米蔵の米穀を兵粮として確実に押さえておくという兵站の配慮が余りなかった。敵方の鍋島家の家老多久茂辰が不思議がったくらいである。

こうした一揆勢の地域管理の甘さを松倉方は突いた。十一月十二日、松倉勢は、家老の指示で田中藤兵衛以下十二人の家臣に鉄砲百挺・槍百本をつけ、人夫三百人を動員して三会村千本木の米蔵に向かわせている。一揆勢もこの動きを察知し、千本木に籠って鉄砲を撃ちかけた。

熊本藩細川家臣の報告によると、一揆勢の人数は約三百、鉄砲は五、六十挺であった。細川家臣の報告で注目されるのは、「このごろ打たせたように見える新しい長刀・槍などが数多見えた」とあるように（『綿考輯録』第五巻）、最近製造された長刀・槍などの武器が一揆勢に配備されていることである。三会村の前線にも新製造の武器が持ち込まれていた。

三会合戦の始まりは一揆勢が優勢だった。『耶蘇天誅記』によると、松倉勢の鉄砲・長柄の足軽が、一揆勢の迎撃にあって逃げ去り、一揆方に加わるありさまだった。先の細川家臣の報告にも松倉方の「下々」が一揆方に逃げ込んだとある（「耶蘇天誅記」『島原半島史』中巻）。松倉方の足軽たちも、もとをただせば村々の出身者であろう。一揆のなかでの流動化している社会状況をうかがいうる。

一時ピンチに陥っていた松倉勢も次第に態勢をたて直している。鉄砲隊をたて直して一揆勢を追い払い、三百人の人夫で米俵七百俵を持ち出し、海岸に出して船で島原城に入れた。この日の交戦によって松倉方の家臣三人・船頭一人、一揆勢十二、三人が鉄砲に撃たれ死んでいる。

兵站の自覚

松倉勢による三会村の米蔵の急襲は一揆勢に少なからざるショックを与えた。米蔵を急襲され、まんまと米穀を奪い取られたのである。一揆勢は即座に反撃をみせている。三会合戦の当日、十一月十二日の夜、一揆勢は島原城下の焼け残りの町屋や島原山の松山に火をつけ、翌十三日にはさらに活発な動きをみせている。

注目したいのは、「千四、五百」の一揆勢が安徳村の米蔵を襲っていることである。安徳村は島原城下から南へ三、四キロ、南目の北端に位置する村方であるが、この村は三会村と違い、どちらかといえば松倉方であった。一揆勢は、三会村千本木の米蔵に残る米穀を運び出し、さらに安徳村を急襲し、村を焼き払って百姓たちを島原城に追い払い、米蔵を襲ったものと推測される。

松倉勢に三会村の米蔵を急襲されたことで、一揆勢も松倉方との境目に位置する米蔵を占拠しておく必要性を痛感したのであろう。当時、島原城に出張していた細川家臣の情報によると、これらを実行したのは、有家・有馬の「頭立ちの者ども」であった（『綿考輯録』第五巻）。有家・有馬の「頭立ちの者ども」とは青年層を主体とした一揆の精鋭部隊とみてよい。この時期の島原藩領の一揆は、大名側からも攻めの「行（てだて）をなくしている」といわれるありさまであったが、ようやく動き出したという感じである。

一揆指導部は、十一月十日ごろから天草に加勢の軍勢を送り、軍事活動を再開するとともに、今回の三会合戦を教訓に長期戦をみすえ、兵站線についても遅まきながら活動を向けるようになる。

第二節　天草の合戦と城攻め

島原藩領での一揆蜂起とほぼ同時期、唐津藩天草領でも一揆が蜂起している。両地域の一揆は、当初、直接の組織的な連携関係はなかったが、寛永十四年十一月上旬には増強される唐津藩勢に対抗して合流し、天草上島の島子、下島の本渡において藩勢と激突し、唐津藩天草領の本拠である富岡城を攻撃することになる。

1　天草一揆の蜂起と推移

天草一揆の蜂起

天草領における一揆の推移を簡単にみておくことにしよう。前述したように、島原藩領の一揆は、一揆首謀者を中心に武力蜂起に向けてある程度計画的・段階的に進められた。天草領の一揆も島原藩領の動きを受けつつ推移している。

天草領の不穏な動きは、寛永十四年十月二十日ごろには領主側も確認している。松倉家臣の佐野弥七左衛門によると、十月二十日ごろ島原藩当局は、「天草領の百姓が何か騒いでいる」との情報を聞きつけ、同二十二日には代官を島原藩領の村々に差し向け、海岸線の浦々や道筋の警備を強化している（「佐野弥七左衛門覚書」『島原半島史』中巻）。

天草領の大矢野島、上島の上津浦において転びキリシタンの立ち帰りが表面化するのは十月二十六日のことである。立ち帰りの中心となったのは、大矢野島の大庄屋とされる渡辺小左衛門である。

渡辺小左衛門は、十月三十日に熊本藩領の宇土郡で捕縛されるが、捕縛直後の供述によると、天草領の村々では寛永十四年十月に入って島原藩領での「キリシタンの不思議」を聞きつけ、島原側と接触を図っている。渡辺の供述書をみると、渡辺は島原側の一揆計画についてある程度のことを知っていた。そして、十月二十五日の島原藩領でのキリシタン蜂起を受けて、翌二十六日から大矢野島でもキリシタン立ち帰りが表面化している。この日、大矢野のキリシタンたちが村内の浄土寺などを「地焼き」したのは一揆蜂起の表明といえる。同時に渡辺小左衛門は、上島北部の上津浦とも連絡をとっていたとみてよい。

注目したいのは、渡辺小左衛門が大矢野でキリシタン立ち帰りを主導すると、十月二十七日には大矢野の庄屋・百姓四、五十人を引き連れて上島南部の栖本郡代の石原太郎左衛門のもとに出向いていることがある。そして渡辺は大矢野に戻るや、十月二十九日には熊本藩領の宇土半島をめざしている。

島原藩領南目の村々であれば、眼前の敵である栖本郡代を急襲し、殺害して一揆蜂起しているかも知れないが、渡辺小左衛門らは栖本郡代を殺害することは全く考えていない。渡辺小左衛門と郡代の石原太郎左衛門は旧知の間柄であり、石原の娘が渡辺の養女になっていたともいわれている。渡辺小左衛門は、石原太郎左衛門に向かって「我々は全員キリシタンに立ち帰る」と言い放ち、転び証文の引渡しを求め、石原自身にもキリシタンに加わるように迫っている。石原は、「転び証文は富岡の方にある。キリシタンには、志岐（富岡）にいる城代の三宅藤兵衛と話し合ったうえでなることとする。もう少し待ってくれ」と答えたという（「御家中文通の内抜書」）。

渡辺の行動からみて、郡代の石原太郎左衛門自身が転びキリシタンだった可能性もある。渡辺小左衛門が、一揆蜂起直後、上島の栖本（現・天草市）に向かったのは、四年前、寛永十年六月の転び改めで取られてしまった転び証文を取り戻すためであり、また郡代を一揆に引き入れ、上島南部にまで一揆を拡大することもねらいだったとみてよい。郡代を取り込めば上島の状況は大きく変わる。結局、渡辺小左衛門を失ったことで、栖本郡代とのパイプも断たれたことになる。

下島でも動きがみられる。十月二十七日には下島の中心、本渡（現・天草市）近郊の本戸村・食場村（以上、現・天草市）でキリシタンへの立ち帰りが起っている。本渡近郊の村方では事前に大矢野・上津浦の村々や島原藩領南目の村々と一定の接触があったとみられる。富岡役所は鎮圧のため富岡から家臣を急行させ、本戸村・食場村で三人を討ち取っている。翌二十八日には富岡城代の三宅藤兵衛自身が本渡に向かっている。本渡城跡に置かれた本渡郡代所は、上島の上津浦方面からの一揆勢の進攻に備え、郡代所に配備されている二十人の鉄砲衆を上島の大島子（現・天草市）に送っているが、三宅藤兵衛は本渡周辺でのキリシタン立ち帰りの動きも懸念していた。実際、本渡近郊ではキリシタンへの立ち帰りがつづいており、討ち取られた立ち帰りキリシタンは十一月二日までに二十一人に達している（「御奉書写言上扣」）。

一揆蜂起から三日目の十月二十八日、天草領の一揆は一つの画期をなす局面を迎えている。一つには、一揆勢と富岡勢の軍事衝突の可能性が高まったことである。富岡城代の三宅藤兵衛は、上津浦・大矢野を中心とした一揆の拡大化と、本渡への進攻に対処すべく富岡勢を上島の大島子に配置し、翌十月二十九日には唐津に天草への援軍を要請している。天草一揆は唐津藩勢との軍事対決に向かっていた。

二つには、天草と島原との一揆勢の連携の動きが見えだしたことである。十月二十八日、熊本藩の在番衆が、宇土半島の突端において天草から島原に向かう多数の船を目撃し、三宅藤兵衛に状況を問い合わせている（『綿考輯録』第五巻）。天草一揆側が島原に多数の船を送ったのは、大島子に富岡の軍勢が配置され、富岡勢との軍事衝突も近いとの判断のもとで島原一揆側との連携、島原側からの援軍について協議するためである。島原藩領の有馬村と天草大矢野島との間の中間に湯島（現・上天草市）が位置し、島原・天草の両一揆が談合したということから「談合島」との別名がある。両一揆の「談合」が本格化するのは、このころからとみてよい。

「天草大矢野切支丹大将」の捕縛

渡辺小左衛門は大矢野四ヵ村の一つ、上村の庄屋であり、大矢野島＝大矢野組の「大庄屋」とされている。伝えられる年齢は二十八歳である。予想外に若い。父親の渡辺伝兵衛は当時千束島の蔵々に居住し、せがれ小左衛門を近い縁戚の上村の渡辺家の養子としたとされる。千束島といえば、山田右衛門作の供述書にいう「五人の牢人」が一揆の策謀をねった在所である。千束島蔵々の有力者で、せがれ小左衛門の捕縛後、大矢野一揆の中心として動く伝兵衛が、一揆の謀議と無縁だったとは考えがたい。伝兵衛が千束島の蔵々での一揆謀議に関わり、若き小左衛門が大矢野で活動したとみられる。

渡辺小左衛門は、大矢野でのキリシタン立ち帰りを主導すると、上島の栖本郡代のもとに出向き、信仰復帰を申し立て、郡代自身を一揆に取り込もうとするなど行動的である。しかし、その若き行動力があだとなる。渡辺は熊本藩領で捕縛されている。

渡辺小左衛門は寛永十四年十月二十九日、大矢野島を船出し、熊本藩領宇土郡の知り合いの「古キリシタン」（転びキリシタン）である九郎右衛門もとで一泊し、翌十月三十日、郡浦（現・宇土市）の海岸に着いたところで、現地の惣庄屋（熊本藩領の郡と村の中間の区域＝手永の長）配下の在番の者たちに捕縛される。現地の宿主が道案内していないことからみても、渡辺らは宇土方面の地理に明るかったものと思える。

それにしても、直前に村人を率いて栖本郡代のもとに出向き、信仰への復帰を宣言し、郡代を引き込んで上島での一揆拡大を画策しようとした大矢野キリシタンの中心人物が、なぜ現場を離れ、熊本藩領の宇土郡に潜入したのか。その目的の確かなところは不明であるが、捕縛直後、現地の郡奉行の取り調べに応じた自供内容は重大である。

自供の主たる内容は、①渡辺小左衛門は「天草大矢野切支丹大将」である、②小左衛門らが宇土郡郡浦に着岸したのは、同郡江部村（現・宇土市）の「(庄屋) 次兵衛」のもとを訪ねるためである、③次兵衛の屋敷の「わき」には「甚兵衛と申すもの」の妻子がいる、④甚兵衛と四郎は父子である、⑤甚兵衛と四郎は現在天草におり、「親子にてきりしたんひろめ」ている、というものである（『綿考輯録』第五巻）。

自供から出てきた「四郎殿」の存在

そこには、渡辺小左衛門の天草における立場、天草におけるキリシタン立ち帰り工作の中心人物としての甚兵衛・四郎父子の存在、四郎の在所・すみか・家族関係、現在の居場所など、四郎に関する情報はほぼ出そろっている。むしろ揃いすぎている感さえする。とくに甚兵衛・四郎のアジトというべき在所・すみかを、宇土郡江部村の庄屋次兵衛の「わき」と特定したことは決定的に重要である。捕縛された四郎の家族は四郎の母・姉・妹である。渡辺小左衛門は四郎の姉・福の夫とされている。

前述したように、島原表における「四郎殿」の存在については、前日（十月二十九日）島原から戻った道家七郎右衛門から報告された程度であり、細川家にとって渡辺小左衛門の自供がなければ、「四郎殿」の存在など全く現実感に乏しい風聞程度の情報である。ところが「四郎殿」が自領内にいたかも知れないこと、しかも熊本城下に近い宇土郡江部村の庄屋の隣に住み、今も母・姉・妹などが現地にいることが判明したのである。これは驚くべき情報と言わねばならない。同時に、渡辺小左衛門のような一揆の中心人物が、なにゆえにこれほどの重大情報を易々として白状したのかという疑問もわく。

渡辺小左衛門は、天草側の中心人物ながら、懐中にはコンタツ（ロザリオ）をいだき、尋問にはすらすらというか、聞かれてもいない次元のことまでも供述している。渡辺の言動には警戒感が欠けているし、しゃべり過ぎている。弁解も可能だったはずである。たとえば天草に隣接する細川家の動きを警戒し、動静を探りに来たといった言い逃れも十分可能ではなかったかと思える。

旧小西領の宇土半島への工作

熊本藩当局も、渡辺小左衛門の自供内容を鵜呑みにしているわけではないが、小左衛門が、当初の取り調べにおいて観念したかのように甚兵衛・四郎に関する決定的な人的・物的証拠を白状し、その存在を印象づけており、小左衛門の自供内容に拘束されつづけることになる。

渡辺小左衛門の熊本藩領宇土郡への潜入目的に関連して注目されるのは、渡辺一行を世話し捕縛された「宿主」の九郎右衛門の存在である。九郎右衛門には伝兵衛というせがれがいるが、父子でキリシタンに立ち帰り、当時、せがれ伝兵衛は天草上島の上津浦の近郊、赤崎村（現・天草市）に出向いている（『綿考輯録』第五巻）。赤崎村で何か思い出さないか。先に述べたように、寛永十年六月、最後のバテレンというべきイエズス会の斎藤パウロ神父が摘発された在所である。赤崎村は上島でのキリシタン蜂起の拠点となっている上津浦村の東隣りの村方である。渡辺小左衛門一行を世話した九郎右衛門のせがれが、一揆蜂起の時期に天草上島の上津浦近くに出向いている。宇土郡郡浦の九郎右衛門・伝兵衛父子は上津浦一揆とつながりを持ち、動いていたとみてよい。渡辺小左衛門の一行はその九郎右衛門のもとに向かい、さらに郡浦方面に向っている。

郡浦で誰れに会おうとしたのか。渡辺小左衛門が、キリシタン大名として知られる小西行長の領地であった宇土半島に潜入したのは、知り合いである郡浦の在地有力者・惣庄屋の郡浦（並河）家とのルートを使って、宇土町・宇土半島で何らかの工作を意図していたものと推測される。いずれにしても栖本郡代の石原太郎左衛門とパイプを持ち、行動力のある渡辺小左衛門という若き指導者を失ったことは痛手であった。

拡大する一揆

一揆蜂起から五日目、寛永十四年十月三十日ごろには、天草でも一揆側の臨戦ムードが高まっている。大矢野では渡辺小左衛門が熊本藩に捕縛されたとの急報がもたらされ、千束島蔵々の父伝兵衛を中心に渡辺の奪還が検討されている。また上島の上津浦では、上津浦の西隣り、下津浦村庄屋の九兵衛が二十人ほどの村人とともに栖本を焼き討ちし、在所の者たちに討ち取られている。郡代所の位置する上島南部地域に一揆を拡大する目的だったものと思える。

栖本郡代の石原太郎左衛門は、熊本藩領宇土郡の三角の在番家臣のもとに使者を送り、「大矢野村の百姓たちが、かつて悉くキリシタンだったので島民に立ち帰りを強制している」として、熊本藩を頼った落人の救済方を依頼している（『綿考輯録』第五巻）。実際、大矢野島の北端、岩谷泊（現・上天草市）では庄屋以下、七十人の百姓が立ち帰りを強要され、寺を焼かれて対岸の宇土半島の三角に逃げている。キリシタン立ち帰りの動きは大矢野島全域に及んでいる。

上島の上津浦では、十月三十日、八代城主細川忠興の世子、細川立允（熊本藩主細川忠利の弟）のもとから富岡城代の三宅藤兵衛のもとに送られた飛脚が、天候の加減で上津浦村の近くの須子村（現・天草市）に船を着け、陸路富岡に向かおうとしたところ、「クルスを先に立てた指物を持ち、鉄砲を構えた」百姓に留められている。使者が三宅藤兵衛の所に参る旨を告げると、百姓たちは「藤兵衛は昔のこと、今はデイウスの御代になった」と言い放ち、使者を追い返している（『綿考輯録』第五巻）。

大矢野・上津浦を中心としたキリシタン蜂起の情報は、すぐに天草の島々に伝わっている。上島の南部地域は、栖本郡代所が位置することもあって一揆の波及が表面化していないが、情報は確実に伝わっていた。先にふれたように、上島の南端、現在の上天草市龍ヶ岳町赤崎の庄屋は十月三十日、状況偵察にやってきた熊本藩芦北郡の郡奉行配下の外聞（他国情報の探索役人）に対し、神文を書いて通報している。「天草では十月二十六日ごろから立ち帰りが進んだが、立ち帰りを説いたのは、（熊本藩領）宇土の江部村の四郎という少年である。この十五歳の少年は長崎からやって来た牢人の子であり、島原でキリシタンへの立ち帰りを勧めたあと、大矢野・上津浦で教えを広めた」、というのである（『綿考輯録』第五巻）。伝えられている情報は正確で具体的である。

三宅藤兵衛が十一月二日付けで江戸に申し送った書状によると、立ち帰ったキリシタンの人数は、大矢野村（大矢野島）四百、上島の上津浦村三百、このほか四、五ヵ所で二百とし、三宅は下島の本渡で立ち帰った転びキリシタン十一人を成敗している。

寛永十四年十一月上旬の一揆状況

天草領の一揆勢は、寛永十四年十一月十三日、援軍に来た島原藩領の一揆勢とともに下島の本渡に向けての進撃を開始する。その直前の時期、寛永十四年十一月上旬の天草一揆の状態をいくつかの史料をもとにみておこう。

まず、熊本藩領宇土町（現・宇土市）の博労十兵衛・平作の口上書をみてみよう。十兵衛と平作は、十月二十一日に天草上島の教良木・栖本方面に馬買いに向かい、十一月五日に宇土郡の三角に戻り、三角に在番していた嶋又右衛門・不破平太夫に口上書を出している（『綿考輯録』第五巻）。

口上書によると、両人は、十月二十二日に上島北東部の楠甫（現・天草市）から島中に入り、十月二十二日に上津浦で馬二疋、同二十四日に小島子（現・天草市）で馬四疋、同二十五日に大島子（現・天草市）で馬一疋、同二十六日に栖本（現・天草市）で馬二疋を買い、十月二十七日に上津浦で買った馬を取りまとめ、楠甫に向かっている。上津浦村も十月二十七日の時点では、十兵衛・平作が拘束されるような目立った動きはなかったようである。十兵衛・平作の両人が十一月五日まで上島にとどまっていたのは、十月二十九日、楠甫に向かう途中の教良木（現・上天草市）で馬を逃がしてしまい、上津浦まで追いかけたことによる。

十月二十九日になると、上津浦の状況は二日前とは一変していた。両人は、上津浦村の「きりしたん共」に、「我々は天狗であるから、お前たちを打ち殺す」と脅されながら連れまわされ、何とか釈明して解放されている。そして両人は「くらへ」という在所で船を借り、何とか三角にたどり着いている。途中でさまざまなうわさを耳にしたのであろう。両人は天草のキリシタン立ち帰り状況について次のように証言している。

まず、大矢野島・千束島におけるキリシタン立ち帰りの村方として、大矢野・双原・柳（以上、大矢野島）・蔵々（千束島）の村々をあげ、「この四ヵ村は大矢野の浦のうちです。これらの村々では蔵を破って米俵を取り出し、それぞれの印次第に取り戻して食用にしています」と証言している。大矢野では島原藩領と違い、蜂起直後の時点で郷蔵を破って納入した年貢米を取り戻す行動を起こしていたことが知られる。「印次第」とは、年貢米納入に際して、印を捺して納めた年貢米をそれぞれが取り戻していることを意味する。そして取り戻した年貢米を「食用にしている」が、それは、「今後、年貢を納めることはない」との意志表示ともとれる。

次に上島の状況について、十兵衛・平作は、「全村立ち帰りの村が下津浦村・上津浦村・赤崎村・須子村・大浦村（以上、現・天草市）であり、半分立ち帰りが今泉村・内野河内村（以上、現・上天草市）です。合津村（現・上天草市）では庄屋だけが不承知で牟田村（現・上天草市）に立ち退き、阿村（現・上天草市）

では仏教徒の二人を除いて立ち帰り、二人をそのままにしています」、と証言している。

キリシタンに立ち帰った村は上島の北部から東部にかけての村々である。十兵衛・平作は、上島の村々の立ち帰りに関して、「これらの村々にキリシタンを広めたのは（渡辺）小左衛門です。四郎をデイウスの再誕のように説いたのも小左衛門だと取沙汰しています」と証言している。やはり渡辺小左衛門は天草一揆の仕掛け人だった。

そして両人は、上島の一揆の中心となる上津浦の状況について、次のように証言している。

○上津浦キリシタンの人数は、男女二百八十人ぐらいとのことですが、われわれが見たのは、道具（武器）を構えた百五十人ばかりの男です。武器として鉄砲八挺、弓二張、鑓二本を持ち、残りの者は竹の先に包丁を付けたり、竹をとがらせたものを持っています。

○キリシタンの覚悟について、一揆勢は、少しも死を厭わない、たとえ死んでもすぐに生き返るように申しています。

十兵衛と平作が逃げた馬を追って上津浦に入り込んだ十月二十九日ごろの状況であろう。このあと半月後には、上津浦に集結した天草・島原の一揆勢は唐津藩勢と対決することになるが、蜂起直後の上津浦一揆の武器の貧弱さは歴然としている。逆に死を恐れないと言い放つ気分が横溢している。

上島南部と下島中南部の状況

寛永十四年十一月上旬、天草領の一揆は拡大化をみせつつ、地域的な偏りもはっきりしてきている。大矢野島では全島的なキリシタンの立ち帰りがみられた。十一月七日には島内の小村の一つ、柳村

（現・上天草市）で十軒の火事が目撃されており（「御家中文通の内抜書」）、一揆勢は立ち帰りに応じない家々に焼き打ちをかけている。上島では北部の上津浦から大矢野島に隣接する上島の東部にかけてキリシタンの立ち帰りがみられるものの、上島の北西部・西部から栖本を中心とした南部地域には立ち帰りが及んでいない。

上島南部の栖本郡代も地元百姓たちと結びつきながら、現地にとどまることができている。たとえば十月三十日には、上津浦村の西隣り、下津浦村の庄屋らが栖本で放火を働こうとしたところ、在所の者たちが追い払い、庄屋を討ち果たしている。また熊本藩宇土町の馬喰十兵衛・平作によると、栖本村庄屋は、上津浦から立ち帰り活動のために上島東部の牟田村（現・上天草市）に向かっていた一揆勢を阻止し、鉄砲で打ち殺している。その際に一揆のキリシタンたちは、「撃つなら撃て、わが身には鉄砲も弓も役に立たない」と言い放ったという（『綿考輯録』第五巻）。

下島では、天草領での一揆の立ち上がりの時期に本渡近郊の本戸村・食場村などで立ち帰りがみられるものの、渡辺小左衛門が「五、六千人の転びキリシタンが存在する」と証言している下島中南部の西海岸の村々では目立った動きは見られない。十一月二日には下島南部の支配拠点、河内浦郡代所の郡代中嶋与左衛門が富岡城代の命令で上島の大島子に向かっている。富岡城代は下島中南部地域の転びキリシタンの存在よりも、上津浦方面の一揆勢への対処を優先させた。

しかし、現地の実情は少し違う。河内浦郡代の中嶋与左衛門が大島子に向かう際、郡代所の牢には七人のキリシタンが入れられていた。この七人の籠者は最近になって摘発されたキリシタンである。富岡役所は、河内浦郡代所に確信的なキリシタンが残されることを知りながら、郡代以下の役人を上島の大島子に動員したことになる。

果たして唐津藩勢が島子・本渡合戦で一揆勢の前に敗走すると、下島南部地域の情勢は一気に緊迫している。あとで述べるように、河内浦近郷の村々（現・天草市）では一揆が蜂起し、七人のキリシタンは牢から出て、「すすめ」を行っている。河内浦は戦国末、天草の五人の領主のなかで最もキリスト教信仰に熱心だった天草氏の本拠である。熊本藩当局に捕縛されている渡辺小左衛門が、五、六千はいると証言する下島中南部、「志岐・大江・高浜・崎津・河内浦」という西海岸の村々の転びキリシタンは、どう動いたのか。

2　前途への自信――島子・本渡の合戦

寛永十四年（一六三七）十一月十四日の天草上島・下島における島子・本渡の合戦は、天草と島原の一揆が合同して戦い、増強された唐津藩勢を破った点で画期的な意味を有する。唐津藩側も「惣敗軍」と自認している。島原藩領と天草領の一揆は一揆蜂起から約半月、天草において両地域の一揆が合流する寛永十四年十一月中旬に新たな段階を迎える。

緊張する島子方面

以上みてきたように、天草領では、島原藩領でのキリシタン立ち帰り、一揆蜂起の動きを受けつつ、十月二十六日以降、大矢野島＝大矢野と上島北部の上津浦を中心にキリシタンの立ち帰りが進むが、島原一揆のように一揆蜂起に際して領主側の血を流し、藩軍勢と軍事衝突に及ぶような事態には発展していない。大矢野と上津浦の一揆勢は、当初、上島と大矢野島を管轄する栖本郡代所を襲撃するような軍事的な動きをみせていない。

ところが、富岡城代が唐津の本藩に加勢の軍勢派遣を求め、一揆への軍事的対処を本格化させたことで事態は大きく動くことになる。富岡役所が動き始めるのは寛永十四年十月二十七日からである。この日、本渡周辺の本戸村・食場村でのキリシタン立ち帰りの報に接した富岡城代三宅藤兵衛は、二組の軍勢を本渡に送り騒動を鎮めると、翌二十八日、上津浦方面の一揆勢に対処するために軍勢を上島の大島子に進めた。城代自身も十一月二十八日には富岡から本渡に、さらに本渡から大島子の前線に向かい、唐津に援軍の派遣を要請した（「御家中文通の内抜書」）。

富岡城代の三宅藤兵衛は、十一月七日まで上島の大島子に駐在し、翌十一月八日、「本渡が心もとない」として下島の本渡に戻っている。十一月七日、大島子の山向こうの小島子方面では、キリシタンが上津浦の西隣り、下津浦に集まっていた。三宅藤兵衛は、上津浦に集結した一揆勢が本渡を襲うことを警戒していた。富岡勢は軍勢を富岡、本渡、大島子の三ヵ所に分散させており、唐津の援軍が来るまで一揆に十分な軍事対応できなかったからである。

合流する天草と島原の一揆勢

事態は、唐津藩の援軍が近づいているとの情報を受けて大きく動き出した。寛永十四年十一月九日、島原の一揆指導部は、一揆方の村々に対して天草へ加勢を出すよう命令を出している。そして、唐津藩の援軍が富岡に到着する十一月十日には、天草側と島原側との協議で、合同して島子・本渡方面に向かい唐津藩勢と対決することが決定され、大矢野村への一揆勢の集結が進んでいる。翌十一月十一日には島原側から多数の船が大矢野に向かい、また、この日には千束島の島民が蔵々から船出し、大矢野に移っている（『綿考輯録』第五巻）。

細川家臣の報告によると、十一月十一日まで島原藩領の「有馬・口之津・大江の者たち」が大勢大矢野村に渡ってきていた（『綿考輯録』第五巻）。たとえば細川家臣の蒲田九左衛門・吉岡世兵衛は、十一月九日、長崎の状況偵察にため代官の末次平蔵のもとに出向き、潮目の関係から島原藩領西部の小早崎に停泊し、翌十日の朝、加津佐村に近づくと、村々では昇を立て、大勢の村人が出てきて小船一艘を押し出した。蒲田らが小船のあとを追うと、小船は口之津の入江に入った。すると口之津からも小船が一艘出てきた。そして二艘の小船は有馬の沖に出て、天草に渡っていった。このように蒲田と吉岡は報告している（「寛永十四年江戸御留守居長崎・天草御使之差出」『熊本県史料』近世篇三）。

十一月十二日、大矢野に集結した大矢野島・千束島の一揆勢と島原からの加勢の一揆勢は、海上と陸路で上島の上津浦に向けて行動を開始した。島原からはクルスをつけた四、五十艘の船が上津浦をめざしている（「島原日記」）。大矢野勢は上島に渡ったあと海岸線を上島東部の阿村・合津（以上、現・上天草市）と進み、合津で一手が南下し、内陸の内野河内・教良木（以上、現・上天草市）に向かっている。大矢野勢の主力は有明海の海岸線を今泉（現・上天草市）・楠甫・大浦・須子・赤崎（以上、現・天草市）を経て、上津浦城（現・天草市）で上津浦勢と合流した。

こうして寛永十四年十一月十三日には、上島の上津浦において、大矢野から進撃してきた一揆勢と上津浦に集結した一揆勢とが合流し、これまで直接の組織的な連携関係になかった天草と島原の二つの一揆が「島原・天草一揆」をつくり出した。『耶蘇天誅記』『四郎乱物語』などの編纂物によれば、一揆勢の合流にともなって天草四郎を総大将にいただく一揆の組織がここに編成されたことになる。『四郎乱物語』によると、天草勢は上津浦の古城山（上津浦城）を本陣に定め、大矢野の一揆勢も上津浦に合流し、島原勢を率いてきた四郎を本陣に迎えている。

一揆の人数は、一揆蜂起直後、熊本藩細川家に捕縛された渡辺小左衛門の供述によると、大矢野村で千三百程、上津浦村と近隣八ヵ村で二千四百程、都合三千七、八百といい、そのうちで戦闘に役立つ者を八九百と見込んでいる（『綿考輯録』第五巻）。『耶蘇天誅記』によると一揆勢の人数規模はふくらみ、天草勢は四郎の父、甚兵衛を「頭領」として五千余、島原勢は四郎太夫時貞を「頭領」として三千余という編成になっている（「耶蘇天誅記」『島原半島史』中巻）。全体として五、六千人ぐらいが妥当な数字であろう。

一揆に参加した天草領の村は、東から大矢野（大矢野島）、上島北部・東部の阿村・合津・今泉・内野河内・教良木（以上、現・上天草市）・楠甫・大浦・須子・赤崎・上津浦・下津浦（以上、現・天草市）の十二ヵ村である。先の博労十兵衛・平作の口上書の十一月初めの状況と比較すると、新たに教良木村が加わっているくらいであり、一揆に参加した大矢野島・上島の村々の構成に大きな変化はみられない。

待ち受ける唐津藩勢

唐津からの加勢の軍勢は家老の岡島次郎左衛門・原田伊予に率いられ、寛永十四年十一月十日に富岡に着き、翌十一日に本渡に着陣した。加勢の人数は細川家家老の書状には千五百人とある（『綿考輯録』

第五巻)。富岡城の城付きの軍勢が五百、加勢と合わせた二千の軍勢は十一月十三日に本渡に集結した。本渡で軍議を開き、軍勢を郡代から加勢依頼が来ている上島の栖本郡代所、上島の前線となる大島子、唐津藩勢の本営が置かれた下島の本渡、本渡の瀬戸口抑えの亀川(現・天草市)、以上の四ヵ所に配し、大島子と亀川で本渡に向かう道筋をふさぎ、最終的に上津浦に集まった一揆勢を本渡において迎撃する方針をとった。

十一月十三日、合流した天草と島原の一揆勢は本渡に向けて海と陸から進撃を開始した。一揆勢のうち二千程度が七十四、五艘の船で本渡をめざし、主力は道筋の村々に動員をかけながら、海岸沿いに陸路を進んだ。

小島子での初戦

さて、上島の上津浦で陣容を整えた一揆勢は、海上と陸上から西へ向けて動き始め、上島の小島子(現・天草市)にて初めて唐津藩勢と遭遇した。島子は戦国時代、下島の天草氏・志岐氏と上島北部の上津浦氏との境目争いとなった要所であり、小島子城と大島子城が山をはさんで位置している。一揆勢は小島子、ついで大島子(現・天草市)で唐津藩勢と遭遇し、本渡の主戦場へと向かうことになる。二十一歳で合戦に加わった並河太右衛門をして「味方惣敗軍」といわしめた島子(小島子・大島子)合戦の状況をみていこう(「並河太右衛門武功之次第」)。

富岡城代三宅藤兵衛は、上津浦方面の一揆勢を警戒するため十月二十八日に大島子に軍勢を送り、自身も二十九日から大島子に駐在した。三宅藤兵衛が十一月八日に本渡に戻ったことで大島子の守備は縮小されていたが、十一月十二日、上津浦に集結した一揆勢に対応すべく、呼子平右衛門・九里吉右衛門・古橋庄助が鉄砲組を率いて大島子から小島子へ進んだ。

大島子には十一月十三日に唐津からの援軍が配備された。だが、小島子に進んだ呼子平右衛門らの部隊がなすすべもなく敗走したことが、その後、敗走の連鎖を招くことになる。十一月十四日の小島子での戦闘状況について、指揮者格の呼子平右衛門は、一揆後の「書上」（報告書）において、「一揆勢が大勢でかかってきたので、大島子に引き取り、大島子で唐津衆に加わり、本渡から富岡に参り籠城した」とのみ報告している（『天草一揆書上』）。小島子での逃走がその後の敗走をつくり出したことが簡略した文章にうかがえる。

一揆勢が、初戦となる小島子で富岡勢を逃走させたことの意味は大きかった。現地の百姓たちの態度が一変したのである。『四郎乱物語』によると、今まで唐津勢に「味方のふり」をしていた百姓たちが、にわかに態度を豹変させ、「ここごとく敵となり」、一揆方に味方したと書いている。事実に近いであろう。

大島子の合戦

十一月十四日の大島子の合戦についての最も確度の高い史料は、一揆後の寺沢家臣の「書上」であるが、合戦に加わった多くの家臣は大島子の模様について口をつむぎ、「本渡に退いた」とのみ書いている（『天草一揆書上』）。家臣たちの書上を総合すると、唐津藩勢は大島子の小川（島子川）に布陣し、一揆勢を待ち受けた。一揆勢は、唐津藩勢が布陣した小川の近くで止まり、射撃態勢をとった。石川理左衛門によると、唐津藩勢は「一揆勢の進撃が止まったように見えたので、川を越えて戦った」。そこで鉄砲の撃ち合いとなっている。

一揆勢が鉄砲の数量で唐津藩勢を圧倒していたとは考えがたい。一揆勢は、鉄砲の一斉射撃を行ったあと逃げ腰気味の唐津藩勢に大量の石をあびせ、藩勢を敗走させている。石川理左衛門も二度まで石で打倒されつつ、しんがりで逃げている。後日明らかになったところでは、大島子の唐津藩勢は山に物見を出さず、「武者立て」(陣立て)もしていなかった。

唐津藩勢が浮き足立っていち早く逃走したため、大島子での藩勢の死傷者は少ない。討死が四人、手負いが二人である。一揆勢は唐津藩勢を追って進軍した。並河太左衛門の覚書の記述を原文で示すと、「敵はきおい懸り、陸は一面に白旗を差つれ、所々道筋放火して追い来たり候、船にても帆を懸け、または押し切り、海陸同時に追い来たり」とある。一揆勢の進撃は道筋の百姓の「うらがえり」を生み、在所を焼き立てたので唐津藩勢の雑兵が浮足立ち、唐津藩勢全体の敗走になっている。

本渡の会戦

島子合戦は唐津藩勢の惨たる敗北となった。寛永十四年十一月十四日の本渡合戦は、本渡に集結した唐津藩勢と一揆勢が正面衝突しており、会戦というべき戦いとなっている。

本渡は、天草下島の東側中央部、下島と上島が近接するあたりに位置している。同所は、東側を内海に、南北を町山口川と広瀬川にかこまれた要地であり、ほぼ中央内陸部に本渡城が位置した。本渡城跡の山の北側(海側)に本渡郡代所が置かれ、富岡城代の三宅藤兵衛は唐津藩家老の岡島次郎左衛門とともに、ここに本陣をおいた。上島と下島の近接する狭隘部、本渡の瀬戸は昭和三十年(一九五五)に大規模に浚渫されて大型船舶も行き交うようになっているが、当時は干潮時の瀬戸を渡り、さらに町山口川を渡って本渡にたどり着けた。

その本渡に上島の大島子方面から唐津藩勢が敗走してきた。そして唐津藩勢を追って一揆の群衆も海上から陸上から本渡に迫ってきた。本渡を守備していた富岡城代の三宅藤兵衛にとっても、大島子と亀川から藩勢が敗走してくるなど想定外であり、「いまだ備えも定まらないうちに、一揆勢が押し寄せてきた」というのが実状であった（「吉浦一提覚書」『明智一族　三宅家の史料』）。

唐津藩勢は、本渡の瀬戸を落ちてくる大島子からの軍勢と、本渡の瀬戸の押えである亀川に陣を張っていた原田伊予の軍勢を加えて、町山口川と広瀬川に囲まれた本渡・今釜・小松原・町山口の各村（現・天草市）の海岸線一帯に総勢二千ないし、二千五百をもって布陣した。唐津藩勢は一揆勢を迎え討つ十分な備立てをしていたといえる。

陸路をとる一揆勢は、新たに小島子・大島子の二ヵ村を味方に加え、「勝ちに乗じて」在家に火をつけながら進軍し、本渡の対岸の瀬戸の浜に陣を張りながら、干潮を待って本渡の瀬戸を渡った。また、海上の一揆勢は本渡北方の茂木根の浜に船を着け、広瀬川を渡り、本渡の浜に向かった。

両軍勢の様子について『四郎乱物語』は、「キリシタン共、いさみすすんで一度にどっとおり立ち、おのが宗旨の唱えを鬨の声に作りかけ、しずしずと相近づく。味方（唐津勢）も一度潟中におり立て、同じく鬨を合わせけり。両陣の軍勢白洲の立ち合い、一里四方の遠入れ干潟隙間なく見えけり」と描写している。両軍勢が本渡の浜をはさんで対峙した。本渡合戦はまさに対峙した両軍が正面からぶつかり合う会戦となった。

一揆勢が襲来すると、一揆勢と唐津藩勢との間で鉄砲の撃ち合いとなった。遭遇戦の初期では唐津藩勢が竹槍まじりの武器で応戦する一揆勢を押している。三宅藤兵衛の家司（家老）の子で当時九歳であった吉浦一提の覚書によると、射撃の応酬のあと、「双方入り乱れた戦闘となり、一揆勢は大勢を討たれ、少々ひるみ、浜手を破ることがむつかしくなった」。並河太左衛門も「いくさは味方の勝ちと見えた」と書いている（「並河太左衛門武功之次第」）。

戦況を分けたのは、唐津藩勢が一揆勢を追い詰める攻撃をせず、地の利を知った一揆勢が、城下の町山口村を焼いて退路を断ち、さらに軍勢をくり出して古城（本渡城跡）の高台に回り、ここから浜手に向かって射撃を加えたことにある（「有馬記」）。戦闘を実際に見分した熊本藩の芦北郡奉行は、「唐津藩勢の陣場の上に亀川松山という小高い山がある。一揆勢はこの山に登り、鬨の声をあげ、見下して鉄砲を打ちかけ、陣の後ろ、町山口に火をかけ、唐津藩勢は敗軍に陥った」と注進している。どっちがいくさのプロか分からない戦闘状況である。

富岡城代の討ち取り

三宅藤兵衛は、郡代所のある本渡城跡の本陣において援軍の唐津藩勢の大将格、岡村次郎左衛門・原田伊予らとともに指揮をとっていたが、本陣の山手が一揆勢に占拠され、鉄砲の射撃、投石の攻撃にさらされると本陣を本渡の浜辺へと移した。町山口川の川口が一揆勢との激戦地となる。

吉浦一提の覚書によると、山手からの一揆勢の攻撃で唐津からの援軍の大将格の岡崎次郎左衛門が退却を始めた。三宅藤兵衛の配下の家臣が岡崎の馬にとりついて引き留めているが、岡崎は退いた。こうなると唐津藩勢はなだれをうって退却した。「惣敗軍」の始まりである。

現在の天草市本渡の市内を流れる町山口川の河口近くに独特の石橋技法で知られる祇園橋がかかっている。この祇園橋一帯において敗走する唐津藩勢と追撃する一揆勢との間で激戦となった。当時は土橋がかけられていたが、一揆勢が橋の一部を破壊していたため、ここに殺到し渡るのに難渋した唐津藩勢に多大な犠牲者を出した。先の熊本藩の芦北郡奉行の注進に、「本渡・町山口の境に小川がある。この川の両岸は一間ほどの石垣であり、その上に十間ほどの橋がかけられている。そのうち二間が落ちていた。唐津勢は一揆勢に追われ、この橋で行き詰まり、馬乗の家臣も馬から降り、徒歩で岸に取りつこうとしたところを岸の上から見下げに数多討ち取られた」とある（「有馬記」）。

富岡城代の三宅藤兵衛もこの橋で馬を放した。すでに岡本次郎左衛門は敗走していた。三宅は富岡勢の大将として本陣を離れることができず、離脱が遅れた。三宅藤兵衛につき従うのは「家来五、六人」である。一行は干潟を歩き、本渡北方の広瀬川を渡り、軍船を止めていた茂木根の浜に向かった。しかし、広瀬川左岸の広瀬で一揆勢に前後を取り囲まれた。合戦直後に現地を偵察した細川家臣は、三宅藤兵衛ら一行が「雑兵六十人程」に討たれたと書いている（『綿考輯録』第五巻）。雑兵とは百姓たちである。三宅は自刃して果てたという。一揆勢に取り囲まれたなかでの最期だったといえる。

一揆勢は五十七歳の老武将の首をあげた。本渡合戦の被害をみると、唐津藩勢よりも、むしろ一揆側に死傷者が多い。佐賀藩鍋島家の家老の報告によると、唐津藩勢の死傷者は「討死三十人、手負い三十余」とあり（「勝茂公譜考補」『佐賀県近世史料』第一編第二巻）、一方、一揆勢の討死は「百五十人程」とも、「二百余」ともいわれる（「切支丹蜂起覚書」「島原日記」）。唐津藩勢にくらべて一揆勢はおびただしい死者を出している。一揆勢が待ち受ける唐津藩勢をしゃにむに攻め立て、次々と死傷者を出しながらも全体的な合戦の勝敗の状況をつくり出した印象をうける。

松倉家臣の佐野弥七左衛門も、一揆勢の「命を惜しまない勇気は侍も真似できない」と感嘆している（「佐野弥七左衛門覚書」『島原半島史』中巻）。一揆勢の大部分は一揆蜂起以前、戦闘行為とは無縁の百姓であった。ところが、一揆蜂起し、唐津藩勢と軍事対決するようになると、百姓たちは戦闘という死地に身を投じている。唐津藩勢を敗走させたのは、まとまった数量の鉄砲と、「命を惜しまない」かのような百姓たちの進撃にあったといえる。

佐賀藩鍋島家の家老などは、今回の本渡合戦を唐津藩勢の「防戦」「惣敗軍」と表現し、「弓箭（合戦）に及び候処、唐津衆打ち負け」と江戸表に報告している（「勝茂公譜考補」『佐賀県近世史料』第一編第二巻）。

本渡合戦における一揆勢の武器

一揆勢の武器について、本渡の浜において本渡合戦直後の一揆勢の状況を見た久留米城下の商人与四右衛門は、「キリシタン勢の武器は、多くは竹の先に脇差をはめたものです。あるいは鉈長刀です。天草キリシタンの方には鉄砲百挺、弓四十挺があるとのことです」と証言している（「島原日記」）。

鉈長刀は領主側の史料にもよく出てくる一揆勢独特の武器である。鉈を長刀状に長くし、これに長い柄をつけたものである。現在、島原城に展示してある鉈長刀や「竹の先に脇差をはめた」槍。一揆勢は独自の武器で合戦に臨んでいる。記録によっては、島原からの加勢の一揆勢は鉄砲や長刀を調えて加勢に向かったことになっているが、この証言にみるかぎり主力武器となる鉄砲・弓などの飛び道具は天草一揆側で用意し、島原一揆側は「竹の先に脇差をはめた」槍や鉈長刀などを持ち道具とした人員を中心に加勢に送っていたことになる。

一揆勢の戦闘をみると、鉄砲だけは藩軍勢と対抗できる数量と打ち手を準備している。一揆勢がこれまで藩軍勢と互角に戦闘できたのは、まずは鉄砲の力である。もっとも、一揆勢の主要武器になったのは、まだまだ竹槍か、竹槍に毛のはえた「竹の先に脇差をはめた」槍であり（『四郎記』）、会戦の初期において唐津藩勢は、「素肌で面もかぶっていない」百姓たちを圧倒した。一揆勢の劣勢を救ったのは鉄砲である。

諸記録を読むと、一揆勢の鉄砲の打ち手はかなり上手が揃えられている。のちの原城籠城時の一揆勢の軍事組織をみても鉄砲指揮者には天草出身者が多い。富岡勢も「在郷鉄砲」「百姓鉄砲」を大島子に動員し（『天草一揆書上』）、河内浦郡代所では四百人の「百姓ども」に鉄砲を持たせて大島子に動員している。「天草筒」の製作地として知られる天草の在地社会では、百姓と鉄砲は身近な関係にあった。

3　天草の全島キリシタン化の動き

全島のキリシタン化

一揆勢は、三宅藤兵衛らの「討ち取り首」を町山口川の川口の浜にかけ、その夜は諏訪明神を本陣に浜辺一帯に野陣を張り、翌寛永十四年十一月十五日、本渡を立ち、北上して富岡城をめざした（『有馬記』）。一揆の前途に不安を懐いていた百姓たちが、「やれるのではないか」との思いを実感できる進軍だった。

本渡を北上すると御領村（現・天草市）に出るが、ここは三宅藤兵衛の知行所であった。十一月十六日、細川家臣の井口少左衛門は、一揆勢が通過し焼き払われた村内に入っている。藤兵衛知行所の百姓だったという内蔵丞によると、本渡の浜には三宅藤兵衛と家司（家老）の吉浦兵右衛門の首が掛けられていた。内蔵丞が掛けられた首を拝みに行くと、首は一揆勢に持ち去られていた。一揆勢は富岡城代の首をかかげて富岡をめざしていた（「御書奉書写言上扣」）。

本渡における一揆勢の軍事的な勝利は、本渡周辺地域の状況を大きく変えた。一揆勢が富岡に向かう過程で富岡城近くの志岐・富岡を含めた十六ヵ村が味方に加わっている。

たとえば、先の井口少左衛門が、三宅藤兵衛知行所の百姓内蔵丞から聞き取ったところによると、一揆勢は、御領村において「キリシタンになるならば組に入れよう。さもなければ討ち果たす、というので、村の者どもはキリシタンになった」という。実際、井口が御領村に入ると、家々は焼かれ、百姓は逃げ散っていた（「寛永拾四年江戸御留守居御使之差出」『熊本県史料』近世篇第三）。キリシタンになった御領村の者たちは「組」に編成され、富岡に連行されている。一揆勢は村単位の「組」編成をとって軍事行動していた。

一揆勢の軍事進攻いかんでは、本渡周辺の村々の状況を天草全島に拡大することも可能であり、現実に「天草島中、大形きりしたんに立ち帰り申し候」という状況が急速に進行している。一揆勢が、全島キリシタン化の状況のもとで、一揆の戦略的な目的である「城の占拠」を実現したらどうなっていたのであろうか。

一変していた河内浦郡代所の状況

具体的に天草下島の南部地域をみておこう。島子・本渡合戦に敗れ、「惣敗軍」となった唐津藩勢が富岡城に退却していくなかで下島南部地域の拠点、かつての天草氏の居城であった河内浦城の天草氏の居館跡におかれた河内浦郡代所は大変な状況になりつつあった（『天草一揆書上』）。

唐津藩による天草の地域統治は富岡城（富岡役所）を中心に、下島の本渡・河内浦、上島の栖本に置かれた三ヵ所の郡代所を拠点になされていた。三ヵ所の郡代所のうち、栖本郡代所は、大矢野・上津浦の一揆勢が直接に攻撃しなかったこともあって、地元の村と連携してどうにか一揆防御の態勢がとられていた。本渡郡代所は本渡合戦後放置され、機能不全の状態にある。

本渡合戦の前、寛永十四年十一月二日、富岡城代の三宅藤兵衛は、上津浦を中心とした上島北部の一揆勢の動きに対応するため河内浦郡代所の郡代らにも上島の大島子での在番を命じた。富岡役所も下島の村々の転びキリシタンの動向を心配していなかったわけではないが、それよりも上津浦方面への対処が重視された。しかし実際には、天草一揆の中心人物・渡辺小左衛門は、下島の転びキリシタンの存在について「五、六千人はいる」と供述していたし、十月二十六、七日に大矢野島・上島で一揆蜂起が表面化するころ、下島でも本渡近郊の本戸村・食場村ではキリシタンの立ち帰りがみられ、河内浦郡代所では七人のキリシタンを入牢させていた。

富岡城代は、下島の状況が一応鎮静化しているとの判断のもとで、河内浦郡代所に上島の大島子での在番を命じていた。実際、河内浦郡代所管内の村々に表立った動きはなく、鉄砲などを持たされた庄屋・百姓四百人が大島子に動員された。そして十一月十四日の大島子合戦で唐津藩勢が敗走すると、郡代の中嶋与左衛門ら郡代所の手勢は本渡近郊の亀川に退却し、本渡合戦には加わらず、そのまま河内浦郡代所に向かった。

河内浦郡代所の状況は大きく変わっていた。郡代所の近郷十数ヵ村で一揆が蜂起しつつあったのである。河内浦近郷の一揆は鉄砲三百挺を準備していた。この一揆が富岡に進撃し天草・島原一揆勢と合流すれば、富岡城をめぐる状況は新たな局面に展開していく可能性を秘めていたといえる。

郡代所役人の陰山仁右衛門らは郡代所に戻ると、河内浦郡代所をどのようにして守るのか、評議をもった。しかし郡代の中嶋与左衛門が現地の状況を見てすっかり心変わりしていた。中嶋は郡代所からの撤退に傾き、あくまで郡代所死守を主張する陰山らの言葉に耳を貸さなくなった。陰山仁右衛門らが郡代所死守を強く主張したのは、当時、郡代所の牢に「御公儀より御預かり」のキリシタン七人を入れていたからである。河内浦郡代所の危機が始まることになる。

迫る下島南部地域の危機

陰山仁右衛門は、翌十一月十五日の早朝も郡代の中嶋与右衛門に罵声をあびせ、翻意をうながすが、郡代は同意せず、ついに船で脱出してしまった。郡代所の役人も富岡城に向かった。富岡役所も河内浦郡代所に構っておれなくなっていた。富岡城にも河内浦郡代所にも危機が迫っていた。

陰山らは、「せめて一村か二村」を味方につけ、郡代がいなくなった郡代所に入ろうと決意し、一町田村（現・天草市）の庄屋半左衛門のもとに使いをやった。一町田村は河内浦郡代所が所在する膝下の村方である。一町田村の庄屋半左衛門は郡代所にとって味方の庄屋といえた。しかし、庄屋の態度は変わっていた。庄屋半左衛門は妻を応対に出し、病気を理由に会おうとしなかった。

そして十一月十五日の夜、一揆が「所々に起こり、今村・舛田村が地焼きされる」という事態となる。周辺の村々でキリシタンの立ち帰りが拡大し、同意しない村方に対する「地焼き」（家屋敷の焼払い）が始まったのである。

明けて十一月十六日、陰山らは、再度庄屋の半左衛門に面談を求め、ようやく半左衛門に会うことができた。しかし半左衛門は一揆の村々との仲介役になることを拒否した。陰山も河内浦を立ち退き、富岡に向かうことを決意し、近くの崎津（現・天草市）にとどまっていた郡代に知らせた。ところが、郡代中嶋与左衛門は長崎への退去を主張した。妻子を安全なところに置きたいという配慮もあったろうが、富岡自体が危ないとみていたのであろう。陰山らの説得で郡代もようやく富岡への退却に同意した。

全島キリシタン化の可能性

寛永十四年十一月十八日、河内浦郡代所に最大の危機がおとずれる。その日の未明、「近郷庄屋ども」が郡代以下、郡代所の家臣たちの妻子を人質に預かると要求してきたのである。「近郷庄屋ども」とは、河内浦郡代所の近郷十四、五ヵ村の庄屋たちである。庄屋・百姓たちのなかには島子に動員された者もいた。彼らは本渡近郊の亀川において、大島子で惨敗し、本渡でも敗れて敗走してくる唐津藩勢を見ていた。河内浦に戻ると、これら庄屋・百姓たちの間に、富岡に向かって進撃している一揆勢に同調する気分が急速に高まったことが想定される。

そしてこの日の昼、崎津にいた郡代のもとに「富岡落城」の知らせがもたらされた。万事休すである。陰山らは決意した。妻子をここまま河内浦に置いておくと、ゆくゆく「外聞」にかかわることになるとして、妻子を長崎に移し、自分たちはいち早く天草にとって返して事態に対処することにした。郡代はいち早く長崎に逃げていた。

こうして河内浦郡代所から全ての役人が富岡と長崎に移り、無人の状態となる。陰山仁右衛門らは、妻子を長崎に送り届けると天草に戻り、河内浦を偵察している。陰山の一揆後の「書上」に日付の記載はないが、一揆勢が富岡城に二度目の総攻撃をしかけ、失敗して退却を開始する十一月二十二、三日のころであろう。陰山の書上によると、河内浦郡代所では牢が破られていた。「御公儀より御預かり」の七人は牢から出て、村々にキリシタン立ち帰りの「すすめ」を行っていた。二十ヵ村近い村々が一揆を組織し、今日明日中に上津浦の「四郎」のもとにはせ参じる状況にあった。

出牢した指導者に組織された村々が、「今明日中に上津浦の四郎方へ参るべき」と主張している。河内浦の一揆勢は、富岡とは言わずに、上津浦に向かうと言っているが、富岡城を攻めた天草の一揆勢が攻略に失敗して上津浦に退いていたことを知っていたとは考えがたい。下島南部地域の村々では、天草の一揆勢が唐津藩勢を圧倒しているという現状認識のもとで一揆勢の本拠の上津浦に向かい、天草の一揆勢に合流する気運が高まっていたことをうかがわせる。

天草・島原の一揆勢が富岡城を攻める前に下島南部地域の村々と連携していたならば、一つの可能性も生まれていたかも知れない。河内浦近郷の一揆勢が準備していた鉄砲は三百挺もあった。一揆勢が千挺レベルの鉄砲をもって富岡城を攻める可能性もあった。

河内浦に戻った陰山らは、河内浦近郷の村々に「色々手を入れ」、説得している。陰山らは、村々の庄屋たちに対して、一揆勢が富岡攻めに敗れ、逃げ散っていることを説明したものと思える。一揆を主導した庄屋たちは入牢させられ、富岡に送られた。そして一揆勢から三百挺の鉄砲が没収された。そのうちに一揆勢が富岡城攻めに失敗し、敗走したとの情報が村々に伝わり、事態は鎮静化に向かう。

結局、熊本藩当局に捕縛されている渡辺小左衛門が、五、六千人いるとした「志岐・大江・高浜・崎津・河内浦」の村々は、河内浦近郷の村々を除いて一揆勢に呼応して立ち帰りの行動を起こすことはなかった。そして下島南部地域の事態も鎮静化し、転びキリシタン村落も沈黙した。長き潜伏の歴史が始まることになる。

4　一揆勢のなかの天草四郎

天草における合戦の過程において、一揆勢の総大将たる四郎はその姿を目撃されている。逆にいえば、天草四郎の可視化された記述は天草合戦の時期に限られている。一揆勢のなかの四郎の姿を確認してみよう。

四郎と「若衆」たち

まず紹介したいのは、天草の庄屋の家筋に伝えられたという『四郎乱物語』の記述である。天草四郎の生涯を軸にした一揆の実録物であり、叙述も精査して利用する必要があるが、ここで一点だけ興味深い記述を紹介しておきたい。

島原勢を率いた四郎が、島子・本渡方面に向かう際の四郎の側廻りを描写したと思える記述である。

一揆勢の中央部に位置した四郎とその周辺に関して、次のように記述されている。

四郎を真ん中にして、十六、七の前髪の若者二十人ばかり、四郎のごとく出で立たせ、高来・天草の庄屋二名、頭百姓・諸牢人相加わり、雑兵ども三千余、金のひょうたんの馬じるし持たせ、白旗をさしなびけ、白仕度して、ひたいにクルスを立てければ、甲のごとく相見え、その勢い雲霞のごとくなり。

目に浮かぶような描写である。「白仕度」をした三千余の一揆勢は、島原からの加勢を加えた一揆勢である。一揆勢が「白仕度」をしていたことは確かなことである。松倉家臣の佐野弥七左衛門の覚書にも、一揆勢の出で立ちとして「白木綿の胴抜、筒袖の羽織に股引き」と記され、本渡合戦を偵察した島津家臣も、一揆勢全員が「白出で立ち」であったと報告している。島原勢のみならず、天草の一揆勢も含めて白装束で統一しているところに一揆勢の軍勢としての整備を認めうる。白装束にクルスを額に結んだ一揆勢。白旗はためくなかに「金の瓢箪の馬印」。文字どおりキリシタンの軍勢の様相である。

注目したいのは四郎の側廻りである。軍勢の中央、「金の瓢箪の馬印」の位置に全軍を率いる四郎がいる。四郎の周りには二十人ばかりの少年たちがいた。全員が「四郎のごとく出で立たせ」た、「十六、七の前髪の若者」である。具体的で真実味を感じさせる記述である。

四郎本人についての具体的な記述はない。印象づけられているのは、四郎と同じような出で立ちと髪形をした「四郎」そのものの少年集団と、キリシタン軍の大将の象徴である「金の瓢箪の馬印」の存在である。天草の島子・本渡合戦の段階、総大将の天草四郎は、側廻りの少年集団の真ん中、大将の馬印である「金瓢箪の馬印」のすぐそばにいたことになる。

ところで、「四郎のごとく」出で立ちをした「十六、七の前髪の若者」といえば、島原藩領での一揆蜂起の段階、村々に出現した「若輩の童」「十六、七のわっぱ」の存在、さらにさかのぼれば、一揆蜂起の一年ほど前、松倉・寺沢両家から集団で逃走した「若輩の童」たちの存在を想起させる。松倉・寺沢両家から集団で逃走した「若衆」たちは、島原表に「若衆」「十六、七のわっぱ」として出現し、さらに今、四郎の動座にともなって天草への加勢の軍勢に加えられ、「四郎のごとく」出で立ちをした「十六、七の前髪の若者」として、四郎の側廻りを固めていたことになる。

目撃された四郎

次に本渡合戦における四郎の目撃談を紹介しよう。四郎を目撃したのは筑後久留米城下洗切町（現・久留米市）の与四右衛門という商人である。与四右衛門は、四郎について寛永十四年十一月二十三日付けの調書において次のように供述している（「島原日記」）。

○四郎を大将にしています。四郎は舟よりあがり、そのまま馬に乗りました。馬に乗っているのは、四郎の乙名の源太夫、今一人は年のころ五十ばかりの者、以上の三騎です。

○四郎の出で立ちは、常の着る物の上に白き綾を着、立付け袴をはき、頭には麻の布を以て三つ組みにあて、緒をつけ、のど下で留めています。額に小さい十字を立てています。手には御幣を持ち全軍を下知しています。

○四郎は三宅藤兵衛殿の八拾丁立ての早舟を取り、乗っています。舟頭は大膳です。

○私こと、大膳に逢った時に四郎を見ました。

与四右衛門は、商売で寛永十四年十一月四日に久留米を出船し、十一月十六日まで本渡に逗留し、本渡逗留中に合戦に巻き込まれる。与四右衛門は、十一月十四日に合戦が始まると近くの山に逃げ、一夜を明かして山を下りると、一揆勢に加わっていた知り合いの島原藩領大江村（現・南島原市）の大蔵（引用史料中の大膳の子）に出会い、大蔵の計らいで翌十六日夜に船で本渡の浜を脱出し、十一月二十二日に久留米に戻っている。

そして十一月二十三日付けで本渡での体験を証言している。与四右衛門証言の意義は、四郎の「大将」ぶりを具体的に証言していること、何よりも四郎そのものを目撃していることである。結局、与四右衛門は一揆の全過程を通じて天草四郎を目撃したと証言する唯一の人物となる。

また聞き情報をおりまぜた与四右衛門の証言は、史料吟味の余地が多分にあるが、実際の目撃者ならではの証言も多い。たとえば、一揆勢が富岡城代三宅藤兵衛の軍船を奪い、四郎の乗り舟にしたという記述は、細川家臣の井口小右衛門の現地報告に、「一揆勢が藤兵衛殿の乗り舟を取り、四郎乗り舟にした由」と記されていることとも符節する。一揆勢がこの戦利品を「四郎乗り舟」といった呼び方をしていたことは間違いあるまい。

与四右衛門は、本渡合戦の直後に「四郎乗り舟」の船頭を自称する大膳（大蔵の父）と出会い、さらに「舟」から出て馬に乗る天草四郎を目撃したと証言している。しかし、一揆勢が分捕り、「四郎乗り舟」にした三宅藤兵衛の軍船と、与四右衛門が、「四郎が舟から降り、馬にまたがった」と証言している「舟」は全くの別物である。与四右衛門が別の箇条で証言しているが、海上から本渡に襲来した一揆勢が船をつけたのは本渡北方の茂木根である。三宅藤兵衛も茂木根に軍船を着けていた。与四右衛門が船を着け、脱出したのは本渡の浜の小松原である。小松原と茂木根では相当なへだたりがある。与四右衛門が、本渡北方の茂木根の浜で海上から茂木根に着いた一揆勢に遭遇し、「舟」から降り、馬にまたがる四郎を目撃することはない。

また、一揆勢が三宅藤兵衛の軍船を奪い、「四郎乗り舟」としたのは本渡合戦のあとのことである。与四右衛門は茂木根の浜に出向いておらず、「四郎乗り舟」に乗る四郎を目撃することもない。「四郎を見た」という与四右衛門の証言は信用できない。

四郎の出で立ち

与四右衛門は、十一月十五日から翌十六日まで丸一日以上大蔵に従って行動を共にしており、本渡合戦直後、一揆勢の真っただ中にいる四郎を目撃できる状況にあったことは確かである。

与四右衛門は、「私こと、大膳に逢い申し候時、四郎を見申し候」と明言する。証言によると、四郎は、「乗り舟」から降りるとそのまま馬に乗り、白出で立ちで額に十字架を立て、手に御幣を持って一揆勢に下知している。それはまさに一揆勢の真っただ中で陣頭指揮をとる「大将」の姿である。

与四右衛門のほかに一揆勢を目撃した者がいる。島津家臣も本渡の浜で一揆勢を偵察し、「一揆勢は百姓主体の烏合の衆であり、とてもあのなかに大将がましき者がいるようには見えない」と報告している。島津家臣は馬に乗ったような、それと分かるような「大将がましき者」は目撃していないようである。

四郎の出で立ちについての目撃談も、実にリアルである。まじかで四郎を目撃したという証言である。四郎は、「白き綾」「立付け袴」を着用し、頭は髪の毛を三つ組みにして、当て緒をもって喉の下に結び、額にはクルスを立て、手には御幣を持ち全軍を指揮している。一揆勢のなかで際立った出で立ちであり、キリシタン軍の「大将」としての姿を象徴している。

それにしても、描写が余りにリアル過ぎるように思える。与四右衛門が、群集する一揆勢をかき分けて四郎に近づき、まぢかで見ないと描写できないようなリアルさである。先の島津家臣も四郎のこの出で立ちを見れば、多少の興奮をもって国元に報告していたはずである。「大将がましき者などいない」、といった酷評などとてもできない。与四右衛門は四郎の実際の姿を見てはいない。一緒にいた大蔵あたりの話しの受け売りであろう。

姿を消した四郎

それにしても不思議なことである。与四右衛門が「私こと、大膳に逢い申し候時、四郎を見申し候」と明言するが、合戦の最前線に現れ、「大将」として全軍を指揮する天草四郎の姿が、このあと忽然と消えてしまうことである。

一揆勢は、本渡で増強された唐津藩勢を破ったことで一揆の前途に明るさを見出し、一揆の当面の目的である「城の占拠」をめざして富岡に向かっている。大げさにいえば、天草一揆は最大の戦略的局面を迎えていた。

与四右衛門も「十七日の朝、四郎は本渡を立ち、富岡の城を責めると下知していた」と、四郎の下知のもとで一揆勢が富岡城に向かったと証言するが、現存する史料にみるかぎり、この富岡城攻略という戦略上の重大局面に四郎の姿を見つけ出すことはできない。

極端ないい方をすれば、島原・天草一揆に関する現存する史料のなかで、天草四郎は、久留米商人の与四右衛門の証言のなかでのみ「大将」として一揆勢の真っただ中に現れ、以後、その最期にいたるまで、ようとして姿を見せなくなる。それだけに天草本渡の浜で「四郎を見た」とする与四右衛門の目撃談の特異性が目立つ。与四右衛門は、本渡合戦に巻き込まれ、本渡の浜で一揆勢をまじかに見ているが、四郎を目撃することはなかったものと思える。

5　城攻めの限界の自覚――富岡城攻略

一揆勢が、本渡合戦の余勢をかって富岡城を攻撃していれば、島原・天草一揆の命運も違ったものになっていたかも知れない。そして天草全島のキリシタン化のもとで「城の占拠」が実現していれば、歴史的に新たな局面が生まれていたと思える。富岡城の攻防戦についてみていくことにしよう。

島原一揆勢の引きあげ

天草・島原の百姓たちにとって本渡合戦勝利の意味は大きかった。唐津藩寺沢家という大名家の軍勢と対峙し、これを圧倒し、総大将格の首をあげ、全軍を敗走させたのである。百姓たちが、「やれるのではないか」と思った瞬間といえる。

従来、島子・本渡合戦に勝利した天草と島原の一揆勢は、勝ちに乗じて、そのまま富岡城攻撃に向かったように理解されているが、実情は違うようである。本渡合戦の直後、援軍に来た島原一揆勢の過半は島原に引きあげている。

すなわち、天草に派遣された細川家臣の報告には、「島原からの加勢の舟、四十艘ほどが十四日、十五日に島原に戻った」とある（『綿考輯録』第五巻）。十一月十四日は本渡合戦の当日であり、翌十五日は一揆勢が富岡に向かう日である。この細川家臣によると、上津浦で合流した天草・島原一揆勢の船が都合七十四、五艘であるので、十一月十四日に本渡合戦が終わると、翌十五日にかけて島原一揆勢の主力は四十艘ほどの舟で島原に引きあげたことになる。

実際、富岡城攻めの一揆勢の人数は、それほど多くなかった。天草に偵察に来ていた島津家の郷士は、鹿児島藩領の獅子島で「一揆勢は思いのほか人数が少ない。島原の者は引きあげたようだ」と細川家臣に話している（「御家中文通の内抜書」）。つまり、島原一揆側は、唐津藩勢と対決する天草一揆勢に加勢するため援軍を送っており、島子・本渡合戦で所期の目的を果たすと加勢の主力を引きあげさせている。島原一揆勢の総大将である天草四郎は加勢の主力を率いて島原に戻ったことになるが、従来、島原勢の引きあげを想定していなかったため、四郎は全軍を率いて富岡に向かったという筋立てになっている。むろん、天草勢は城攻めの経験がないことから、島原城攻撃の経験のあるような島原勢の一部は残っていたとみられる。

さて、一揆勢は、本渡の海辺で一夜を明かすと、翌十一月十五日、本渡近郊の村々に触れを出して人数を集め、本渡を立った。十六日の朝に立ったという記録もあるが、十一月十五日とみて間違いない。総大将の天草四郎も茂木根の浜に残されていた三宅藤兵衛の軍船を「四郎乗り舟」として船出し、二会の先島（通詞の島）を経て志岐をめざしたことになっている。二会（現・天草市）に集結した軍勢は「三、四千」とされている（「御家中文通の内抜書」）。陸路を通る部隊は、内野を通り、花立て越えをするなどいくつかのルートを進み、富岡城を指呼に臨む志岐（志岐城付近、現・熊本県天草郡苓北町）に陣取った。『耶蘇天誅記』は、一揆勢の人数を天草勢八千三百、島原勢二千七百、総勢一万千人としているが、島原勢の人数は加勢当初からの人数をそのまま当てはめている（「耶蘇天誅記」『島原半島史』中巻）、島原勢の人数は数百といったところであろう。

唐津勢の富岡籠城

一方、富岡城では、島子・本渡合戦のあった十一月十四日の夜、島子・本渡から軍勢が引きあげてきた。しんがりとして本渡から引きあげてきた並河太左衛門によると、家臣たちは疲れ果て、打ちひしがれて横になり、一揆勢が間もなく来襲してくるかも知れないというのに、迎え討つ用意もしていなかった。

並河は、今日の本渡での自軍の体たらくと籠城の準備もしていないありさまを罵倒し、並河に同心する四人の鉄砲頭とともに「面々は我々の働きをとくと見られたい」と言い放って、城の大手門ぎわにある郡代の九里六左衛門の屋敷で軍議にはいった。原田伊予が並河ら強硬派との間のとりまとめに乗り出し、「腹立ちはもっとも。しかし、各々の力ぞえを願わなければならないので、我々も加えてくれ」と申し入れた。

そして集まった十一人は、「切死にして本丸なりとも持ちこたえる」との決意を示した連判状をしたためた。すると連判状に加わりたいと申し出る者がつづき、都合八十三名の家臣が連判している。原田伊予は唐津藩勢をまとめた中心人物であり、籠城の大将に推された。連判状は原田が預かり、今に残されている（「並河太右衛門若年よりの覚」、「原田伊予天草有馬にて覚悟の覚」）。唐津藩勢の大将格だった岡島次郎左衛門も連判状に名を連ねているが、名前の下に花押はない。岡島は、その日の夜に退去している（「吉浦一提覚書」『明智一族　三宅家の史料』）。岡島は籠城反対派の頭目だった。ここに唐津藩勢の富岡籠城が固まった。『耶蘇天誅記』によると、城中の人数は総勢千二百である（「耶蘇天誅記」『島原半島史』中巻）。

原田伊予は、軍議が籠城に決まると、城下にいた家臣の家族を本丸の多門櫓に移し、桶に水を溜めさせ、鉄砲の弾丸を造らせた。また、大手門の脇にあった米蔵の米千俵を本丸・二の丸に移し、村々の庄屋を人質として城内に取り込んだ。また、鉄砲の弾を通さないように門や櫓の壁を厚く塗らせた。

一揆勢は、島子・本渡合戦の勝利によって、富岡城攻めを甘くみていたのかも知れない。島原勢の引きとめ、下島の転びキリシタンへの本格的な工作も必要だった。しかし、天草勢と加勢の島原勢との思惑の違いから、島原勢の主力は引きあげ、富岡城攻撃は基本的に天草一揆勢を主体として行われるようになる。城攻めには籠城する城方の数倍以上の軍勢を要する。一揆勢の城攻めに対する認識の甘さがうかがえる。十一月十六日に志岐に陣取った一揆勢が、富岡城に攻めかかるのは寛永十四年十一月十八日のことである。

富岡城への押し寄せ

富岡城（現・熊本県天草郡苓北町）は、天草下島の北西部、富岡半島に位置している。半島は、平坦な志岐平野から海にかけて富岡の中心集落をのせた砂州が伸び、その先に島状の地形を接合する陸繫島をなしている。富岡城は、この陸繫島の中心よりやや東部の小高い山の部分に位置する。城の東側には長い砂嘴で囲まれた袋浦（現在の富岡港）、南側には細長い入江がほぼ東西に伸びていた。城に入るためにはまず入江ぞいに西に向かい、城門に入ると入江を東に向かい、大手門から三の丸に入った。富岡の集落をのせた砂州と陸繫島の接続部分あたりを冬切というが、冬切には城内と城下を分ける柵があった。

一揆勢は、十一月十八日の午前十時ごろ、志岐の河原に勢揃いし、町口の柵を引き倒して冬切まで攻め寄せた。そこに城中の石火矢が轟音を発した。石火矢とは当時の大砲である。富岡城に一挺だけ備えられていた。この石火矢は一揆勢に向けて一発撃ったところで尾栓が抜けて役に立たなくなったが、弾は六、七町（六、七百ｍ）先の浜に落ち、砂煙が上がった。一揆勢が初めて経験した石火矢である。効果は絶大だった。並河太左衛門は、後年の覚書に「志岐村の敵は大いに騒ぎ申し候」と書いている。一揆勢は冬切から志岐に引きあげている。

最初の城攻め

一揆勢が本格的に富岡城を攻めるのは、寛永十四年十一月十九日と同二十二日である。一揆勢は、まず十一月十九日の午前六時ごろ、富岡城の大手と搦め手を取り囲む形で攻めた。並河太左衛門は「城を巻攻め申し候」と書いている（「並河太右衛門若年よりの覚」）。

一揆勢の人数について、鹿児島藩の偵察の郷士は「三千程」と書いている（「御家中文通の内抜書」）。籠城している唐津藩勢が千二百なので、城攻めの人数としては少ない。一揆勢は同音で祈りの文句を唱えていた。富岡城代三宅藤兵衛とともに討死した吉浦兵右衛門の遺児、当時九歳の吉浦一提によると、その唱えは「たつとみよらなれ　七ツのさくらめんとうとみたつとみたまへ　ぜそすく　ぜそすく」というものだったという（「吉浦一提覚書」『明智一族　三宅家の史料』）。

富岡城の地形は、現在と大分形状を異にし、城域の北・東・南側の三方を入り江と湾（袋浦）が取り巻いていた。城の大手口は入り江の海岸線を進んだ東南の側に位置し、ほぼ大手の反対側に搦め手が位置している。富岡城の大手門を入ると、本渡合戦で討ち死にした城代三宅藤兵衛の屋敷のある三の丸に出る。城は三の丸、二の丸、本丸で基本的に構成されている。三の丸から本丸にいたる縄張りは複雑であり、二の丸は最も急峻な地形に立地している。二の丸と本丸は大きく南北に曲輪が分かれ、搦め手は二の丸と本丸のほぼ中間に位置している。

この日の一揆勢の富岡城攻めに特別な方策はみられない。島原城攻めと同様の力攻めである。島原城では大手門を破ることはできなかったが、富岡城では大手門から三の丸まで攻め入っている。しかし、二の丸と本丸に備えを固めている唐津藩勢を攻める方策は何にもなく、大手門のすぐ脇の大槻喜右衛門屋敷、三の丸の三宅藤兵衛屋敷に立て籠り、城方が火矢で大槻屋敷、三宅屋敷を焼き払うと一揆勢は攻める手立てをなくしている。

そして夕方になって一揆勢が志岐に引きあげようとしたところを大手方面から唐津藩勢の熾烈な追撃を受け、多大な死者を出している。鹿児島藩の偵察の郷士は、富岡勢の手負いは一人、一揆勢は百四、五十人が打たれたとしている（「御家中文通の内抜書」）。一揆勢の完敗であった。

一揆勢の幹部も要害である富岡城に「何の攻めの仕度もなく、軽忽に攻め入った」ことを反省し、十一月二十、二十一日の二日間を次の城攻めの準備にあてた。実際、一揆勢は城壁に近づく仕寄用の竹束も用意していなかった。竹束とは長い青竹を束ねて矢や鉄砲の弾を防ぐ城攻めの基本兵器である。一揆勢は、島原城と同様に、ともかく城の中に乱入すれば何とかなると判断していたと思える。『耶蘇天誅記』によると、一揆勢は十一月二十日から昼夜突貫で攻め道具を製造し、ようやく二十一日の夕方までには「竹束八百六十余本、持ち楯三百八十余」を用意した。

再度の城攻め

寛永十四年十一月二十二日の未明、一揆勢は四方から富岡城を攻囲し、前回と同様に、大きくは三の丸から本丸への攻撃と二の丸への攻撃を行った。まず、一揆勢は城中からの鉄砲を竹束と持ち楯で受けつつ、三の丸を攻め破り、本丸の城門に迫った。唐津藩勢も必死に反撃し、一揆勢を門外に退かせた。水の手からの一揆勢もこれにつづこうとするが、唐津藩勢の反撃を受けた。

一揆勢が城攻めの重点をおいたのは、峻嶮な難所の二の丸側からの攻略である。一揆勢は、唐津藩勢の守備が手薄との判断のもとで、二の丸の伊勢殿丸に竹束を楯に城壁に接近する仕寄方式で取りついた。伊勢殿丸を守備していた並河太左衛門の覚書によると、唐津藩勢は本丸から真下に見下せる二の丸西側に対して射撃を集中し、大筒も交えて「敵三百」ばかりを討ち、火矢にて竹束を焼き払うと一揆勢も「たまりかね」て引き取った。竹束をことごとく焼かれ、一揆勢が城攻めのすべをなくして退却したことは、諸書が共通して記述するところである。

佐賀藩鍋島家の家老多久茂辰によると、一揆勢の死者は「千余人」にのぼっている（「勝茂公譜考補」

『佐賀県近世史料』第一編第二巻)。『耶蘇天誅記』によれば、死者の数は六百ぐらいである(『耶蘇天誅記』『島原半島史』中巻)。いずれにしても、すさまじい死者の数である。

一揆勢の死傷者の多さは、この城攻めにかけた一揆勢の執念を感じさせる。『耶蘇天誅記』の記述によれば、一揆勢の幹部は城攻めに際して「誓って城をとらん」と決意しているが(『耶蘇天誅記』『島原半島史』中巻)、この意気込みが多大な犠牲を出す戦い方にもつながっている。

領主側からみて一揆勢の戦い方はかなり独特であり、強引である。熊本藩細川家臣の松野十左衛門が薩摩衆から聞いた話しによると、一揆勢は三段階の攻め方をしている。まず、五十人ばかりが松明を持って突入し、松明を「少しの所」にも差し込み、次に「荒き道具」で攻撃を仕掛けた。松明は未明の暗がりのなかで攻め口の明るさを確保し、攻撃の方向を示し、松明をもって焼き払いに移るためのものとみられる。「荒き道具」とは、鉈長刀や竹に脇差を差し込んだような一揆勢独特の急造の武器のことであり、オラショを唱えながら、しゃにむに打ちかかっていくような攻め方で本丸に近づこうとした。

そして最期に鉄砲衆が片膝をついた「膝台」で撃ちかかっている。一揆勢の武力の柱は鉄砲であり、富岡城攻めに際しては本渡一帯で鉄砲を集め、城方の忍者の報告によると、最終的に「三百挺余」を集めている。三百挺といえば城中の唐津藩勢に拮抗していたといえる。射撃能力も確かだった。唐津藩勢も「一揆勢は侍ばかりをねらい打ちした」と、その射撃能力に感嘆している(「志方半兵衛言上書」)。

松野十左衛門も一揆勢の三段階の攻め方には舌をまいている。天草の一揆勢が十九日の敗北をふまえて短期間のうちにこれだけの戦い方を身につけていることに注目したい。それでも一揆勢は富岡城の要害と唐津藩勢の守備力の前にはねつけられている。唐津藩勢は、軍勢を本丸に集中させ、一揆勢の仕寄の竹束を火矢で「焼き尽くし」、二の丸に火をかけ、二の丸を分捕ったとみた一揆勢に「石火矢・大筒」で攻撃し大勢を討ち取っている。そして一揆勢は今回も玉薬（火薬）不足に陥っている。

城攻めの限界と撤退

石火矢・大筒という当時の重火力は一揆勢にはない。幕藩領主側との戦力の歴然たる差を象徴するものといえる。竹束がことごとく焼き払われたことも一揆勢の装備の未熟さ・貧弱さを示している。十一月十九日の城攻めにこりて急遽用意した竹束も、竹束を軽くし、突貫で多くの竹束を作ったため藁束に表面だけ竹をくっつけたものだったようである（鶴田倉造『天草島原の乱とその前後』）。

深刻だったのは、またしても玉薬の不足である。鉄砲そのものは本渡周辺でも相当に集め、最終的に「三百挺余」に及んでいる（「御家中文通の内抜書」）。当初の天草勢の鉄砲保有数が百挺余であったので、本渡での戦利品に上島・下島での徴発分も加えて数量的には唐津藩勢と拮抗していたといえる。しかし、「三百挺余」の鉄砲衆に玉薬の供給が追いついていない。

このように一揆勢の戦力と戦略には脆弱な面が多いが、当時の一揆勢がとりうる富岡城攻略の方策は、基本的には単純な力攻めしかなかったといえる。城門の一つを打ち破り、一揆の群衆を城内になだれ込ませ、多くの死傷者を出しながらも次の城中の城門へと向かい、城壁をよじ登って本丸に乱入する方策が基本であった。

こうした基本戦略のもとで、富岡周辺の村々を一揆方として組織するためにも、短期集中的な城攻めで結果を出す必要があった。実際、一揆勢はおびただしい死傷者を出しながら、唐津藩勢を本丸まで追いつめていた。しかし、富岡城の要害と火力、そして自軍の玉薬の払底という、いかんともしがたい現実のもとで一揆勢は志岐に撤退した。そして唐津藩勢が忍びを出して本志岐の陣所に焼き討ちをかけると、一揆勢は志岐を退いた（『綿考輯録』第五巻）。唐津藩家老は「一揆ども散々に追い散らし申し候」と江戸に知らせている（「島原日記」）。実状であったろう。

現地の状況も一変した。現地の百姓たちが、鉄砲で反撃できない一揆勢を攻撃する事態と化し、船で島原や天草の上津浦に脱出しようとした一揆勢を「追討」し、大勢を討ち取っている（「御書奉書言上之扣」）。十一月二十三日、一揆勢は富岡から脱出する混乱のなかで、島原藩領の有馬村に集結することをとり決め、島原勢は島原に引きあげ、天草一揆勢も四散してもとの「上津浦・大矢野」勢にしぼみ、在所に引き取った。

天草一揆勢が態勢の建て直しを図った形跡も認められる。たとえば、十一月二十五日には上津浦の一揆勢百四、五十人が本渡近郊の食場村に出向き、同村の男女を残らず上津浦へ連れて行っている（『天草一揆書上』）。食場村は天草領での一揆の蜂起に際して、大矢野・上津浦とともにキリシタンの立ち帰りが進み、富岡勢によって誅伐された村方である。その後もひそかにキリシタンの立ち帰りが進み、食場村の村人たちは一揆勢と行動をともにする途を選んでいる。

一揆勢は大変な事態へと追い込まれた。とくに天草一揆勢は、これまで多大な死傷者を出しながら唐津藩勢を打ち破ってきただけに、一転して領主勢と戦うことの現実をつきつけられた。考えてみれば、とてつもない現実といえる。もはや在所にはとどまれない。上津浦・大矢野の一揆勢には島原一揆に合流し、共同して事態を打開する途しか残されていなかった。一揆勢が今後戦闘を展開していくには、城の要害を最大限利用すること、領主側と軍事的にわたりあえるだけの鉄砲と玉薬、とくに玉薬の確保が焦眉の課題となった。

第三節　城の占拠

1　二つの選択肢──富岡城か原城か

寛永十四年（一六三七）十一月下旬、有馬村に集結した島原藩領の一揆勢は、その後、天草勢と合流して最終的に島原一揆の本拠の一つとしてきた有馬村の古城、原城に立て籠もることになる。この時期、戦略的には富岡城の再攻略を含めて二つの選択肢があったものと思えるが、島原一揆側は、早い時点から原城の「本陣」化を考え、要害化をめざす普請を継続し、最終的に天草一揆勢と合流して原城に入る。一揆勢の「城の占拠」の過程をみよう。

再度の富岡攻めか

一つ選択肢として、島原一揆勢が本格的に天草側に援軍を出し、再度、天草下島の富岡城を攻めるという戦略はありえた。そもそも島原と天草の一揆勢が早期に合流し、最初から富岡城攻略の方針をとり、全勢力を富岡城一点に集中していたら、天草の島々をめぐる状況は大きく変わっていたと思える。まず、富岡城が位置する天草下島の状況が大きく変わっていたはずである。現に一揆勢が富岡城を攻撃する時期、下島南部の河内浦郡代所管下の村々は、「三百挺」の鉄砲を準備して一揆方につく動きをしていた。本渡合戦に勝利した一揆勢が下島北部の本渡郡代所管下の村々への工作を本格化すれば、下島の全島キリシタン化も見えていたと思える。下島の状況が変われば、上島・大矢野島はすぐに反応していた。二、三十人の家臣と数十人程度の百姓で守る上島の栖本代官所は、一揆勢が攻めていれば攻略できた陣容である（「島原日記」）。郡代所が落ちれば、上島の全島キリシタン化は時間の問題だった。大矢野島はすでに全島キリシタン化に近い状況にあった。

そして天草全島がキリシタン化した状況のもとで、物資と人員を富岡に集め、島原側からさらなる援軍をえて一揆勢が富岡城を重包囲し攻略したならば、一時的にしろ、富岡城から唐津藩勢を排除し、天草郡において「一揆の持ちたる島」が実現された可能性も高い。富岡城は島原城に比べて城の規模と要害度は劣り、一揆勢が再度本格的な攻撃を加えていれば落とせる可能性はあった。

むろん、それは可能性の話しである。歴史と風土を異にし、領主支配を異にする島原と天草が共同戦略を立て、当初から天草重視の方向で一揆を合体させることは現実的な可能性は低くかった。実際、島原一揆側は本渡合戦が終わると、主力を島原に引きあげさせており、富岡城攻略からの撤退後、天草重視の方向を打ち出すことはむつかしかったといえる。

しかし、領主側の見方は違う。幕藩領主側が恐れたのは、一揆勢が再度、天草に向かう事態である。領主側も、島原藩領の一揆が有馬・有家の古城を拠点にしていることは知っていたが、一揆勢が原城に立て籠もるまで一揆の本拠とする古城での籠城という事態を想定していない。寛永十四年十二月五日に島原城に到着した幕府上使の板倉重昌が最も恐れていたのは、一揆勢が再び天草に向かうことであった。天草の大矢野島・上島方面の制圧が急がれた。

それゆえ上使は、天草への渡海が遅れ気味の熊本藩細川家を批判する。細川家では当初島原への加勢が命じられ、その後天草出兵に変えられているが、三家老の一人、有吉英貴の指揮のもとですでに川尻に軍勢と船を集結させており、早急な対応も可能であった。島原表の動きを考えるならば、十二月七日の天草渡海はいかにも遅い。渡海後の天草進攻の動きも鈍い。

家老の松井・米田が憂慮したのは、「急に島原表の一揆勢を押し詰めると、彼の徒党どもは天草に逃げ、集結することになる。天草は地形が複雑で難所であり、難所に集結すれば制圧するに多大な手間がかかる」というものである。天草の島々は、山々が海岸線まで迫ったリアス状の複雑な地勢をなしており、一揆勢が広大な山間部を利用したゲリラ戦も可能であった。

寛永十四年十一月末から十二月初旬にかけて上津浦・大矢野の天草一揆勢は島原一揆の本拠有馬に移動しており、富岡城攻めの段階と比べると、一揆勢の結集度と覚悟は高まっている。原城籠城当初、城内の人数は二万七、八千に達していたといわれる。戦闘要員だけで一万近くはいたであろう。戦略上、島原・天草一揆が持てる戦力を富岡城に投入するという選択肢はありえた。

ただ、もはや時間の余裕がなかった。熊本藩細川勢が天草に進攻してきそうな状況のもとで、再度、城攻めを行うことはむつかしかった。なにより島原一揆側が富岡城攻略を戦略上の選択肢としていたならば、加勢の主力を本渡合戦直後に引きあげさせなかったはずである。結局、天草側、島原側の一揆勢それぞれの思惑の違いが、兵力・武器不足のままの富岡城攻撃となった。少なくとも島原一揆側には富岡城を再攻撃する気持ちはなかったといってよい。

最初から決めていた本拠の原城への集結

島原一揆側は、早い時点から有馬村の拠点を「本陣」とすることを考えていた。一揆勢は、蜂起するとすぐに島原城を攻撃しているが、二度と島原城を攻撃する動きを示していない。城を落とすことの困難さと一揆勢の武器の貧弱さを思い知らされたからだと思える。

島原城から退いた一揆勢が、有馬と有家を拠点にして在所の村々に布陣していることは、領主側の史料で確認されるが、その後一揆勢が寛永十四年十一月下旬に有馬村に集結するまで、南目の村々の動きはほとんど明らかではない。

有馬村の原城に籠城するまで、島原藩領南部の村々の一揆は何をしていたのか。原城の要害普請と武器・玉薬の製造にあたっていたと考えられる。前述したように、平戸オランダ商館長ニコラス・クーケバッケルの日記によると、クーケバッケルは、寛永十四年十一月の初めには、一揆勢が「有馬領の海辺にある廃城」の「補強」をし始めているとの報告を受けている（『平戸オランダ商館日記』）。一揆勢が、一日だけの島原城攻めをして軍勢を退くのは十月二十七日のことである。「海辺にある廃城」（原城）の「補強」工事は、島原城からの退却後すぐに開始されていることになる。寛永十四年十月二十七日に島原城攻めから退却し、有馬・有家を中心に在所に布陣するなかで、両所の「古城」に本拠をおき、とりわけ有馬村の「古城」＝原城に普請を施し、本陣化する方向をとっていたことがうかがえる。

一揆蜂起の中心となった有馬村は、島原城攻略には直接関わっていない。一揆勢は、島原城攻略から戻ると、有馬村で戦略を立てなおし、多大な犠牲を強いる島原城攻略はひとまずあきらめ、有家と有馬を拠点に布陣するとともに、まもなく到来する領主側の大軍隊と対決するために、有馬氏時代の拠点城郭である「海辺にある廃城」（原城）を「本陣」として要害化することにした。唐津藩富岡勢の並河太左衛門の覚書によると、寛永十四年十一月十日、島原の一揆指導部は「原之城」（原城）から天草に加勢の軍勢を送っている（「並河太左衛門武功之次第」）。

寛永十四年十二月十日、この日原城に着いた幕藩軍は、早速立て籠っている一揆勢に攻撃を仕掛けているが、城の周囲に築かれた城ぎわの長大な土塁に進攻を阻まれている。平戸オランダ商館長が記述している原城の「補強」工事の中心は城の周囲をめぐる城ぎわの土塁の築造だった。一揆勢は十一月初めから一ヵ月間、「海辺にある廃城」の城ぎわに土塁をめぐらし、領主側の軍勢を迎え討つ準備を整えていたことになる。

こうして寛永十四年十二月上旬、幕藩軍が迫るなかで、島原一揆勢は天草から渡ってきた天草一揆勢と合流し、原城に入った。一揆勢は、所期の目的である「城の占拠」を果たしたといえる。

2　原城の占拠と要塞化

籠城の過程

原城への立て籠もりというと、幕藩軍が襲来するという状況のもとで、追い詰められた一揆勢が逃避行先として近場の古城に立て籠もったというような見方も根強い。殉教の場所として原城という故地を選んだというような情緒的な見方もある。本書は、こうした見方をとらない。こうした見方では、厳冬期の三ヵ月にわたって籠城し、徹底抗戦したのはなぜか、という根本的な疑問が解けないからである。歴史の可能性も見えてこない。

前述したように、そもそも原城に立て籠もる以前、島原藩領の一揆勢にとって原城や有家城は身近な「村の城」だった。島原・天草の一揆勢の動きをみると、一揆の構成単位をなす村の一揆は、有馬氏時代の「村の城（古城）」を本拠に行動している。

島原藩領の一揆における有馬村の原城と有家村の有家城、天草一揆における上津浦城と大矢野城などは、双方の一揆の本拠として機能していた。たとえば、大矢野一揆の場合、かつて大矢野氏の居城であり、天草一揆の中心人物、渡辺小左衛門の在所であった大矢野城において、一揆勢が「城がまえ」をとっていたことは、大矢野に入った細川勢によって確認されている。そして一揆勢は、富岡城攻略に失敗すると有馬村に集結し、島原一揆側の本陣となっていた原城を一揆勢全体の本拠とし、幕藩軍を迎え討つべくこの城に立て籠もったのである。

一揆勢の籠城の過程をみておこう。天草で合流した天草と島原の一揆勢は、富岡城攻略が失敗に終わると、寛永十四年十一月二十三日、それぞれの在所に向かった。一揆勢は、それぞれの在所に向かうに際して、島原藩領の有馬村に集結することを取りきめていた。天草の大矢野・上津浦勢は在所に戻ると、早くも十一月二十五日から島原に向けて渡海を開始している。十一月二十八日に千束島から島原へ渡海する途中で熊本藩領宇土郡戸馳島の塩屋村に落ちてきた惣右衛門・杢右衛門の一行は、「大矢野・上津浦のキリシタンは、この二十五、六日の間に島原へしぼんだ」と供述している（『綿考輯録』第五巻）。杢右衛門は千束島蔵々の有力者、関戸杢右衛門とみられる。関戸家は一揆後、蔵々に戻っている。大矢野・上津浦の一揆勢は惣右衛門・杢右衛門たちのような離反者を出しながら、在所に戻って仕度を済ませると、すぐに船で島原に渡っていったことになる。

天草の大矢野勢・上津浦勢は、十二月一日までにほぼ島原への渡海を完了している（『綿考輯録』第五巻）。十二月二日、熊本藩領宇土郡波多村の百姓藤右衛門と久作が、親類の者をさがしに大矢野島に渡ると、島は無人であり、双原の山から叫んでも誰も応答する者がなかった（『綿考輯録』第五巻）。

島原勢は十一月二十八日には有馬村への「招集」がかけられている。島原城北方の三会村の一揆勢千人も十二月三日までに原城に移動している。天草・島原の一揆全体が原城への立て籠もりが完了するのは十二月八日ごろと推測される。富岡に使いに向かった細川家臣が、十二月七日の夜に島原半島の南岸を船で通ると、一揆勢は、加津佐・有馬・有家の村々に火をかけて焼き払い、篝火をたいて有馬村に集結していた。木場村・安徳村では松明をかかげた大勢の一揆勢が有馬に向かっている（「寛永十四年江戸御留守居長崎・天草御使之差出」『熊本県史料』近世篇第三）。一揆勢が火をかけたのは、自分たちの家々である。もう二度とわが家に戻ることはない。そうした決意とあきらめの放火であった。

熊本藩八代城主細川忠興の世子・細川立允（細川忠興の四男、熊本藩主細川忠利の弟）の軍勢が上島南部の栖本に入り、河内村（現・天草市）に本陣を移して上津浦に進もうとしていた。河内村から一揆勢の拠点の上津浦城まで約一里（四㎞）である。細川勢が物見を出すと、城には昇が立っていた。八代の家臣志方半兵衛は、「九日の四つ時分（午前十時ごろ）に敵はことごとく船で落ちていった」と書いている。上津浦では、熊本藩勢が天草に進攻しているなかで、ぎりぎりまで一揆勢を収容し、島原渡海の最終の十艘余が出船したのが、寛永十四年十二月九日の午前十時ごろであった（「志方半兵衛言上書」「諫早有馬記録」）。

間に合わなかった人々

細川勢につづいて、十二月十一日には唐津藩寺沢勢が大島子から上津浦に入り、一帯を焼き払った。そして付近の山に隠れていた男女百三十余人を捕縛し、富岡に送っている。寺沢勢は捕縛当初、捕縛した者たちを無理にキリシタンにさせられ、隠れていた者たちとみていたが、実際は、島原への渡海に間に合わなかった人々であった。原城落城後の寛永十五年三月十八日、七十九人が富岡城の町口、冬切で処刑されている。三つの郡代所ごとに作成された処刑者名簿が残されている（鶴田倉造編『原史料で綴る天草島原の乱』）。最初の一家族を示す。下島南部の河内浦郡代所、郡代中島与左衛門分の崎津村の一家族である。

崎津村　　中島与左衛門分
一、清介　　年五拾三
　内　家内
壱人　むす子　年弐拾四　勘作
壱人　むすめ　年拾一　おさ
壱人　同　年五ツ　やゝ
〆　四人　内弐人　男

郡代所ごとの内訳は以下のとおりである。下島の河内浦郡代の中島与左衛門分が、崎津村六家族・男女十六人、今富村二家族・男女五人、小嶋村一家族・男女三人、主留村一家族・男一人、白木河内村一家族・男一人、一町田村一家族・男女五人、亀浦村一家族である。河内浦郡代所の分が、かつてのキリシタン領主天草氏の領域となる。天草一揆の中心人物で熊本藩領で捕えられた渡辺小左衛門が、五、六千の転びキリシタンがいるとしていた「志岐・大江・高浜・崎津・河内浦」の村々のうち、崎津・河内浦（一町田）の者たちがいる。

下島の本渡郡代の九里六右衛門分が、志岐村三家族・男女十四人、馬場村四家族・男女十四人、町山口村二家族・男女十人、上島の栖本郡代の石原太郎右衛門分が、大矢野村一家族・女三人、以上のような内訳となっている。

一見して明らかなように、処刑者は想像以上の広がりである。一揆勢は上島の上津浦から島原へ渡海しており、上津浦で捕縛された者たちも、意志をもって現地まで来ていたことになる。前述したように、一揆勢が富岡城を攻撃する時期に、河内浦郡代所管内の村々では河内浦と近郷の「百姓ども」が蜂起し、上津浦に向かう動きを見せていた。一揆は郡代所側からの切りくづしで鎮められているが、処刑者名簿をみると、実際、上津浦に向かった者がいたことをうかがわせる。一町田村などは河内浦郡代所の膝下の村方である。

上津浦で捕らえられた百三十余人は、富岡で吟味を受けるが、吟味によって無理にキリシタンにさせられた者として立証され、放免された者がいたとは考えがたい。富岡で名簿を見分した幕府上使の松平信綱は、一揆勢に対して「なで切り」（全員殺戮）をもって臨んでいる。先に示した崎津村の清介家族に見るように、五歳の「やゝ」も処刑されていることからみて、百三十余人を子細に取り調べて弁別した可能性は低い。残る人数は牢死したものと思える。

原城の要塞化

さて、籠城に際して一揆勢は、来るべき幕藩軍の進攻に備えて、馬が通るレベルの「馬道」には逆茂木をめぐらし、道の脇々には落とし穴を設けた。また、海上の見張りとして有馬・有家・口之津の山々には四里にわたって遠見の部隊を配した。部隊には「頭」を置き、敵方と識別させるため「赤き羽織」「白き羽織」を着せて遠見番にあたらせている。

『耶蘇天誅記』によると、原城の籠城体制は次のような日程で整備されている。すなわち、寛永十四年十二月一日より「一揆勢が集まって土石を運び、竹木を集め、塁を築き、塀を懸け、小屋を作り、城戸を開き、昼夜の別なく修補」する突貫作業を行い、五~七日で「石門鉄城」になったとしている（『耶蘇天誅記』『島原半島史』中巻）。塁・塀とは、原城の周囲にめぐらされた惣構えの土塁と、船板などをもって土塁の上に築かれた板塀のことである。十二月三日には総大将の四郎時貞が入城した。十二月四日から三日間で「惣構えの堀、ならびに本丸の小屋」ができ、とりあえず「足弱ども」から入城させ、十二月七、八日には二の丸、三の丸の小屋もでき、全員が入城し持ち口を定めて籠城している。「惣構えの堀」とは、原城の周囲にめぐらされた土塁を築く際に掘られた土塁の裏側の堀である。一揆勢は籠城に際し、堀を掘り下げ、一揆勢を配置できる防御・攻撃施設とした。

一揆勢の籠城態勢は三ヵ月間維持されている。幕藩軍との攻防戦も、初期の三度にわたる戦いに一揆勢が勝利し、その後幕藩軍に長期の包囲態勢をとらせている。着陣時の原城の状態について、幕府上使の板倉重昌・石谷貞清は、「城に惣構えの芝土居を築き、鉄砲狭間を切り、城の中から鉄砲を打ってきた」と報じ（『島原日記』）、島原藩主松倉勝家は「土手を築き、塀をかけ、立て籠もっている」と報じている（「島原日記」）。板倉・石谷の「芝土居」という言い方は、城の周囲にめぐられた惣構えの土塁が冬場のかなりの期間にわたる普請で築造されたものであることを推測させる。

一揆勢が立て籠もった当時の原城は、堀・石垣・虎口など城本来の要害機能は手つかずのまま残されていたはずである。幕府上使の板倉重昌・石谷貞清、ついで幕府上使として寛永十五年一月四日に着陣した松平信綱・戸田氏銕が原城の堅固さを認識させられたのは、一揆勢が本来の要害のうえにつくり上げていた土塁（土手・土居）と板塀である。

原城は、三方が切り立った崖状の外郭で海に面し、ほぼ南北に三の丸、二の丸が広がり、二の丸の北側半分に本丸が位置する構造になっているが、板倉・石谷が「城の惣構えの芝土居を築き」と報じているように、幕藩軍の着陣時、三の丸・二の丸からなる城の外郭線全体に「芝土居」（土塁）がめぐり、その上に板塀がつくられていた。また、城壁の下には堀切（空堀）がほどこされていたと考えられる。

幕藩軍を寄せつけなかった城塀

幕藩軍側は、一揆勢が築いていた城ぎわの外郭施設を「塀」、「城塀」と呼んでいる。城塀の基本的な構造は土塁（土手）と板塀からなっている。つまり、城をめぐる外郭線の内側を堀状に掘りあげ、その土を城ぎわに積み上げて土塁を築いている。原城にはいくつかの出丸があるが、たとえば二の丸の出丸の場合、土塁は城際の出丸と、出丸と二の丸の境目に築かれ、二重の土塁となっていた。境目の土塁は籠城後に構築したものと思える。そして一揆勢は、原城下の海岸に集まっていた船を解体するなど用材を集め、土塁の上に堅牢な板塀を拵えて幕藩軍の乗り込みを阻み続けた「城塀」を構築している。板塀には鉄砲が撃てるように、タテに三つの銃眼（鉄砲狭間）がつくられていた。

城塀の重要性は、領主側が「塀裏」と呼ぶ塀の裏手にもある。もともと惣構えの土塁を築く過程で土塁の内側には城の外郭をめぐる長大な空堀状の堀がつくられていた。一揆勢は籠城すると、巨大な労働力を活かして堀を要塞化した。

とくに幕藩軍の石火矢・大筒によって城塀がねらい打ちされると、一揆勢を守り、投石の石を集積し、攻撃の拠点とするために堀を掘り下げ、最終的には堀の内部で生活をさせ、攻撃に移らせた。塀裏が城外への攻撃、攻撃用の石・物資の運搬・貯蔵、人員の移動などの軍事行動を支えている。

寛永十五年一月四日に着陣した幕府上使の役人の一人、鈴木三郎九郎は、城塀について、「一揆勢の城ぎわの防御施設は、惣めぐりの高さ九尺（二・七m）の柵、幅一間（一・八m）の武者ばしり、高さ五尺（一・五m）の土手、深さ七、八尺（二・一〜二・四m）の堀などからなっている」と説明している（「島原日記」）。鈴木のいう柵とは土塁の上の板塀のこととみてよい。一月七日に城の周囲を見廻った細川家臣の堀江勘兵衛は、「城塀で見事に囲っている。そうたやすく乗り込めるような箇所もない」と城中の防御施設の堅牢さを評している（『綿考輯録』第五巻）。幕藩軍側に、城塀を越え、城中を見下ろして砲撃できる井楼（とくに「大井楼」）が構築された時、幕藩軍は総攻撃を決定した。

第四章　籠城のシステム

島原・天草一揆は、原城に立て籠もって三ヵ月間、幕藩軍事力と対峙している。三ヵ月に及ぶ一揆勢の籠城戦を支えたのは何だったのか。城中の団結と軍事力を中心にみていこう。

1　城中の組織

城中の人数と組織原理

原城には当初二万七、八千人程度が立て籠もったとみられる。島原藩領の籠城人数については、松倉家臣が島原藩作成の「郷帳」（島原藩領の村別石高・人数記録）をもって示した総人数二万四千八百余、男一万二千九百余、女一万千八百余、役に立つ人数八、九千程という人数が相応の根拠ある数字だと思える。この松倉家臣は、落人の供述として、天草からの人数として「六百余参り候」としているが（「岡山藩聞書」）、二千ぐらいが妥当な数字ではないか。ここでは籠城当初の総人数を二万七、八千としておく。

城中は二つの組織原理で成り立っていた。一つは百姓たちの居住・生活単位であり、戦闘の持ち場とも、信仰単位ともなっている村の原理である。有馬村に集結した一揆勢は、松倉方に内通し立て籠もりを拒否した一部の者たちを除いて、原城に立て籠もった。城中の一揆体制は、一揆勢を村ごとの持ち場に配置しつつ、城中を軍事的・宗教的に動かす全体組織として編成されている。さながら城中は「凝集された村社会」の地域連合体であった。

持ち場ごとに村の頭分がおり、頭分たちの合議で村の連合組織を運営した。頭分には各村の庄屋クラスが名を連ねている。村ごとの頭分の人数は、島原側が加津佐村（三人）・有馬村（三人）・有家村（四人）・布津村（二人）・堂崎村（二人）・田崎村（二人）・深江村（二人）・木場村（三人）・三会村（三人）・千々石村（二人）・串山村（二人）・小浜村（二人）、口之津村（四人）、以上の十三ヵ村、頭分三十四人、天草側が上津浦村（二人）、下津浦村（一人）、大矢野村（一人）、以上の三ヵ村、頭分四人である。

もう一つの城中の組織原理は、城中が幕藩軍と戦う軍事組織だったことである。天草四郎は二つの組織原理の頂点に立つ盟主・総大将といえるが、城中は何よりも幕藩軍と戦う必要から総大将天草四郎と戦闘員（十五歳以上、五十以下の男）との一種の主従関係にもとづく軍事組織としての側面が優先された。城中では戦いにあたる戦闘員と非戦闘員（女子・子供・老人）とでは刀・脇差をもって身分表象的に区別され、戦闘員は支給される「扶持」においても優遇されていたようである。

一揆指導部の存在

城中は、なんといっても巨大な幕藩軍と戦う軍事組織であった。何よりも軍事が優先した。一揆勢は村々の持ち場ごとに生活し、戦闘態勢についた。あとでみるように本丸・二の丸・三の丸、いくつかの出丸には「大将」「鉄砲頭」など軍事幹部を配しているが、これらの幹部が集まって評定を開き、城中の軍事を主導したのではない。

城中には幕藩軍との戦闘と戦略を主導する少人数の最高指導部が存在した。この一揆指導部に相当すると考えられるのが総大将の天草四郎を支える「軍奉行」である。次のような陣容だった（永青文庫蔵「城中談合人」）。

軍奉行
　大矢野玄察
　芦塚忠兵衛
　布津ノ代右衛門
　松嶋半丞
　有家休意

大矢野（相津）玄察以下、六人のメンバーからなる。彼ら一揆指導部が、総大将たる天草四郎を推戴し、城中の最高意思を決定した。城中の軍事方針など重要な取り決めはこれら最高指導部で評定し、本丸・二の丸・三の丸の軍事幹部、持ち場を指揮する庄屋などの各部署の頭分を通じて一揆勢に伝えられたと思える。

六人のメンバーのうち「四郎の舅」とされる有家休意（有家監物）は、四郎と接触しうる数少ない存在であり、秘匿された天草四郎の権威が一揆指導部を支えていた。

松島半之丞・有家監物は、本書で一揆立ち上げからの首謀者と位置づけている人物である。とくに有家監物は、以下で述べる城中の軍事、管理運営の各分野を統轄しており、文字どおり城中の実質的な「惣大将」にふさわしい位置にいる。また、松島半之丞と大矢野（相津）玄察は一揆蜂起の直前、寛永十二年末に松倉家を退去した松倉家牢人である。布津ノ代右衛門は、布津村の庄屋であるが、有馬氏時代の布津城主クラスの人物の可能性がある。つまり、一揆指導部は松倉家・有馬家牢人の在地有力者をもって編成されている。

城中の軍事幹部組織

次に、城中の持ち場を統轄・指揮する軍事幹部の組織を示そう。原城の籠城体制は、入城以来、天草四郎を総大将、あるいは盟主とした軍事編成をとったとみられるが、幕府上使側が城中の軍事幹部組織の全容を把握するのは意外に遅い。寛永十五年（一六三八）一月十八日の夜、城中から落ちてきた一向宗僧侶の供述にもとづいて次のような「城中役付」を作成している（「天草陣雑記」）。

本丸大将　　天草四郎　時貞
二ノ丸大将　有馬掃部　重正　是は左衛門佐おじの由
三ノ丸大将　道崎対馬　次家
出丸大将　　有家監物　定次　是は四郎舅、城にて惣取仕り候
侍大将　　　池田二左衛門　光満

使番
　口津次郎左衛門　家助
　千々石作左衛門　正次
鉄砲五十挺
　有江市助　光家
　柴田六蔵　時貞
本丸鉄砲頭五十挺
　上津浦大蔵　忠次
二の丸鉄砲頭百挺
　下津浦左衛門佐　光重
三の丸鉄砲頭五十挺
　大矢野三郎左衛門　清安
出丸鉄砲頭百挺
　本戸但馬守　安正
　大浦四郎右衛門
　口ノ津左衛門　正家
　上野三郎兵衛
弓大将二十張
　深江次部左衛門　則重
長柄大将二十本
　三江源兵衛　安正
石打大将・組子四人　口ノ津孫九郎

後世の編纂書を含めると「城中役付」のたぐいは数多く、それぞれ異なっているが、この役付は、ともかく出所が明らかな点で多少信憑性は高い。また、僧侶も落ちる時の手土産に情報を集めていたであろう。

この城中役付にみるように、城中は「本丸大将」の天草四郎時貞を中心とした軍事編成をとっている。四郎自身も四郎時貞という武士的な名前を名乗っている。また一見して特徴的なのは、この役付が村・地域ごとの持ち場に鉄砲頭・長柄頭が率いる戦闘組織を組み合わせて編成されていることである。したがって軍事幹部には、島原・天草の在所名を冠した人名が目立つ。同時に、四郎の父、(益田)甚兵衛や、天草一揆の中心とみられる渡辺伝兵衛の名が見当たらないことも注目される。

四郎の舅・有家監物

さて、寛永十五年一月十八日に落ちてきた一向宗僧侶の自供にもとづく「城中役付」によると、本丸・二の丸・三の丸にはそれぞれ「大将」が据えられている。城中を統合する「本丸大将」には、やはり天草四郎時貞が据えられている。四郎は、本姓とされる益田でなく「天草四郎」の名で役付されている。四郎が城中でも天草四郎の名で呼ばれていたことを想像させる。

この「城中役付」の大将クラスで注目されるのは、二の丸大将の有馬掃部と出丸大将の有家(有江)監物の存在である。有馬掃部については「是は左衛門佐おじの由」とある。左衛門佐とは島原藩領の前領主有馬直純のことであり、この注記によれば、有馬直純の「おじ」とされる有馬掃部は、直純の日向国替に従わず、在地にとどまっていたことになる。有馬氏の有力一族が島原に残り、松倉家に召し抱えられていたとしたら、有馬掃部も寛永十二年末に松倉家を退去していたことになる。

また有家村の馬場休意こと有家監物は、本書では一揆の首謀者として位置づけているが、この監物が「四郎舅」とされ、城中の「惣取」とされている。実は、四郎が結婚していた。驚くべきニュースである。相手は有家監物の娘ということになる。有家監物は相当な高齢のはずである。監物に娘がいたにしても、四郎に見合うような年齢ではない。監物にはせがれとして寛永七年（一六三〇）の松倉氏のキリシタン弾圧によって惨殺された有家村の庄屋馬場内蔵丞がいる。四郎とめあわせたのは内蔵丞の娘か、孫娘あたりであろうか。四郎は有家監物の娘と城中で結婚していたことになっている。このことは城中政治を考えるうえで、重要な意味をもっているように思える。

注目したいのは、有家監物が城中を統括する「惣取」の位置にあることである。城中の統括者という位置づけを感じる。前述したように、監物は島原藩領の一揆蜂起の時から主導的立場にあった人物であり、キリシタンとしての経歴からも城中の重鎮となったとみてよい。そして「四郎舅」という記述が何らかの根拠にもとづくものだとすれば、城中における婚姻を通じて「本丸大将」天草四郎の岳父となり、四郎の父甚兵衛を超えて、「十六、七」とされる年若い四郎の代理者として城中のヘゲモニーを握っていたことになる。「四郎舅」という記述が一向坊主の供述にもとづくものかどうか不明であるが、こうした城中のうわさが出ているところに、有家監物の「本丸」における実権を感じる。「惣取」とされる所以といえる。有家監物は「四郎舅」として、城中の総大将である天草四郎と接触しうる唯一の存在であったと想定される。

役付のうち「使番」は四郎の命令を城中に伝える役であろう。鉄砲・弓・長柄の物頭では鉄砲が充実している。配属鉄砲数を単純計算すると七百挺となる。城中の武器として投石は重要な位置を占めており、「石打大将」にはリアリティーを感じる。

二人の総大将

幕府上使側が、先の一向坊主など落人の情報を勘案してより確度の高い「城中役付」を作成し、大名側に公表したものが寛永十五年一月二十五日付けの「城中役付」である。次の史料は、上使側から公表され、その場で熊本藩細川家臣によって写し取られた「城中役付」である（『綿考輯録』第七巻）。

本丸惣大将　有家監物時次
　天草四郎時貞
二ノ丸大将　有馬掃部助重政
三ノ丸大将　道崎対馬守次家
出丸大将　有江監物　本丸とかけ持ち
侍大将　池田清左衛門光時
　口ノ津次兵衛家助
　蓑田六兵衛勝重
　ちゝわ佐左衛門正時
　有江市丞光家
本丸鉄砲頭　上津浦大蔵公助
二ノ丸鉄砲頭　下津浦清左衛門時重
三ノ丸鉄砲頭　大矢野三左衛門清安
出丸鉄砲頭　本戸但馬守安正

同　　　　大浦四郎兵衛安光
足かる大将　有馬亀丞時忠
　　　　　口津左兵衛正則
　　　　　上津浦三郎兵衛
普請奉行　蓑田六郎左衛門次安
同　　　　浜田三吉正安
出丸奉行　荷次小左衛門貞光

先の役付と名前の違いはあるものの、城中の軍事幹部組織のあり方はほぼ同様である。この「城中役付」で注目されるは、「本丸惣大将」が有家監物と天草四郎の二人大将の体制になっていることである。しかも有家監物が筆頭に記載されている。城中が天草四郎を大将としていることは上使側・大名側にも広く知られている事実であるが、上使の役人が自明のごとく天草四郎から読みあげず、有家監物を筆頭においていることに注目したい。有家監物が「本丸とかけ持ち」で出丸大将をかねているところも妙にリアルである。先の「城中役付」と比較すれば、「四郎舅」として有家監物が、「惣取」として大将を兼帯している「出丸」を離れて「本丸」の中心に座った印象である。

全体として大将分は「有江（有家）」「有馬」「口ノ津」を名乗った島原側の村方の代表者が占め、鉄砲頭は天草側で占められている。普請奉行は幕藩軍側の石火矢で城廻りの城塀が破壊されていることに対応した役職であろう。

2　天草四郎という存在

幕藩軍が入手した「城中役付」は少しずつ内容に異同があるものの、天草四郎は一貫して原城本丸の「大将」、城中の総大将とされている。四郎が、一揆勢の籠城体制において重要な位置を占めていることはまぎれもない事実であるが、従来の研究では、城中における四郎の存在を「一揆勢の精神的象徴」「宗教的・精神的結束のシンボル的な存在」としつつ、城中における四郎の具体的な存在形態、総大将とされる四郎と城中の一揆勢との関係について踏み込んだ検証はなされていない。城中における天草四郎の存在について検証してみよう。

四郎の居所――「天守」に籠る四郎

そもそも城中の総大将たる天草四郎は城中のどこにいたのだろうか。四郎の本丸のおける居所については、寛永十四年十二月二十四日の夜、久留米藩有馬氏の仕寄場で捕縛された有馬北村の雅楽助という六十二歳の落人の証言に注目したい。

雅楽助は、女房と二人のせがれがキリシタンに立ち帰り、自身も仕方なく同意して一揆に参加し籠城しているが、十日ほど前から脱出の機会をうかがい、妻子を残して落ちてきている。雅楽助の証言は、捕縛した有馬氏も含めて複数の大名側の史料に掲載され、幕府上使の板倉重昌・石谷貞清による直々の取り調べ調書も残されており（永青文庫蔵）、落人の証言のなかでも検討価値は高い。調書の原物をみると、板倉と石谷の名前が墨で抹消されており、リアリティーを感じる。雅楽助は、本丸における四郎の居場所などについて次のように供述している（「志方半兵衛言上書」）。

城中には具足を着け、馬に乗る者は六、七人いましたが、現在は宇土の四郎の親、甚兵衛一人が具足を着け、馬に乗り、差し物を幾色にも仕立て、度々さしかえ、城中に下知を申し付けていますす（中略）。四郎は、本丸の内に寺を立て、天守に居り、勧めをなしているとのことです。

証言は前後で二つの内容に分かれ、後段において、雅楽助は、「四郎は、本丸の内に寺を立て、天守に居り、勧めをなしているとのことです」と供述している。この部分を原文で示すと、「四郎は本丸の内に寺を立て、天守に居り、すすめをなし申し候由、申し候事」となる。「天守」というと、原城本丸の天守（天守台）を連想するが、この証言を素直に解釈すると、本丸の一角に「寺」があり、「寺」のなかに「天守」が設けられていたことになる。「天守」は「天主」のことであろう。

原城本丸の一角に「寺」のような大きな宗教的施設が建てられていたことは確かである。この「寺」の存在について、幕府上使衆の一員で着陣したばかりの鈴木三郎九郎が、寛永十五年一月七日付けで大坂城代らに申し送った書状に、「城中本丸は、古き石垣がそのままである。本丸のうちに寺をつくり、四郎が下向しているとのことである。棟高き家が二つ見える。そのほかは小屋がけのように見える」とある（「島原日記」）。鈴木は、小屋がけばかりの城中で本丸の一角に「むね高き家」二つを確認し、四郎が日常の居場所から祈りのために「下向」して来ると報じている。

近年の原城発掘調査によるおびただしいキリスト教関係遺物の出土状況からみても、原城の中心、本丸の一角に一揆勢の本営となり、信仰活動の拠点ともなっている大きな家屋があったことは確かであろう。鈴木が見た二棟の「むね高き家」が一揆勢の本営であり、教会的施設であった可能性は高い。この

「むね高」き「寺」は、本丸のなかでも平面な詰ノ丸の中央部あたりに想定することが妥当である。そこは一揆勢が日常的に集まる場であり、立地的には一揆勢の小屋がけに取り囲まれる状態にあった。「寺」のなかに設けられた「天守」（天主）とは、「寺」状の大きな建物のなかに設けられた礼拝空間を想定させる。「四郎は、本丸の内に寺を立て、天守に居り、勧めをなしているとのことです」という雅楽助の証言によれば、四郎は「寺」のなかの「天主」に籠ったままだったようである。四郎は、「寺」のなかの「天守」に籠り、外に出て一揆勢の前に姿を現すことはなかった。天草四郎は、原城という限られた空間、凝縮された生活環境のなかでも人前に全く姿を現さず、天主に籠りひたすら祈りを捧げる存在となっている。

天主の存在をうかがいうる旗が存在する。幕藩軍による総攻撃の一日目、寛永十五年二月二十七日の夕刻、鍋島勢の鍋島大膳が、一揆勢の反撃をかいくぐって本丸の郭内に乗り込み、郭内（詰の丸）の奥で竹竿に掛けられた「白地に泥烏子（デイウス）の旗」を分捕っている。この旗は、今日、一般に「天草四郎陣中旗」の名で知られているが、教会旗とみられるこの旗は、通常、四郎が籠る「天守」（天主）にかかげられていたとみるのが妥当である。

城中のヘゲモニー

天草四郎が、「天守」に籠ったまま姿を現すことはなかったとすると、現実的には「本丸惣大将」としての役割は果たすことができない。そこで先の「城中役付」によれば、「四郎舅」とされる有家監物が城中の「惣取」の役割を果たし、本丸において四郎と並ぶ「本丸惣大将」として位置づけられることになる。

その際に、さきの落人・雅楽助の証言の前段に注目したい。雅楽助は、「城中には具足を着け、馬に乗る者は六、七人いましたが、現在は宇土の四郎の親、甚兵衛一人が具足を着け、馬に乗り、差し物を幾色にも仕立て、度々さしかえ、城中に下知を申し付けています」と供述している。

四郎の父、甚兵衛に関する数少ない証言である。(益田)甚兵衛は、天草領での一揆の蜂起直後、その中心人物で熊本藩領宇土郡の郡浦で捕縛された渡辺小左衛門の供述から四郎の父親として知られるようになるが、その存在は四郎同様よく分からない。城中の甚兵衛となると、これまた不明であり、数多く存在する籠城組織に関する落人証言にも名を連ねていない。

雅楽助の証言が事実だとすれば、以前は五、六人を数えた城中の最高幹部クラスの馬乗りが甚兵衛だけになっている。原城籠城からほぼ半月、寛永十四年十二月下旬には甚兵衛が四郎の実父として城中のヘゲモニーを握ったことになるが、先の一月十八日の落人の供述にもとづく「城中役付」にみるように、城中幹部の軍事組織のなかに甚兵衛の名前は見当たらない。甚兵衛ではなく、「四郎舅」の有家監物が最高位に位置づけられている。

雅楽助のいう甚兵衛が四郎の実父だとすれば、その後甚兵衛は戦死したか、「四郎舅」の有家監物との権力闘争に敗れたことをうかがわせる。いずれにしても食糧を中心に城中の極限的状況が進行するなかで、有家監物が「惣取」として城中を統轄し、「天守」に籠る四郎の神的権威がこれを支えるという状況ができあがっている。

四郎の側廻り家臣

原城本丸の本営たる「寺」状の建物のなかに籠る四郎のもとには、四郎に身近に仕える側廻りの家臣たちが組織されていた。まず考えられるのは、「四郎のごとく」出で立ちをした「十六、七の前髪の若者」たちの存在であり、これら親衛的家臣として四郎の側廻りには「小姓」たちも存在していた。原城総攻撃の一日目、寛永十五年二月二十七日の夕刻、原城本丸に幕藩軍が乗り込むなか、「四郎が小姓ども」と名乗る男女の一団が黒田氏の軍勢もとに落ちてきている。久留米藩有馬家によってまとめられたとされる『原城温古録』に次のような記事がある（「原城温古録」『島原半島史』中巻）。

落人　四郎が小姓ども
三宅二郎右衛門子　左平治　年二十、半四郎　年十八、甚之丞　年十四、権蔵　年七、母、孫吉年十つ
大平次兵衛子　熊蔵　年十七、姉ふじ　年十三、妹てや　年九、亀蔵　年二つ、母
右拾二人、二月二十七日に松右衛門佐（黒田忠之）手へ落ち申し候、三月朔日、松伊豆殿（松平信綱）参り候処に、何も能き子に付き、松倉長門殿（勝家）へ御預け、右の者ども衣装、繻子の小袖、緞子の立付け、結構なるてい、おちの女ども縫箔の小袖にて三つ、四つ着申し候、結構成るていにて候

一揆勢に拘束されていた口之津蔵奉行の家族である。このうち少年たちが「四郎が小姓ども」とされていた。目を引くのは、その衣装である。男子が「繻子の小袖、緞子の立付け（立付け袴）」、女たちも三、四枚の「縫箔の小袖」という立派な衣装を身にまとっている。落ちる途中で討ち取られないよう、城中のしかるべき身分のものが落ちてきたことを印象づけるためだったとみてよい。また、少年たちの

衣装は「四郎が小姓ども」として仕えるための出で立ちだったとも考えられる。少年たちの立付け袴は、天草の本渡で目撃された四郎の出で立ちを思い起させる。

落人十二人のうち、年齢的にみて「四郎が小姓ども」にふさわしいのは、二十歳の三宅左平治、十代の三宅半四郎・三宅甚之丞、大平熊蔵あたりであろう。これらの小姓たちは、本丸陥落が迫るなか、それぞれの家族をともなって脱出したのであろう。三宅二郎右衛門・大平次兵衛は両人ともに討死している。大平次兵衛については不明であるが、三宅二郎右衛門は山田右衛門作と同様に一揆勢の幹部とされている。

注目されるのは、城中から落ちてきた「四郎が小姓ども」が、主人たる四郎について何も語っていないことである。一行は、当然ながら「四郎が小姓ども」として幕府役人の取り調べを受けたはずであるが、三月一日の「四郎首」の首実験に立ち会わされた形跡もない。同日引見した幕府上使の松平信綱は「何も能き子」として、身柄を松倉氏に預けている。「何も能き子」とは、文字どおりの意味と、「四郎が小姓ども」でありながら、主人たる四郎について何も知らなかったことにも通じる。

原城本丸の一角に四郎の側廻り家臣が配された本営、あるいは四郎が籠ったとされている教会的な宗教施設が存在していたことは確実である。しかし、「天守」のなかに四郎がいた形跡はあいまいである。「四郎が小姓ども」は一揆指導部によって本営ともなった「寺」に配されながら、「天守」に籠る四郎と接触することもなく生活していたようである。

秘匿される四郎――誰も見ていない

落人の雅楽助の証言をつづけよう。雅楽助は四郎個人についても次のように証言している（「切支丹蜂起覚書」）。

大将は四郎と申しまして、年は十五、六歳です。赤い頭の毛をしています。本丸におり、このたび、城に立て籠もって以後、一度、二の丸まで出てきました。四郎の父親は五十余りで、父子同意して城に立て籠ったと申しています。

驚くべき証言である。ようとして姿を見せない四郎が、原城に籠城して以後、一度、本丸を出て、二の丸に姿を現したというのである。しかも、四郎の頭の毛が赤いと証言している。大変な情報なので原文で示すと、「本丸にまかりこれ有り、この度、取り詰め候て以後、一度、二ノ丸まで出申す」とある。「本丸にまかりこれ有り」とは、四郎が、本丸の一角、先の雅楽助の証言によれば「天主」に籠って、そこから出てこない状況をうかがわせる。

その四郎が「一度、二の丸まで出てきた」というのである。入城して以来本丸の一角に入ったまま出てこない四郎が、ただ「一度」だけ、本丸を出て「二の丸まで」出てきたことになる。当時の原城は全域にわたって一揆勢の小屋掛けが密集したスラム状態にあり、「二の丸まで」出てきたということは、事実上、群集する一揆勢の真っただ中にその姿を現したことになる。これが事実とすれば、本丸・二の丸だけでなく城中全体が驚愕と歓喜につつまれたであろう。

それにしても雅楽助の証言は奇妙である。証言が奇妙というより、四郎の行動が不可解である。四郎が、籠っていた本丸を出て、「二の丸まで」出てきたのであれば、なぜ城内全域を巡回し一揆勢を激励しなかったのか。むしろ「一度」「二の丸まで」という限定のされ方は、四郎が実際には一揆勢のなかに姿を現すことはなかったことを想定させる。雅楽助を捕縛した有馬家の世子、有馬忠郷に対し、雅楽助が、「天守に籠ってから、四郎は出てきていない」と供述している方が真実に近い（「有馬陣日記」）。四郎は、籠城してからも一揆勢の前に姿を現すことはなかったのである。

そして一揆勢の前に全く姿をみせないことから色々と憶測を呼び、キリスト教という南蛮渡来の宗教との関係から赤毛という特異な四郎の容貌に関する城中の噂も出ていたものと思える。

籠城の三ヵ月間、四郎は原城本丸の一角に籠ったまま、一歩も外にでることはなかった。外に出て城中の一揆勢のまえに姿をみせることはなかった。一揆勢が密集する城中において、姿を隠しつづけることは現実的には困難であるが、四郎は秘匿されつづけている。

四郎への崇敬と畏怖

天草四郎は城中において完全にその姿を秘匿されつつ、城中から幕藩軍の陣場に落ちてきた落人は、おおむね四郎に対する崇敬の念を供述している。たとえば、寛永十五年一月二十五日に捕らえられた二十五歳の落人は、「四郎父子は城中でことのほか大切に扱われています。これは城内で隠れなきことです」と供述しているし（「島原陣覚書」）、また、熊本藩主細川忠利の書状によると、二月一日に捕らえられた落人は「四郎をことのほか敬っている」と供述している（『綿考輯録』第五巻）。

また、寛永十五年一月四日、松平信綱とともに原城に着陣した上使団の一人、鈴木三郎九郎は、一月七日付けで大坂城代らに現地の状況を知らせた書状において、昨日捕らえた落人の証言として、「天草四郎は、年は十五、六歳です。城中の者たちは崇めています。六条の門跡より上だと聞いています。下々の者は頭をあげ、仰ぎ見ることもできず、畏れています」と書き送っている。

この落人は、四郎が城内を通行する際、「下々の者」は、大名行列のようにその場に平伏し、仰ぎみることさえできないと証言している（「島原日記」）。四郎が城内に姿をみせない実状からすると、落人本人がその場にいたのでなく、また聞きの話しを供述したものといえる。いずれにしても、城中に姿を見せない四郎が城中の崇敬を受けつつ、畏怖の対象ともなっていることをうかがいうる。先にみた落人の雅楽助は、城中の一揆勢の前に姿を現さない四郎と、一揆勢との関係について、次のように証言している（「有馬陣日記」）。

毎日、二三度、四郎のもとから使者が出され、持ち口をよく固めよ、そうすれば「天上」できる、そうでない者は「地獄」へ落とすと触れ廻っています。（そこで四郎自身も城中を廻っているようにみえるので、雅楽助に尋ねたところ）、籠って以後、四郎は出てきていません。四郎の名代として、島原の絵書きの（山田）右衛門作と島原牢人の（芦塚）忠右衛門が四郎の印を持って城中を廻っています。

この雅楽助の証言は、姿を現さない四郎が、「名代」を通じて城中を厳しい統制下に置いている状況をうかがわせる。「四郎の印」とは、四郎の存在を象徴する物であろう。「金の瓢箪の馬印」かも知れない。四郎は、「名代」として絵師の山田右衛門作と牢人の芦塚忠右衛門を毎日巡回させ、一揆勢を宗教的、精神的に厳しい管理統制下に置いている。雅楽助を捕えた有馬忠郷は、よくこんなことで城が保てるものだと不思議がっているが、雅楽助の証言をそのまま受け取ると、むしろ生身の姿を見せず、「天守」に籠り、城中の信者たちのために祈りを捧げているということが名代・使者を通じて城中に伝えられることで、一揆勢に常に「天上」か「地獄」を審判しうる権能が自分にあることを意識させ、城中に「天上」のための祈りと戦闘行為を強制しうる「主人」としての立場をつくり上げていたことをうかがわせる。

幕藩軍の重包囲のもとで極限状況の度合いを深める城中において、毎日喧嘩が絶えないような絶望状態に瀕している一揆の大群衆をまとめ上げ、幕藩軍に対する徹底抗戦の結束を継続・強化するうえで、天草四郎は余人では替わりえない絶対的な位置にある。

天草四郎の絶対的な位置、そのカリスマ性は、四郎が、本丸の「天守」に籠ったまま姿を現さない、秘匿された存在であること、そして四郎の存在を名代・使者などを通じてたえず意識させることを通じてつくり出されていたといえる。

3　城中の信仰と危機管理

城中は信仰心も多様な万レベルの人間集団が飢えと絶望のなかで生存しており、きれいごとでは片付かない、本能むき出しの過酷な城中での現実生活があったはずである。原城からの落人は、城中が「二つに分かれ」、毎日、喧嘩が絶えないと供述している（「志方半兵衛言上書」）。城中の二万をこえる人間集団を幕藩軍との対峙と戦闘へと向かわせた城中の信仰と危機管理についてみてみよう。

城中の一揆勢が、極限化する状況のもとで信仰への依存と帰依を深めていったことは想像にかたくない。城中から発掘されている数多くのキリシタン遺物はそのことを物語る。天草四郎という存在が、信仰を復活させ、一揆に組織化された信者とその信仰組織を精神的・宗教的に結束させ、戦闘へと向かわせるうえで大きな役割を果たしたことは、まぎれもない事実であろう。同時に、一揆勢における四郎の位置づけは四ヵ月余に及ぶ一揆の過程を通じて変容していたものと思える。

変わる四郎の役割

四郎の存在意味が大きく顕在化するのは、原城への立て籠もり、そして寛永十五年二月一日という日をさかいにしている。原城に立て籠もるまでは、一揆の主体をなす百姓たちには、領主側と戦いつつ、どこかで最終的には領主側との和解も可能かもしれないとの思いがあったものと想像される。

原城への立て籠もりは、そうした期待を最終的に断ち切り、原城という限られた空間において、幕藩軍を迎え撃つという目的を共にすることで多様な一揆勢を集団化させたことになる。そして城中として運命をともにせざるをえないという極限化する状況が、四郎の役割を変えている。「崇める」対象としての役割であり、落人の証言のなかに目立つ傾向にある。

ところが、寛永十五年一月中旬から始められた幕府上使側との交渉のなかで、上使側から城中のキリシタンの徹底処罰、無理にキリシタンへの立ち帰りを余儀なくされた者たちの赦免の方針が出され、四郎さえも無理強いされた存在として赦免の対象とされた。城中に少なからず存在していた赦免への期待が一気に増幅されていたはずであるが、二月一日、四郎は「益田四郎　ふらんしすこ」の名をもって「四郎法度書」を城中に通達し、開城・降伏を求める気分を四郎自らが圧殺した。

幕府上使側が看破しているように、一揆指導部が「四郎が名をかりて」城中に示した方針といえるが、この「四郎法度書」を通じて、崇敬の対象であった四郎が畏怖の対象ともなり、崇敬と畏怖の両面の存在としての役割を城中に浸透させていくことになる。

幕府上使と城中が接触する寛永十五年二月一日という日は、城中における天草四郎の役割を大きく変える。四郎が、「城中の神」としての性格を強めた日といってよい。

城中「法度」の通達

すなわち、寛永十五年二月一日、一揆指導部は、幕府上使側から送り込まれた使者（四郎の甥・小平）に対し、あくまで城中が「デイウスの意思」に従うことを明言し、原城落城後、領主側によって「四郎法度書」（永青文庫蔵）と名付けられた城中規律を定める。現代文になおして、条文を示そう。

　申すまでもないが、存じよりのことであるので、一つ書にして申し渡す。

一、この度、城内に籠っている各々は、誠に多くの罪科を尽くしているので、あの世での助かりもほぼつかない身になっているが、神の格別のご慈悲で城内の人数に加えていただいたのは、どれほどありがたいことだと思わないか。

一、申すまでもないが、油断なく、心の限りのご奉公につとめよ。

一、オラショ（祈り）、ゼジュン（断食）、ジシビリーナ（鞭打ちの苦行）の善行だけに限ってはならない。城内各所の普請、さてまた、エレジョ（異端者）を防ぐ手立て、武具の嗜みに念を入れることも、みな神へのご奉公と心得よ。

一、現世は一旦のことというちに、この城内の人数の命は、いよいよ短いように思えるので、昼夜怠りなく前々の悪行に対する後悔を重ね、日々の神への感謝、オラショなど祈念を専らに考えるべきである。

一、各々ご存じのように、計り知れない神のご恩を蒙りながら、親類・縁者の忠告に背き、万事について我がままを通している者もあるようである。これは元をただせば、堪忍とへりくだりの気持ちがないことから起こっているので、互いに相手を大切に考え、忠告しあうべきである。この城内の者たちは、あの世までも友達なので、指導に従い行動せよ。

一、油断をすることは咎となるので、大事な時期であり、殊に今はクワレズマ（四旬節）の時期であるので、各自の持ち場にしっかりと詰め、昼夜奉公すべきである。人によっては小屋に入って休み、弛みが見える。これはもったいないことなので、下々まで各々で忠告されるべきである。

一、合点しない者は天狗の法にまかせ、あたら、命を落としかねないと考えられる者たちがいる。そうならないように、持ち口に念を入れよ。

一、薪を取るとか水をくむとかいって、下々が城の外に出ることを禁じる。但し、下々を外に出す場合は、親分はよく人を吟味せよ。右の条々は、皆、一人ひとりが納得するように、各々がよく言い聞かさせることが肝要である。それについて、堪忍・へりくだり・善行などに努め、デイウスにご祈念するならば、ご慈悲があるにちがいない。頼もしく思うように。以上

二月朔日

益田四郎
ふらんしすこ

この「四郎法度書」は一揆関係記録にも記載されず、その存在自体がほとんど知られていない。一揆終結後、熊本藩主細川忠利は、江戸の留守居衆に宛てた寛永十五年三月二十三日付けの書状において、「きりしたんの四郎法度を書き出したので、写しをお目にかけたい」と申し送り、「四郎法度書」の写しを江戸に送っている（『綿考輯録』第六巻）。その写しの一つが永青文庫の細川家文書に残っている。現代文で紹介したものが、この「四郎法度書」である。

細川氏は、原城落城直後、落人や生け捕りにした一揆勢を取り調べるなかで、「益田四郎　ふらんしすこ」の名をもって出された城中法度のごとき存在をつかみ、供述をもとに法度の体裁に復元したものと推測される。

城中の神

「四郎法度書」の（寛永十五年）「二月朔日」という日付は、それなりの蓋然性を有している。幕府上使の松平信綱は、熊本から四郎母・姉、渡辺小左衛門らを原城の陣場に呼び寄せ、二月一日に四郎の甥小平を城中に送り、無理やりキリシタンにさせられている者たちの赦免を約束し、四郎自身に対しても赦免をにおわせ投降を勧めている。「四郎法度書」は、こうした幕府上使側の揺さぶりに対して、一揆指導部が「益田四郎　ふらんしすこ」の名をもって「法度」を出し、領主側との妥協などなく、「デイウス（神）への奉公」を求める四郎の断固たる意志を城中の一揆勢に示したものである。

法度は全体的にみて一揆勢に一層の団結と奉公を求めている。内容も峻烈である。とくに注目されるのは、一揆勢が死に直面し、神の審判の分かれ目にいることを自覚させていることである。すなわち籠城する一揆勢に死が迫っていることを暗示し（第三条）、一揆勢はいま「後生のたすかり」ができるかどうかの神の審判の分かれ目にいるとする。

そして法度は、改めて罪深きわれわれをこの城中に抱え込んでもらっている「神の御慈悲」と神への報恩を強調し、各々が「神の御慈悲」に報いるためには、単に祈りをささげるだけでなく、「えれじょ」（異端者）からこの聖域＝城中を守ることこそ大事であり、こうした者だけが「後生のたすかり」にあずかれると説明する。

こうした「四郎法度書」の趣旨は、先にみた落人の有馬北村の雅楽助が、「毎日、二三度、四郎の元から使者が出され、持ち口をよくかためよ、そうすれば天上できる。そうでない者は地獄へ落とすと触れ回っています」と証言していることと符節する。

一揆指導部は、城中を神＝四郎のもとに結束させ、神への奉公による「天上」か「地獄」かの審判をくり返し説いて、エレジョ（異端者）＝幕藩軍との戦闘に向かわせていた。そして法度ではさらに「地獄」の現実として「あたら、命を落とす」（第六条）ことを明確に言い、法度の趣旨を合点しない者は「天狗の法」によって命を落とすこともありうると半ば恫喝している。法度が死の制裁まで持ち出し、具体的に薪取り・水汲みなど城外に出ることを禁じているところに、落人の増大、これに象徴される城中の分裂・厭戦傾向に対する一揆指導部の危機感を読み取りうる。上使側の助命・投降工作がこうした傾向を助長していたといえる。

そこで一揆指導部は、「二月朔日」の日付けで「益田四郎　ふらんしすこ」の名をもって「法度」を出し、この日に始まった上使側との交渉に期待する城内の思惑を一蹴し、改めて領主側との世俗的な妥協の可能性がないことを示した。そして指導部は、法度をまず城中の各持ち場の統率者、とりわけ村々の庄屋層に説いた。こうして城中の凝集された村社会のもとで、村ごとの共同行動・相互監視が徹底され、城中全体が祈りと戦いを通して「城中の神」たる四郎に「奉仕」し、「天上」をめざす態勢が急速に再編・構築されていったものと思える

4　城中の兵站

城中の一揆勢は、籠城初期の人員が二万七、八千程度、総攻撃のときで二万数千の人員を抱え、三ヵ月間にわたって籠城し、十三万近くの幕藩軍と軍事的に対峙している。一揆勢の兵粮だけでも大変である。寛永十五年一月四日に原城に着陣した幕府上使の松平信綱は、重包囲策をとり、兵粮攻めの効果をあげている。

城中の兵粮・武器、いわゆる城中の兵站はどうなっていたのか。兵站とは、厳密には戦闘中の軍隊を支える食料・武器の補給、兵員の移送、傷病兵の介護など後方支援をさす用語である。原城に籠城している一揆勢の場合、城外からの兵站線が断たれた現実にあるが、ここでは原城への食料・武器などがどのように持ち込まれたのか、その他の生活物資がどのように供給されたのか、という観点から城中の兵站をみていくことにしよう。

兵　粮

一揆勢の兵粮の主体となったのは、①寛永十四年の年貢の不払い分を含む村・百姓たちの手持ちの分、

②島原藩領の南目地域において管理下に置いた「郷蔵」（米蔵）の米穀＝寛永十四年の年貢納入分、③口之津の「御用蔵」の米穀、以上の三つである。

要するに、米の大部分が年貢となっていた現実を考えると、すでに郷蔵に納めていた年貢米を含めて、どれくらい年貢米を取り込んでいたが城中の兵粮の数量を規定していたと思える。一揆が十月に蜂起したのも、この点にかかっていた。

まず、寛永十四年分の年貢については、「半分」以上が一揆勢に取り込まれたものと思える。島原藩領では十月に入って事態が急速に動いており、寛永十四年分の年貢納入が中途の状態で引き起こされている。村々は、十月中旬ごろからキリシタンへ立ち帰るなかで一揆へと傾斜していっており、村々における一揆蜂起と年貢不払いは不可分な形で結びついていた。一揆方の村々は、寛永十四年十月の中旬あたりから年貢不払いの実力行使に移り、一揆蜂起後は村の郷蔵（米蔵）を管理下に置き、原城への籠城に際してこれを城中に運び入れた。松倉家臣も年貢の「半分」が一揆勢に「所務」されたとの認識を示している。

一揆勢が城中に運び入れた米穀は基本的に城中の兵粮米として中央で共同管理されていたと思える。南島原市教育委員会の原城発掘調査によると、城中から画一的に区画された住居跡が発掘され、住居跡一帯に炊飯の痕跡が認められないとの成果を得ている（『原城発掘』）。このことは、城中の生活形態が中央で管理され、食事も共同炊飯されて配給されていたことを想定させるが、同時に城中全体で炊飯した形跡が乏しいことも確かである。熊本藩八代城主細川忠興の家臣志方半兵衛は、「朝夕の炊飯の煙が少しも立たない。寄せ手の軍勢もいぶかっている」と書状に書いている（「志方半兵衛言上書」）。

城中では兵粮のことを「扶持方」と称して配給していたようである。扶持方という呼称は複数の落人が供述しており、間違いあるまい。そこには天草四郎を戴く一揆指導部が、城中の兵粮を中央管理下におき、兵粮を総大将たる四郎からの扶持方として支給し、村ごとに集住している一揆勢を、天草四郎を戴く軍事組織として編成しようとしたものといえる。落人の一人が、「番（警備）や普請などの働きによって扶持方の高下があった」と供述しているのは、「デイウスへの奉公」を名分にした「働き」によって扶持方が決められていたことをうかがわせる（「岡山藩聞書」）。総じて戦闘員が扶持方の優遇を受けていたとみてよい。

寛永十五年二月に入ると、城中全体に飢饉の様相が深まっている。城中の兵粮の減少化にともなって、村方の間で兵粮の格差も生じていたようである。一揆指導部は、四郎も「下々」も食糧について差異がなく、「兵粮が尽きたならば、四郎も皆と同様に餓える」と窮状を説明し、飢餓のなかでの「下々」の頑張りを促している。二月十六日に寺沢氏の陣場に落ちてきた落人は、二月十四日から「扶持」の支給が無くなったので、「家々へおしこみ、家さがし」をしたと供述している（「肥前国有馬高来郡一揆籠城之刻々日記」『島原半島史』中巻）。城中の兵粮が枯渇の危機に瀕するのは、一揆勢が幕藩軍の陣場に夜襲を敢行する二月二十一日のころである。夜襲で生け捕りにされた一揆勢は、この二日間何も食べていないと供述している。

城中の兵粮の最後のいのち綱となったのが、城の裏手の海岸である。幕藩軍が海上を支配するなかでも一揆勢が海岸に降りて磯ものをとることは頻繁にあった。そして、寛永十五年二月二十七日には「男女五、六千」が海岸に出て磯ものをとっている。二月二十七日といえば鍋島勢の抜け駆けで原城総攻撃が開始される日であり、大勢の一揆勢が海岸に出ている時ににわかの城攻めとなる。熊本藩主細川忠利は、「男女五、六千が海手に出ている間ににわかに乗り込んだので、さしたる手間なく三の丸を押えた」と述べている（『綿考輯録』第六巻）。城中も総攻撃を予測しつつ、兵粮枯渇のもとで海岸へのくり出しとなっていた。

塩

原城の本丸には塩蔵があった。総攻撃の二日目の寛永十五年二月二十八日に、細川勢が「塩蔵の左脇」「塩蔵の前」で一揆勢を打ち取っている。幕藩軍に焼きたてられた本丸で塩蔵が焼け残っていたようである。ただ、城中では塩が決定的に不足していた。寛永十五年二月中旬ごろ落ちてきた塩焼きの者が「城中で不足しているのは塩です」と証言している（「岡山藩聞書」）。塩焼きは城の裏手の海水をもって塩づくりをしていたとみられるが、薪不足で塩づくりもごく限られていたとみてよい。

水

城中で見落とされがちなのが水である。有馬氏時代の原城にはいくつかの井戸が掘られていたはずであり、廃城後二十年を経ているが、一揆勢によって掘り返されていたと思える。注目したいのは、城中に「水道」が引かれていることである。寛永十五年二月上旬ごろの落人の供述に、「大筒で水道を打ちとめられ、毎夜、汲んでいるので水源が枯れている」とある（「岡山藩聞書」）。百姓たちは水に通じている。広大な城域で湧水源を探し出し、水路で水をひく設備をつくっている。

「水道」が大筒で破壊され、夜に水汲みをしているところから、幕藩軍の陣場近くの丘陵部の湧水源を利用していたとみられる。日中に水汲みをすれば砲撃されている。二万数千人の一揆勢が利用する水の量は大量のものであろうが、籠城過程を通して極度の水不足には陥っていない。

薪

一揆勢が籠城したのは寛永十四年の十二月から翌年の二月までの厳冬期である。二万数千人が暖をとり、炊飯用に費やす薪の量たるや、通常であればおびただしい量にのぼる。すでに籠城初期の寛永十四年十二月中旬の時点で、領主側は「城中では朝夕に少しも煙が立たない、どうしたことか」といぶかしがっている。南島原市（旧南有馬町）教育委員会による原城の発掘において、多数の住居跡から煮炊きの痕跡が確認されていないことも特徴的である（『原城発掘』）。

十二月二十四日には大勢の一揆勢が薪を取りに幕藩軍の陣場に近づき、十七、八の若者が捕まっている。この日には有馬北村の雅楽助という百姓も城中に妻子を置いて落ちてきているが、「薪は全くない」と供述している。籠城した十二月中に城中の薪は払底状態にあった。

熊本藩主細川忠利の寛永十五年一月二十七日付けの書状によると、一揆勢は、燃料にするため、船板で整備した城塀の一部をはがし、「草の根」を掘っている。二月に入ると、住居の小屋掛けを壊す状態に陥っている。

城塀は幕藩軍の進攻をくい止めてきた防御と攻撃の重要施設である。その施設をはがしているところに、背に腹はかえられない城中の薪の払底状態をうかがいうる。

百姓の武器

一揆勢の一揆蜂起当初の武器について、江戸で知らせを受けた佐賀藩主鍋島勝茂は、「はだかにて武具なき者ばかり」と評し（「勝茂公譜考補」『佐賀県近世史料』第一編第二巻）、松倉家臣の佐野弥七左衛門も自ら見聞した百姓たちの無防備ともいえる戦闘行為を、「命を惜しまない勇気は侍も真似できない」と半ば感嘆しているが、一揆勢も領主側と戦うなかで武器を整備している。佐野は、後年、自身の覚書において、一揆勢の武器について次のように記述している（「佐野弥七左衛門覚書」『島原半島史』中巻）。

①「銃長太刀」（銃長刀）の身（刃先）は二尺・三尺（六十、九十cm）、柄は六尺（百八十一cm）の丸木である。②槍は通常のものもあるが、大方は片刃の槍、または熊手を先に取りつけて槍のように使っている者もいる。また、小脇差を五寸廻りほどの竹にはめ込み、藤にて巻いて使っている。③刀か脇差を一本ずつ差している、④具足はいうまでもなく、着込みを着ているものは一人もいない。

佐野弥七左衛門は、深江合戦以来一揆勢との戦闘を体験しており、その記述は信用にたる。佐野の記述から刀・脇差のたぐいは大量にあったことがうかがえる。百姓たちが所持していた刀・脇差を持ち寄り、③にみるように、戦闘員は刀か脇差を身につけている。刀・脇差は一揆勢全体では万レベルで所持されていたとみてよい。一揆段階の在中には想像以上に刀・脇差が存在し、領主側も百姓が刀・脇差を差すことを容認する傾向にあった。当時の熊本藩では、百姓の帯刀を義務づけ、帯刀していないと藩主から叱責されるほどである（『藩法集　熊本藩』）。刀・脇差は城中の身分表象のための武器でもあった。

一揆勢は、一揆に編入された際にキリシタン道具を与えられ、さらに直接に戦闘に参加する十五歳以上の男には脇差か刀が配給された形跡が認められる。佐野弥七左衛門が、一揆勢は刀か脇差を一本ずつ差しているると述べているように、一揆勢のなかで戦闘員と非戦闘員は刀・脇差をもって区別されていたことが考えられる。

刀・脇差以外の武器は貧弱であり、槍の代用品のような武器が多い。具足・着込みもなく、ほぼ素肌の無防備な恰好をしていたことになる。鉄砲以外の主力武器は槍（鑓）であるが、当時の在中に槍は少なかった。あとで述べるように、一揆の立ち上がりの時期、一揆の百姓たちの得物（武器）は竹槍が中心である。同時に、一揆勢は独自の槍に代わる武器を作っていた。鉈長太刀とは、領主側史料によく出てくる「鉈長刀」のことである。鉈を長くし、柄を槍状に長くしたものである。「なぎなた」の一種になるが、鉈とも長刀ともいえぬ独特のものである。佐野弥七左衛門はその異様な形状から「鉈長太刀」と表現したのであろう。また、竹の棒の先に脇差を差したものも多い。領主側は、こうした見慣れぬ武器を「めずらしきもの」といい、また強引な武器の扱い方から「荒き道具」といって恐れた。

城中では南目の村々の鍛冶職人など職人を集めて武器の製造に当たらせていた。寛永十五年二月三日、城中と幕府上使側が矢留（休戦）をして降伏交渉を開始した際、城中の使者であった山田右衛門作は、上使側の使者の尋問に答えて、「鑓・長刀・刀などは、北岡鍛冶、串山の鍛冶、布津・堂崎・有家所々の上手の鉄細工どもに毎日作らせていますので武具は沢山にあります」と述べている。現実に寛永十四年十一月十二日の三会合戦では、「このごろ打たせたように見える新しい長刀・槍など数多」な武器が前線に供給されている。

鉄砲

一揆勢の軍事力の柱になったのは鉄砲である。その数量については、史料によって二千挺から五百挺までの差がある。寛永十五年一月四日に幕府上使の松平信綱とともに原城に着いた鈴木三郎九郎は、着陣直後の城中に関する覚書に、「城中からの落人は、鉄砲の数を五百挺といい、最前は千挺といっているが、それは嘘で、五百挺が確かなところだといっている」と書いている。松平信綱の側近が記録した従軍日記『刻々日記』は、城中の鉄砲を五百三十挺とし、その内訳を三の丸三百挺、二の丸二百挺、天草丸三十挺としている（「肥前国有馬高来郡一揆籠城之刻々日記」『島原半島史』中巻）。

諸記録に現れた鉄砲数をみると、島原の一揆勢が口之津の島原藩「御用蔵」（武器庫）から奪った鉄砲が「五百余挺」とされる。天草一揆が島原からの加勢人数と合流して本渡合戦に向かう時の鉄砲数が「百挺」とも「三百挺余」とも証言があるが、島津方から本渡に探索に出された出水郷士の「三百挺余」という見立ては信用できるのではないか。

島原側が持っていた鉄砲はどのくらいだろうか。島原藩の口之津「御用蔵」の鉄砲が「五百挺余」に及んだかどうか分からないが、島原藩の南蛮船襲来に備えた沿岸防備体制との関係で、口之津・原城の周辺地域の村々には在地鉄砲組織が整備されていたはずである。「惣じて島原の百姓は余国に替わり常に鉄砲を能く打つ者也」という『島原一揆松倉記』の記述は、こうした在地状況をうかがわせる。また、有馬氏時代の拠点城郭である原城の膝下にあたる有馬村の北岡は鉄砲の製作拠点であった。

有馬村の北岡の「鉄砲屋大膳」＝「鉄砲鍛冶北岡大膳」は、島原藩の依頼に応じて千挺もの「六匁玉の筒」を製作した鉄砲製作職人の棟梁であり、「鉄砲屋」であった。先の山田右衛門作の供述書に「北岡鍛冶」とあるが、「鉄砲屋大膳」は鉄砲鍛冶を含む鍛冶集団を統轄し、その他の台師・金具師などの鉄砲関係職人を擁して有馬村の北岡で鉄砲製作を行っていたとみてよい。また、鉄砲屋大膳は「千挺」の鉄砲を製作・納入しているところからみて、玉と玉薬（火薬）も製造・調達していたとみられる。

以上を整理すると、城中の鉄砲は、口之津の武器庫の鉄砲、鉄砲屋大膳の提供した鉄砲、一揆勢持ち込みの鉄砲などで構成されており、単純計算すると二千挺という数字もあながち根拠のない数字ではない。

また、天草は「天草筒」の製作地である。大矢野・上津浦の一揆勢は富岡城攻略に際して三百挺程度の鉄砲を用意している。またこの時期、下島南部の河内浦郡代所の近郷の村々では三百挺の鉄砲を準備して一揆に参加しようとしていた。大矢野・上津浦の一揆勢は島原に渡海するに際し三百挺程度の鉄砲を持ち込んでいたとみられる。したがって原城の一揆勢は少なくとも千梃程度の鉄砲を所持していたとみられる。

一揆勢は、オランダ船を加えた幕藩軍の石火矢・大筒による攻撃に悩まされつづけるが、城中に重火器の類いが皆無ではなかったようである。寛永十四年十二月二十四日に久留米藩有馬氏の陣場に落ちてきた有馬北村の雅楽助によると、「城内には七挺の大筒があり、一人持ちの大筒三挺を実際に見た」と供述している。実際、寛永十五年一月十三日にオランダ船が砲撃を開始すると、城中も撃ち返している。自らオランダ船を率いている商館長の日記には、「城中からも船に向けてマスケット銃で二発撃ったが、船は満員だったにも拘わらず、誰一人怪我しなかった」と書いている。この城中の銃について、豊後府内藩主日根野織部は、「拾五匁程の鉄砲」と判断している。「鉄砲屋大膳」が製作していた可能性が高い。

火薬

一揆勢の軍事的な泣き所は火薬の乏しさにあった。一揆蜂起直後の島原城攻めを一日で撤収し、また、本渡合戦で唐津勢を撃破したあと、「やれるのではないか」と臨んだ天草の富岡城攻めに失敗した最大の原因も、鉄砲の玉薬（火薬）が払底したことにある。一揆勢には鉄砲の打ち手が揃っていただけに、火薬の絶対量が一揆勢の戦力を左右した。一揆勢は籠城に際してこの戦略的課題を解決していたのであろうか。

火薬は硝石・硫黄・炭をもとに製造される。問題は硝石である。硝石は基本的に輸入品であったが、近世初頭には厩舎・台所の床下の土などをもとにした製造方法である「土硝法」が普及している。一揆勢が火薬を製造した形跡もある。有馬村の日野江城の近くには塩硝蔵があったとされ、また、府内藩日根野家臣の蜂屋一郎兵衛の書上げに、「千本木にて一揆どもが、塩硝を煎っているようだと取沙汰している」とあり、島原城北方の三会村千本木において「塩硝」を製造していたようである（「嶋原覚書」）。

一揆勢の火薬入手先として明らかなのは、一揆蜂起に際して管理下の置いた口之津の「御用蔵」の「鉛弾七箱　銃薬二十五箱」と、寛永十五年二月二十一日、一揆勢が大名諸家の陣場を夜襲して奪った「鉄砲の薬箱二荷」の存在である。

城中の玉薬の枯渇化は寛永十五年二月に入って目立っている。松倉家臣の佐野弥七左衛門の覚書には、「城中では二月初めより兵粮・玉薬が尽きているようである」とある。熊本藩主細川忠利は、二月四日付けの書状で「玉薬については落人の口は合っている」とし、二月六日付けの書状では「一揆勢は惣攻めに備えて玉薬を惜しんでいるのか、このごろは鉄砲を打ってこない」と報じている（『綿考輯録』

第五巻）。そして二月十三日ごろに捕らえられた落人も「玉薬は全くない」と証言している（「天草陣雑記」）。

原城から発掘されたキリシタン遺物のなかに、鉄砲玉を鋳つぶして作ったメダルの類いが存在する。城中のキリスト教信仰を考えさせる遺物であるが、同時に貴重な鉄砲の鉛玉を鋳つぶしている事実は、鉛玉を打とうにも、打てない事態が城中に招来していたことを想定させる。一揆勢は、総攻撃の六日前、寛永十五年二月二十一日の夜に敢行した夜襲において「鉄砲の薬箱二荷」を奪っている。二荷とは積み重ねられた火薬箱の二つの山である。一揆勢はまとまった量の火薬を手に入れた。

総攻撃の際、城中にあった玉薬は、夜襲で手に入れた「鉄砲の薬箱二荷」がその全てに近いものだったと思える。幕藩軍による総攻撃の一日目、小倉藩主小笠原忠真によると、その日の夕刻、幕藩軍が本丸の石垣にとりつくころには、一揆勢の反撃は「石を打つばかり」であったとしている。

石

鉄砲とならんで一揆勢の主力武器となったのが石である。玉薬の量的な限界を考えると、石は鉄砲以上の一揆勢の主力の武器だったといってよい。一揆勢は原城の周囲に「塀」、「城塀」と称する土塁と舟板で拵えた板塀をめぐらし、「塀裏」と称する塀・土塁の裏側に堀を拵え、そこに石を集積していた。領主側も井楼からの偵察で一揆勢が塀裏に石を「人毎にかためて置いている」ことを確認している。

寛永十五年正月元日、幕藩軍を迎撃した一揆勢は、五十、二百人、三百人と原城下の海岸に出ては、裸になり海中から石を集めている。細川家臣は「元日の合戦で城内の石を投げ尽くしたのであろうか。

海上の番船が石火矢・大筒で砲撃しても驚きもしない」と記録している（「志方半兵衛言上書」）。元日の攻防戦で一揆勢が投げつけた石のおびただしさが想像される。一揆勢は、海岸の石をある程度取り尽くすと、原城の二の丸・三の丸・出丸の石垣の裏側を掘り起し、裏込めの栗石を掘り出していたとみてよい。その数量も厖大であった。

石は投げるだけではない。一揆勢は「角木にて石をはねる」武器を作っていた。「やかん（薬缶）程の石」を二十メートルぐらい投げ飛ばし、領主側を不思議がらせた。

寛永十五年二月二十七日の原城総攻撃においても石は主力武器となった。秋月黒田家の家臣が一揆勢の老婆に石臼を投げつけられているシーンなど、秋月藩の「島原陣屏風図」でもひときわ異彩を放っている。福岡黒田家の家臣の大井一右衛門などは兜に当たる石を十八度まで数え、後は数えなかったという（檜垣元吉『近世北部九州諸藩史の研究』）。実際、あとでみるように、総攻撃の際の細川勢の手負いの原因となっている武器をみると、「石手」が群を抜いて多い。また、余談ながら、かの剣豪宮本武蔵も中津小笠原家のもとで参陣し、石手で負傷している。

以上、城中の兵站についてみてきた。城中の兵站全体についてみれば籠城当初から十全といえる状態にはなかった。最も準備された兵粮についても、幕藩軍との本格的な攻防戦に勝利した寛永十五年正月元日の夜に兵粮確保をめざした夜襲が計画されている。この直後に着陣した熊本藩主細川忠利は、「かように玉薬・薪・兵粮が尽きていれば、敵は必ず夜襲を仕掛けてくる」との見方を示している。実際、一揆勢の夜襲は何度も計画され、それが敢行されるのは、それから約一ヵ月後の寛永十五年二月二十一日である。幕藩軍の総攻撃は一揆勢の夜襲の六日後になる。

第五章　原城戦争

寛永十四年（一六三七）十二月上旬から約三ヵ月にわたる一揆勢と幕藩軍との原城攻防戦は、一揆勢の「なで切り」（全員殺戮）を方針とした幕藩軍と、城を死守して「デイウス（神）への奉公」をめざす一揆勢との全面的な軍事対決となる。原城をめぐる攻防戦は、一揆勢と幕藩軍の「原城戦争」というべき様相を呈している。原城戦争の過程をみていこう。

1　初期の攻防戦

寛永十四年十二月上旬から同十五年二月末までの三ヵ月に及ぶ原城戦争は、寛永十五年一月中旬から二月上旬にかけての城中と幕府上使側との交渉の期間をはさんで時期的に大きく二分され、交渉期間にいたる攻防戦の初期においては、一揆方が優位な戦闘状態にある。

初期の攻防戦は、寛永十四年十二月十日に始まり、同十二月二十日と寛永十五年正月元日にくり広げられ、いずれも一揆勢が幕藩軍を撃退し、寛永十五年正月元日の攻防戦では幕府上使の板倉重昌を敗死させている。

最初の遭遇戦

一揆征討の幕府上使を命じられた板倉重昌（三河国深溝藩主、一万五千石）らが、島原城に着いたのが寛永十四年（一六三七）十二月五日である。板倉重昌と相役の使番・石谷貞清が幕府上使に任命された十八日後、幕府年寄の松平信綱と美濃大垣藩主（十万石）の戸田氏鉄が幕府上使に任命され、板倉は島原に到着する数日前に新たな上使が任命されたことを知っている。島原到着の直前、板倉は熊本藩領の高瀬（現・玉名市）に到着すると、鍋島・有馬・立花・細川の四家に出動を命じている。

一揆蜂起から一ヵ月半、幕府上使のもとでようやく幕藩軍が組織され、一揆勢と対決するようになる。板倉らが、島原・天草の一揆勢が原城に立て籠もっていることを最終的に確認したのは十二月九日であり、翌十二月十日の朝、原城に着陣すると幕藩軍は攻撃を開始している。

原城は上使の予想を超える要害であった。城の東南北の三方が海に面して切岸になり、西側は深田と塩浜があって攻めるのに足場が悪かった。一揆勢が城の周囲に城塀（土塁と板塀）をめぐらした城ぎわの構えも上使の予想を超えていた。それでも上使たちには、どうせ「百姓ばら」の集まりであり、数日間のうちに片づけるつもりで着陣したその日に城攻めを始めている。

幕藩軍の主力は松倉・鍋島・有馬（久留米藩）・立花の四家の軍勢である。『徳川実紀』の記述を引用すれば、「松倉勢を浜手の先手とし、鍋島勢を山手の先手とし、有馬勢も引きつづく。さて原の城をかこみ、鬨をあげ、鉄砲をうちかけ」て攻めたが、足場が悪く、百五十m以上も離れた場所から「ちいさき鉄砲」（火縄銃）を「ぼつぼつ」撃つ状態で、ほとんど攻撃にならなかった。

そこで上使は、午後から石火矢・大筒を撃たせ、城方を「すくめ」ておいて城ぎわに向けて攻める方策をとっている。しかし、城の北側からの寄せ場が低く、城塀からの一揆勢の鉄砲と石投げとによって寄せ手がほとんど城ぎわまで近づけなかったというが実状であった。したがって死傷者の人数は少ない。死者はなく、松倉勢の手負い五、六人、鍋島勢の手負い数人といった程度である。

上使の板倉重昌にとって、先が思いやられる最初の城攻めであった。有馬勢は「年寄」ばかりだし、鍋島勢は積極的に動こうとはしない。鍋島勢は、石火矢はむろんのこと、城攻めに不可欠な竹束も用意していなかった。板倉も「鍋島衆はとかく、こぬるき衆」と酷評している（『熊本県史料』中世篇二）。

ともかく最初の攻防戦を経験した上使は、当面の方策として石火矢・大筒で一揆勢を「すくめ」つつ、井楼（材木を井桁に組み上げた櫓）と竹束・柵を城ぎわに接近させていく仕寄を進める方策をとった。

十二月二十日の攻防戦

一揆勢と幕藩軍の本格的な攻防戦は、寛永十四年十二月二十日に始まっている。この日の城攻めは、幕府上使としてそろそろ結果を出す必要を感じていた板倉重昌の命令で実行された。十二月十八日、板倉は、同二十日に三の丸から城攻めを行うことを決め、鍋島・有馬・立花・松倉の諸勢に竹束をもって城ぎわに接近していく仕寄を命じている。

ところが、前日の十二月十九日の夜、長崎奉行の榊原職直・馬場利重が板倉重昌に、鍋島勢による三の丸の出丸である天草丸への攻撃を提案し、急遽この作戦が実行されることになった（「立花立斎島原戦之覚書」『島原半島史』中巻）。榊原・馬場の作戦は、鍋島勢に天草丸を、立花・松倉勢に三の丸をそれぞれ攻めさせ、三の丸攻めの立花・松倉勢に鬨の声をあげさせ、一揆勢が鬨の声に驚き、三の丸方面に向かうすきに鍋島勢に天草丸を乗っ取らせるというものである（「志方半兵衛言上書」）。

板倉重昌は幕藩軍の最高指揮官であるが、内情は複雑である。板倉は小倉に着くと、一揆征討の軍勢を島原、長崎、天草の三つの方面軍に分け、長崎派遣の軍勢は長崎奉行を上使とし、自らは島原に向かう鍋島勢・松倉勢を率いた。長崎は平穏だったことから、長崎派遣の久留米藩有馬勢・柳川藩立花勢は原城攻略に合流するが、長崎奉行の榊原職直・馬場利重と有馬勢・立花勢との関係は残された。二十日早朝の立花勢の抜け駆けは、作戦を提案した榊原・馬場の了解のもとで実行されたとみてよい。

柳川藩主立花宗茂の『立花立斎島原戦之覚書』によると、十二月二十日の未明、午前四時ごろ、鍋島勢の方角から「鬨の声」があがったが（「立花立斎島原戦之覚書」『島原半島史』中巻）、小倉藩主小笠原忠真が入取した情報によると、この声は鍋島勢の「鬨の声」ではなかった。小笠原忠真は「二十日の午前四時ごろから城中の一揆どもがキリシタンの唱え（オラショ）を同音し、その後鬨の声をあげた」（「岡山藩聞書」）と書状に書いている。一揆勢は、幕藩軍の仕寄をみて、城攻めがあることを事前に察知し、立花勢が行動を起こすと即座に対応したものといえる。立花勢は、一揆勢の「鬨の声」を鍋島勢の合図の声と思ったのか、三の丸の塀ぎわに攻撃を開始した。立花勢の抜け駆けであった。

上使の板倉重昌・石谷貞清は立花勢のもとに二度三度使いを送り、「何で攻撃を仕掛けたのか。軍勢を引きあげさせよ」と伝えたが、立花勢はなおも攻撃をつづけ、榊原と馬場が「是非引きあげよ」と諭して、ようやく立花宗茂も軍勢を退いている（「立花立斎島原戦之覚書」『島原半島史』中巻）。

三の丸の城ぎわでの立花勢の死傷者は家臣十人をはじめとして三百人に及び、また天草丸の鍋島勢でも諫早鍋島家臣の十人をはじめとして二百七十余の死傷者を出し、引き返した（「島原陣日記」）。十二月二十日の城攻めは幕藩軍の完敗であった。鍋島勢は敗走する時、鍋島勢の陣小屋まで焼くというおまけがつき、一揆勢は「手をたたいて笑い合った」という（「志方半兵衛言上書」）。

城中で同音される祈りの唱え。「男が鉄砲をうち、石を投げ、女は男のもとに石を運ぶ」という団結力（「志方半兵衛言上書」）。「城のうち、手ごわく」、幕府上使はじめ、出陣諸大名がいだきはじめた実感である。

十二月二十六日、上使は軍令を出し、改めて諸大名家に対し、上使の下知・指図に従うべきことを命じた（「有馬陣覚書」）。

元日の攻防戦

寛永十四年十二月晦日の朝、幕府上使の板倉重昌は、有馬・松倉・鍋島・立花の四家の家老を招集し、明日早朝の原城「惣乗り」（総攻撃）を命じた（「立花立斎島原戦之覚書」『島原半島史』中巻）。元日の総攻撃である。その前日、板倉は四家の家老と話し合い、家老側の要望で、当面、進んでいない仕寄を継続し、仕寄を進めた上で城攻めを行うことを確認していたばかりである。その夜、板倉は思い悩んだものと思える。そして、総攻撃の意を決している。

佐賀藩家老の多久茂辰によると、板倉から招集を受けたのは、大晦日の朝ではなく、その日の夜だとしている。さすがに板倉も、前の晩に「明日の早朝、総攻撃を行う」とは命じていないと思えるが、いずれにしても、四家はにわかに「惣乗り」を命じられたことになる。

年も押し迫るにつれ、幕府上使の板倉重昌と石谷貞清はあせっていた。十二月二十日の城攻めで改めて城ぎわの城塀を越える困難さ、一揆勢の手ごわさを経験し、城攻めの基本として陣地を城ぎわに近づいていく仕寄方式をとっていた。仕寄には日数がかかる。板倉と石谷を憂鬱にさせたのは、新たな幕府上使が島原に近づいていたからである。今度の上使は年寄（老中）の松平信綱と譜代大身の美濃大垣藩主の戸田氏鉄という大物である。一揆制圧後の処理、島原・天草の統治を主目的とした上使派遣であるが、肝心の一揆制圧が、原城の要害と一揆勢の戦闘力のまえに具体的な進展をみせていない。松平信綱の着陣以前に目途をつけておかねばならない。

こうして十二月晦日の朝、板倉重昌と石谷貞清は四家の家老を招集し、明日の「惣乗り」（総攻撃）を命じた。攻撃開始の時刻は「七ツ時」（午前四時ごろ）と決められており、四家は準備にかかると、そのまま出陣した格好である。

元日の惣乗りは、これまでのように城を三方から取り巻いて攻めるのでなく、三の丸方面からの攻撃にしぼり、先陣に有馬勢、二番に松倉勢、三番に鍋島勢、四番に立花勢の順で攻め入ることにした。城攻めの開始は午前四時ごろ、夜明けとともに始めることになっていた。ところが有馬勢は「鶏鳴」（午前二時ごろ）に攻撃を開始した。時間を間違えたということになっているが、またしても抜け駆けである。

一揆勢は幕藩軍側の動きを事前に察知していたようである。三の丸の崖ぎわまで押し寄せた有馬勢を鉄砲で迎撃し、退却を余儀なくさせている。鍋島家の家譜『勝茂公譜公補』は「須臾の間（あっという間）に算を乱して」退却したと書いている（『佐賀県近世史料』第一編第二巻）。この日の有馬勢の討死は侍九十一人、手負いは侍百七十五人、雑兵の討死・手負いは千百人余に及んだ（同書）。一揆勢の迎撃のすさまじさを物語っている。有馬側は死傷者の詳細を伏せている。

朝の四時ごろ、板倉重昌の備えから出撃合図の石火矢が撃たれた。板倉は、予定どおり諸手に出陣を命じるが、先手の有馬勢の惨澹たる敗北にこりたのか、どの部隊も城ぎわに向かって動こうとしない。すると板倉は思いもかけない行動をとった。板倉重昌は馬から降り、幕府上使みずから先手として城ぎわに向かって進み出したのである。近くにいた諸大名家の使者が、あわてて有馬勢が捨てていた竹束を拾って板倉につけさせた。そして鍋島・松倉・立花の諸勢も三の丸の崖に向けて動いた。

一揆勢は見事な迎撃をみせた。まず崖下におびただしい松明を投げた（「島原日記」）。一帯を明るくするためである。ついで敵を十分引きつけて鉄砲を撃ちたてた。塀ぎわに取りつく者には石を「雨のふるほど」に投げつけ、さらに近づく者には煎った灰や砂を投げつけ、塀に手をかける者は「鈍長刀・どす物」で切りつけた。鍋島勢のように「橋」をかけて塀を乗り越えてくるものは槍・長刀で「切り落とした」。

先手の鍋島勢の死傷者は信じがたい人数になっている。討死は大頭一人、物頭六十二人、歩士百十人、小頭二百二人、都合三百八十一人、雑兵の討死・手負いは実に二千五百人余にのぼった。二番備えの松倉勢では、侍の討死十七人、手負い四十九人、雑兵の討死三百二十七人、牢人の討死二十七人を出した（「肥前国有馬高来郡一揆籠城之刻々日記」『島原半島史』中巻）。たまらず立花勢・松倉勢が退却し、鍋島勢も退いた。

石谷貞清は退却した松倉・有馬・立花の軍勢に戻るように何度も命令するが、動かなかった。とくに松倉勢は頑として動くそぶりを見せなかった。悲劇はこうした状況で起こった。

狙撃された幕府上使

城壁の下に板倉重昌が残されていた。板倉は、采配をあげて後陣を招くが、「一人も」動く気配はない。その時、一発の銃弾が竹束の隙間から板倉の肩筋を貫いた。「下針の金作」と異名をとる三会村の金作の放った銃弾ともいわれている。弾防ぎの竹束のわずかに空いた隙間を打ち抜いたというから、噂に違わぬ狙撃の名手といえる。

板倉と一緒にいた相役の上使の石谷貞清は、板倉が「塀に手をかけ討死した」と述べている。下知すれども誰も近づこうとしない状況のもとで、幕府上使自らが三の丸の塀の上に登ろうとして撃たれたことになる。時刻は朝の午前八時ごろ。即死ではなく、板倉重昌は陣小屋に収容され、同日の昼過ぎに死去した。幕府上使の討死に城内では勝利の鬨の声があがった。「サンチャゴ」という鬨の声である。

元日の正午、寄せ手の総勢が引き取った。この日の寄せ手の討死は七百七十七人。手負い三千百七十三人。城内の討死・手負いは九十人程度といわれる。幕藩軍の記録的な敗北であった。幕藩軍が大敗北をした原因はいくつかある。まず、思いつめたような上使の板倉重昌には全軍への戦略的な指揮能力が欠けていたといわざるをえない。

そもそも原城の要害に加え充実した鉄砲力を持つ一揆勢を攻略するには、幕藩軍の人数が不足していた。また、当時の幕藩軍の軍勢で「惣乗り」を実行するには、出陣の四家と板倉ら幕府上使との緊密な連携が必要であった。ところが有馬勢が抜け駆けをした上、甚大な死傷者を出した鍋島方が、「松倉殿手前・有馬兵部殿・立花左近殿、ことの外手ぬるく」「松倉殿手前、なかんずく手ぬるく」と味方を酷評するあり様である。

四家の死傷者は尋常な人数ではない。城ぎわに向けた陣地構築（仕寄）が全く不十分な状況のもとで城攻めを決行し、城ぎわの土塁と塀に守られた一揆勢が、城壁をよじ登ろうとしている幕藩軍を餌食にした格好である。城ぎわから退いた四家の軍勢が、板倉が城壁から下知しても動かなかったのは当然といえる。板倉にはもはや、理性的な指揮能力はなかった。

幕藩軍のなかから「今の状態なら寄せ手は皆殺しにあうだろう」とか、「この城が落ちるとは思えない」との悲観した観測も出ている（「岡山藩聞書」）。

2　第二の幕府上使の派遣

天草征討の上使

将軍家光は、板倉重昌と石谷貞清を一揆征討の上使として派遣した十八日後、寛永十四年（一六三七）十一月二十七日に、第二の上使として幕閣の中心人物と有力譜代大名の派遣を決めている。幕府年寄の一人、松平信綱と美濃大垣藩主の戸田氏鉄である。

家光が、松平信綱・戸田氏鉄を上使に任命したのは、前任の板倉重昌が小大名で九州の外様大名への抑えがきかないから、新たに大物の上使を任命したというものではない。唐津藩天草領での一揆蜂起・活発化という新たな事態が招来したからである。

十一月九日に板倉重昌と石谷貞清が上使として派遣される時点では、島原藩領につづいて天草領で一揆が蜂起したとの知らせは届いていなかった。板倉・石谷の任務は、むろん島原一揆の征討にあった。ところが、両上使の出立直後、江戸に天草一揆の報が伝えられ、その後、天草における一揆の活発化が伝えられており、家光が松平信綱と戸田氏銕を上使に任命したのは、第一には島原藩領につづいて蜂起した天草領の一揆の征討にあった。そして四人の上使のもとで島原・天草両地域の一揆も早晩制圧されるはずであり、松平と戸田の主要な任務は、島原・天草両地域を制圧したあとの戦後統治にあった。

実際には、松平と戸田が下向する途中で天草と島原の一揆勢が連合して唐津藩天草領の拠点である富岡城を攻め、これに失敗すると、両一揆は島原藩領の原城に立て籠もるようになっていた。松平と戸田は天草に向かう必要がなくなり、島原藩領の原城に向かうことになる。しかし、板倉と石谷は原城の攻略に手こずっていた。

決まっていた一揆勢「なで切り」の方針

上使の松平信綱と戸田氏銕の主要な任務は、島原藩領・天草領の一揆を制圧したあとの戦後統治にあるが、注目したいのは、松平・戸田の派遣に際して一揆勢の全員殺戮の方針が決められていることである。松平信綱が江戸を立つ二日前、佐賀藩主鍋島勝茂は国元に送った十二月一日付けの書状において次のように申し送っている（「勝茂公譜考補」『佐賀県近世史料』第一編第二巻）。

この度、松平信綱殿・戸田氏銕殿が島原表の御仕置のため今月の三日に江戸を立たれるので、その心得をせよ。両人が御下りになるのは、島原・天草の一揆勢は男女によらずなで切りを命じられたので、荒地となる両所の御仕置のためであり、来年の二月か三月まで島原表に逗留される。

幕府は、島原表につづいて天草領で一揆が蜂起し、活発化したことを重視し、島原・天草の二つの一揆を軍事的に制圧するだけでなく、一揆勢全員の「なで切り」（全員殺戮）方針を打ち出し、その結果「荒所」となる島原・天草の復興を含めた戦後処理を両上使派遣の主たる目的としている。

そのために、新たに派遣する両上使には、家光の上意を受けずに現地で権限を行使しうる全権が付与されていた。上使の一人に年寄の松平信綱を充てた理由もここにある。そして幕府は、一揆の軍事的制圧、一揆勢の「なで切り」、荒所となった島原・天草の復興のために両上使が現地にとどまる期間を二、三ヵ月とみていた。松平信綱・戸田氏鉄の現地到着が寛永十五年一月初旬、一揆制圧が同年二月末日、両上使が島原・天草の仕置を終えて長崎に向うのが三月十六日なので、幕府の読みはほぼ当たっていたことになる。

干し殺しと開城交渉

原城の一揆勢と幕藩軍の戦闘は寛永十四年十二月十日、同二十日、寛永十五年正月元日に行われているが、いずれも一揆勢が圧倒し、元旦の戦いでは幕藩軍の最高指揮官たる上使の板倉重昌を戦死させている。幕府は当初、一揆をそれほど深刻に考えていなかった。ところが、松平信綱は現地へ向かう道中で板倉の戦死を知り、下着して原城の堅固さと一揆勢の布陣をみて城攻めの計略を変える。

寛永十五年一月四日に着陣した幕府上使の松平信綱は、まず、これまで幕藩軍の攻撃をはねつけていた一揆方の城ぎわの防御・攻撃施設である城塀（土塁と板塀）の砲撃による破壊を目ざし、砲撃にはオランダ船の大砲も投入した。ついで諸大名の陣地を城ぎわに接近させる仕寄策をとり、一月中旬から原城の一揆勢を重包囲して城中を飢餓状態に追い込む「干し殺し」策をとりつつ、一揆勢を分断し、精神的に消耗させるため矢文による城中との接触を図った。

城中に向けた矢文は一月十日ごろから始まり、城中もこれに応じたことで、一月中旬以降、幕府上使側と城中との交渉が行われた。城中の思惑は開城（降伏）の条件と可能性をさぐることであった。上使側は、一揆勢に対し「壱人も助け候事成るまじき」ことを原則としつつ、無理やりキリシタンにさせられた「ゼンチョ」（異教徒）の赦免をちらつかせることで城中を切り崩すこともねらっていた。

城中からも矢文を出し、使者を送り始めている。契機となったのは一月十三日からオランダ商館が加わって激しさを増した砲撃である。城中からの使者は、まず一月十五日に上津浦惣右衛門と名乗る者が「さい」（采配）を振って「矢留」（休戦）を求め、鍋島勢の陣場に現れた。同十七日には幹部の池田清左衛門が出てきている。城中からの矢文もこの時期がピークとなる。有馬家牢人の山田右衛門作が旧主家筋の有馬氏と矢文で接触し始めるのもこのころである。

3 「神の国」の参戦

参戦の売り込み

原城の攻撃には、平戸のオランダ商館も参加している。平戸のオランダ商館が、島原藩領の「農民」たちの「叛乱」を知ったのは寛永十四年十一月一日であり、二日後には天草の「叛乱」を知っている。商館側は、当初、この一揆を「農民」の「叛乱」としていたが、その後、一揆に大量のキリシタンが加わっている事実を認識すると、キリシタンたちが「心を鬼にして農民に合流」したとの見方をとって自らを納得させ、以後、事態を農民とキリシタンの合流した「叛乱」との立場をとって参入の機会をうかがっている。

オランダ商館は、この「叛乱」の勃発を好機と捉え、積極的に幕府上使側に「奉仕」を申し出ている。幕府上使側も、商館側の申し出を受け、三つの段階を意識しつつ原城攻撃にオランダ商館の協力・参加を求めている。オランダ商館の協力・参加の三つの段階とは、①火薬の提供、②火薬と大砲の提供、③オランダ船＝オランダ商館の攻撃参加ということになる。

オランダ商館による幕藩軍側への火薬提供であれば、貿易活動の延長として理解されないこともないが、商館側からの火力（大砲）の提供は、大きくいえば外国＝オランダからの軍事力の協力であり、オランダ商館の攻撃参加に発展する可能性もあった。②と③との間には、その後の国家の外交方向を決する政治判断も関係してくることになる。③は、オランダ商館というオランダの国策会社の攻撃参加であり、国家次元での戦争協力との意味あいももってくる。

商館側は、島原・天草の「叛乱」を絶好の機会ととらえ、「叛乱」鎮圧の権限を任された幕府上使の板倉重昌・石谷貞清の派遣を知ると、プレゼントを送り、「われわれの力で出来ること」は何でもすると「奉仕」の意思をアピールした。そして、寛永十四年十二月十三日、まず上使側からの火薬の援助依頼を受ける。そして同年十二月二十七日には、上使から「最も大きな大砲五門」と、これに合う火薬の提供を求められている（『平戸オランダ商館日記』）。オランダ船＝オランダ商館の攻撃参加へと進むのは時間の問題だったかも知れないが、それは幕府の外交判断をともなうものであり、板倉重昌では決断できなかった。

陣中で決まった「鎖国」の枠組み

そしてオランダ商館が、新たな幕府上使として着陣した松平信綱から大砲・火薬の提供ではなく、原城攻撃への参加を求められたのは、寛永十五年一月六日のことである。すなわちこの日、商館長は、平戸藩主松浦鎮信から「未だ平戸にいる船はすべて大砲と共に有馬の陣中に直ちに送り、来させる様に」との松平信綱の「命令」を伝えられている。幕府が、オランダとの関係のもとでポルトガルとの外交関係を断つという、いわゆる「鎖国」に向けた外交の枠組みが事実上決まった瞬間といえる。

松平信綱は寛永十五年一月四日に着陣しており、着陣と同時に国策次元の判断をしていることになる。思うに幕府は、島原・天草一揆直前の時期には「鎖国」に向けた外交の方向を固め、キリシタン一揆が起きたことで、板倉重昌についで戦後処理も含め年寄の松平信綱を上使として派遣するに際し、場合によってはこの国策を前倒しで判断する権限を松平信綱に与えていたことも想定される。

寛永十五年一月十一日、「商館長自ら」オランダ船を率いて原城沖に到着した。上使側は、将軍に対するオランダ商館側の「奉仕」の気持ちに感謝し、一揆終了後、「出来るだけオランダ人の利益」を図ることを約束している。商館長も幕府上使に対し、「ポルトガル人がこなくなれば」、日本の利益となる貿易に努めることを約束した（『平戸オランダ商館日記』）。オランダ船による砲撃は一月十三日から始まっている。

オランダ船の城中砲撃

オランダ商館による砲撃は、寛永十五年一月十三日から同二十七日までつづけられた。城中に向けた砲弾は十五日間で都合四百二十二発に及んだ。最も多い一月二十四日には陸上から六十発、海上から十三発が撃たれた。これに大名陣地からも石火矢が放たれており、一月中下旬に城中に撃ち込まれた砲弾はおびただしい数量にのぼる。城中では毎日数十人レベルで死傷者を出していたと想定される。

ただ、商館長自身は、幕府上使から要請があったオランダ船による砲撃はたいした成果をあげていないとみていた。砲撃対象が堅い石垣や木材のようなものであれば破壊効果があるが、城中の周りを粘土で固めた土塁の胸壁、藁小屋では砲撃の効果がうすいと商館長はみていた。しかも細川氏や鍋島氏など大名側では、「この事件に外国人を参加させることは避けた方がよい」と反対する意見が強かった。

それでも松平信綱がオランダ商館に参加を求めたのには、三つのねらいがあった。第一に、松平信綱は着陣すると、城攻めの方策として、これまで幕藩軍の進攻をさまたげてきた城の周囲の城塀を砲撃で破壊することに重点を置いており、砲撃にオランダ船の火力を加え、砲撃効果を倍加させることをねらっていた。第二に、キリスト教国のオランダに城中のキリシタンを砲撃させることでオランダの「忠節」度を確かめつつ、城中に絶望感を与え、抵抗意識を萎えさせ、近く予定している城中との降伏交渉の条件をつくり出すことであった。

そして第三には、砲撃は、長崎の出島と海外から関心を持って見守っているであろうポルトガルに向けたものだった。幕藩軍とオランダとの共同の軍事行動を見せつけることによって、客観的な可能性はごく低いものの、ポルトガルが原城のキリシタンを救援し、外交的な挽回を図ろうとする行動を抑止せんとしたものである。

そして松平信綱は、潮時とみたのか、寛永十五年一月二十七日、大砲の大部分を残すことを条件にオランダ商館を「解任」し、平戸への帰港を命じている。商館長は、いつまでつづくか分からない拘束から解放されたことを喜んだ。同時に商館長は、この島原・天草の「叛乱」が起こったことでオランダが「のぼり坂」に向かい、ポルトガルが「再起不能」となることを予測し、日本の外交が決したことを実感した（『平戸オランダ商館日記』）。オランダ船が去ったあと、幕府上使と城中との降伏交渉が始まることになる。

島原・天草一揆と「神の国」

細川家の家譜『綿考輯録』は、寛永十五年一月二十七日の条に、熊本藩主細川忠利の着陣と松平信綱によるオランダ船への帰港命令との関係について興味ある記述をしている。細川忠利の申し入れを受けてオランダ船の帰港命令が発せられたというのである。『綿考輯録』によると、細川忠利の申し入れは次のようなものである（『綿考輯録』第五巻）。

この城（原城）をいちどきに攻め落とすということなら、拙者一手にお命じになれば、軍勢の三分の一を損じないでも落としてみせる。この勇猛な軍勢をもって攻めれば、落とすことはたやすい。しかしながら一揆を相手に多くの勇士を討死させることは、「武道の本意」ではないし、上様の意向でもない。まして異国船を（攻撃に）用いられ、異国船が帰帆したあとで、異国船を用いたことを批判すれば、「日本の恥辱」である。速やかに帰帆させてしかるべきである。

熊本藩主細川忠利が延岡藩主有馬直純とともに原城の陣場に着くのは一月二十六日である。松平信綱は、使者を出して着陣した細川忠利を途中で出迎え、その夜に軍議を開いている。軍議の主たる出席者は上使の松平信綱・戸田氏銕、翌日には江戸に向かう上使（目付）の本郷勝吉、細川忠利・有馬直純などである。細川家の家譜が記述している細川忠利の申し入れは、二十六日夜の軍議の場での発言とみてよい。

細川忠利は、父忠興に宛てた二月四日付けの書状において、「ここもとにオランダ船が来て、石火矢を打つことになっている。これは要らざることと存じ、（松平信綱に）申し上げ、オランダ船を去らせることになった」と申し送っている（『細川家史料』十二）。軍議の場で細川忠利が松平信綱にオランダ船の退去を申し入れたのは確実である。

松平信綱は、忠利の申し入れを「尤もなり」とし、即座にオランダ船を帰帆させている。細川忠利の申し入れは、当時の大名が懐いていた一般的な認識であったといってよい。信綱も大名側の感情の機微を付度し、忠利の申し入れを受ける形で即座の決断をしたものと思える。『綿考輯録』には、軍議の場における松平信綱の発言が記載されている。こういう発言である。

拙者が異国船を呼び寄せたのは、一揆どもが南蛮国と申し合わせ、追っ付け南蛮より加勢が来ると百姓どもを欺いているやに聞いているからである。異国人に申し付け、砲撃させれば南蛮国さえあのような状態であり、城内の百姓どもも「宗旨の霊言」などマヤカシであることを分からせるために異国船を呼び寄せた。

松平信綱は、このように発言したうえで、「しかしながら、異国船を呼び寄せたことが日本の恥辱になることは思い至らなかった。速やかに異国船を戻すことにする」と言っている。『綿考輯録』は、藩主忠利の申し入れが松平信綱の判断に影響を与え、オランダ船の帰帆となったと記述している。

後年「知恵伊豆」と呼ばれた男である。熟慮したはずである。それでも松平信綱はオランダ船を呼んでいる。信綱は、戦後の外交戦略もにらみつつ、直接的には城攻めの障害となっている城塀をオランダ船を加えて砲撃で破壊することをねらった。同時に、追い詰められた城中の心情を考えた。

城中は必ずや「神の国」によって救済されるという期待感があるだろう。しかし、こうした「宗旨の霊言」などマヤカシであることを分からせなければならない。そのためには、キリシタン国のオランダに城中のキリシタンを砲撃させる。これは城中のキリシタンに打撃を与える。知恵伊豆はそのように考え、オランダ船を呼んだ。

そしてオランダ船を帰帆させると、信綱は城中との開城交渉に移っている。

4　幕府上使側との交渉

寛永十五年（一六三八）一月中旬から二月上旬にかけて一揆側に動きがみられる。幕府上使側との開城交渉をめぐる動きである。交渉の始まりと、打ち切りにより城中の一揆勢が幕藩軍との全面対決を選ぶ過程をみていこう。

矢文の取り交わし

城中の一揆勢と幕府上使側との交渉は矢文をもって始まっている。寛永十五年一月十日、最初の矢文は上使側から発せられている。『戸田氏鋳公記』に掲げられている矢文を現代文で示すと、次のような文面である（『綿考輯録』第五巻）。

わざわざ書状を申し遣わす。この度、古城に立て籠もり、敵になったことは残念である。しかしながら（城中の者たちは）、天下に恨みがあるのであろうか。それとも長門（松倉勝家）に一分の恨みがあるのか。その恨みに道理があれば、いかようにも望みを叶えよう。お互いに話し合って下城し、故郷の家に帰り、耕作に戻り、前々のような日常に戻れば、当面の飯米として二千石を与えよう。今年の年貢は一切納めなくてよい。その後は定免三つ成りに定め、その上、諸公役は後代まで免除し、安定した生活に戻れるように留意しよう。偽りはない。

正月十日　　　　松平伊豆守

原城中へ

きわめて寛大な文面である。城中の一揆指導部とて、ほとんど信じてはいなかったであろう。城中と上使側との具体的な交渉は、一月十五日から同二十一日にかけて行われている。

城中の一揆指導部が、上使側との交渉で主眼に置いたのは、開城（降伏）の条件と可能性をさぐることにあったとみてよい。一月二十一日、城中と上使側との矢文の応酬で交渉内容があきらかになっている。この日、一揆指導部が矢文で示した開城の条件は、「城中の三人の大将が成敗されることで、残る者たちを助命する」というものである。これに対する上使側の返事は「一揆勢は一人も助命しない。全員を成敗する」というものである。「城中の三人の大将」とは誰なのか興味深い。

一揆指導部は矢文で次なる提案をしている。「男全員が成敗に応じるかわりに、妻子を助命する」というものであるが、上使側は「一揆勢は大勢を殺しているので、たとえ虫にても助けるわけにはいかない」と返事している（「長谷川源右衛門留書」）。

上使側の返事は、ゆるぎない城中の一揆勢の全員誅伐方針である。交渉の余地のない上使側の姿勢であるが、一揆指導部は上使側の対応のなかに交渉の余地を感じとっていたものと思える。城中には上使側との交渉を望む声も高まっていた。無理もあるまい。百姓たちにとって助命の可能性がでてきたのである。一月晦日に捕まった落人も、「城中には落ちたがっている者も大勢いるが、きびしく番をつけられている」と供述している（「島原陣覚書」）。

城中と上使側との一月二十一日の交渉で、十日後の二月一日に上使側の使者が城中に入ることが決まった。上使側の使者となったのは、熊本藩に捕縛されている四郎一類の一人、天草四郎の甥の小平（小兵衛）である。そこで翌一月二十二日、熊本城の牢屋に入れられていた渡辺小左衛門、四郎の母親ら四郎一類が原城の陣場に呼び寄せられた。

城中に入った四郎の甥

一揆指導部は、寛永十五年二月一日に城中に上使側の使者を入れることに同意していた。この日は、朝から矢留（休戦）となった。島原の旧藩主である有馬直純のもとからも交渉の矢文が放たれることになっており、原城は一日中、矢留となっていたとみてよい。二月一日は、まさに交渉の日となった。

さて、この日、幕府上使側の名目上の使者とされたのは、渡辺小左衛門と四郎の姉との間に生まれたとされる小平である。四郎にとって甥にあたる八歳の少年である。二月一日、小平は二通の書状を持って原城に入った。一通は渡辺小左衛門から父の渡辺伝兵衛らに宛てた書状であるが、この書状に上使側の提案が盛り込まれていた。提案の主たる内容は、キリシタンは「当歳子」（ゼロ歳児）まで全員を死罪とするが、無理やりキリシタンにされた者たちや、「四郎が名」をかたる者によって操られている四郎自身も含めて助命する、というものである。

上使側としては、明言していた一揆勢全員の誅伐方針からみれば、随分寛大な条件を提示したようにみえる。上使側の提案ねらいは、「天下様」（将軍徳川家光）の提案として、「城中大将」の天草四郎をも助命することを打ち出すことで、城中に助命を求める群衆をつくり出し、城中の一揆勢を大きく分断して揺さぶりをかけることにあった。上使側の提案が城中の一揆勢に伝えられていたならば、城中に大きな動きをもたらしていたはずである。突如、極限的な状況にあった城中から生きて出られる光明が出てきたのである。

しかし、八歳の使者によってもたらされた上使側の提案は城中の一揆勢に伝えられていない。二通の書状は一揆指導部によって握りつぶされたものと思える。「四郎母　まるた」、「四郎姉　れしいな」から益田甚兵衛・四郎に宛てられた書状自体、甚兵衛・四郎父子には届いておるまい。

小平は、入城したその日に、城中から「柿・みかん・さとう・久年母・まんじゅう・いもの類」を入れた袋を持たされて返される。

姿を見せない四郎

使者となった小平は、懐かしい四郎おじさん、甚兵衛じいさんに会ったのだろうか。どうも小平は四郎おじさん、甚兵衛じいさんに会えていない。

二月一日の夜、城中から矢文が出された。渡辺伝兵衛ら四人を差し出し人とした返事である。返書には、「我々は天主に身命を捧げるつもりだ。落人が如何ほど出ても、城内で構うものではない」と書かれ、それでも城中から落ちていく者がいないのは、城中には無理やりにキリシタンにさせられたようなゼンチョ（異教徒）などいないと主張している。それが上使側の提案に対する一揆指導部の回答であった。

差し出しの四人の名前の下には花押まで据えられた、もっともらしい返事だった。ところが、返書を渡辺小左衛門に見せると、「筆跡が見慣れた父親たちのものと違うし、花押も相違している」というのである。返書は渡辺伝兵衛らになりすました一揆指導部が書いたものだった。

一揆指導部は、四郎はおろか、渡辺伝兵衛（渡辺小左衛門の父）ら四人の差し出し人にも小平と応対させなかった。肉親・親族が応対すれば、血のつながりから情もめばえ、上使側の誘いに乗る恐れも出てくることを危惧したのではないかと思える。一揆指導部にとって幕府上使側の誘いは脅威だった。無理やりキリシタンにさせられたゼンチョはおろか、改心し、キリシタンを捨てる者も助命するという提案である。

さらに脅威だったのは、四郎を「大将」としながら、その実体は「四郎が名をかりた」者たちが城中を牛耳っていると看破され、四郎自身も助命の対象とされていることである。四郎や甚兵衛を使者の小平に会わせるわけにはいかない。渡辺伝兵衛たちも小平に会せれば上使の提案が城中にもれる恐れがある。「四郎が名をかりた」一揆指導部が、上使側との応対を完全に取り仕切っていたものといえる。そもそも渡辺伝兵衛らが生存していたのかどうかも疑問である。

「四郎法度書」の布達

一揆指導部の意思は、二月一日の日付で出された「四郎法度書」に明確に示されている。「四郎法度書」については、前章のなかで全条項を現代文にして示しておいた。そこで説明したように、この法度書は、熊本藩細川家が、原城の落城後、落人などの取り調べを通じて寛永十五年二月一日の日付をもって出された城中法度というべきものの存在をつかみ、落人などの供述をもとに復元したものである。あくまで領主側の手によって復元されたものであるが、実際、「四郎法度書」に近いものが「益田四郎　ふらんしすこ」の名で出され、村々の惣頭（村役人）を通じて城中に周知徹底されたとみてよい。「二月一日」という日付はそれだけの蓋然性を有している。

一揆指導部は、この日に始まった上使側との交渉に期待する城内の思惑を一蹴し、改めて領主側との世俗的な妥協の余地がないことを示し、城中の一揆勢に対して、祈りと戦いを通した「城中の神」たる「四郎殿」への「奉仕」を命じた。

大江の浜の会談

城中の一揆勢のもう一つの交渉相手は、延岡藩主有馬直純である。いうまでもなく有馬氏は島原藩の旧藩主である。有馬氏が日向延岡に国替になって、すでに二十年以上を経過しているが、有馬直純の心中は複雑であったろう。「古郷の百姓」たちが、かつて自ら居城とした原城に立て籠り、幕藩軍に敵対しているのである。

有馬直純が原城に着陣したのは寛永十五年一月二十六日であり、もはや諸家が進めている仕寄に割り込むことはできなかった。そこで直純は旧主の立場を活かして城中との交渉に奉公の場を求めた。有馬家重臣の有馬五郎左衛門の「筆記」によると、直純の要請を受けて、二月一日の午前十時ごろ、細川・立花・有馬（久留米藩）の仕寄場から都合十五本の矢文が射られている。城中からの返事の矢文も翌二月二日の夜に射られた。

こうして二月三日、原城下の大江の浜において一揆側と上使側の使者が対面することになった。二日前、四郎の甥の小平が単身城中に入ったのとは対照的に、今回は大江の浜を取り巻く「山々谷々」に上使衆・諸大名とその家臣たちが詰めかけ、城中の一揆勢も城塀から交渉を見物した。城中からの使者となった山田右衛門作が城中の内情を説明しているが、内応の意志を示している山田の二股的な立場を反映して、説明にみるべきものは少ない。双方、衆人環視のなかで城中に開城勧告をしたところに意味がある。

最後の接触

寛永十五年二月八日、四郎甥の小平が再度城中に入っている。二月一日につづく二度目の入城である。今回は四郎の妹とされるまん（万）が一緒に連れ添っている。すでに幕藩軍側では前日に城中を高々と見下ろせる釣井楼があがり、城攻めの評定もなされている。上使側としては使者を城中に入れることに大した意味をおいてはいない。二月三日、大江の浜で双方の群衆が見物するなかで城中に渡した開城勧告に対する城中の返答を聞こうというものである。いわば城中への最後通牒だった。

今回も小平には二通の書状を持参させた。上使のねらいは、一揆指導部に対して、無理やりキリシタンにさせられている城中の「ぜんちょ」（異教徒）を解放する意志があるかどうかを最終確認しようとしたものであり、もう一つには、返事もなければ、姿も見せない甚兵衛・四郎の存在を確認することであった。やはり、今回も四郎からの返事はなかった。天草四郎は、妹や甥との懐かしい、最後の邂逅の場にも姿を現さなかった。

前回の二月一日の接触の時には、城中からは「四郎法度書」を出すという強い一揆指導部の反応があったが、今回はそういう姿勢が感じられない。城中にただよう深い無力感・あきらめといったものを感じる。松平信綱の家臣長谷川源右衛門の覚書には、「城内よりの返事」として渡辺伝兵衛のむすめ婿とされる渡辺佐太郎からの返事が載せられている（「肥前国有馬高来郡一揆籠城之刻々日記」『島原半島史』中巻）。返事は、デウスの思し召しで「はらいそ」（天国）で会うことになろうと決意と送別の辞が手短に記されている。一縷の望みは断たれた。

一揆指導部は上使側の最後通牒を一蹴した。一揆勢は幕藩軍との全面対決の途を選んだのである。

5　幕藩軍総攻撃への過程

幕府上使板倉重昌段階の仕寄

先にも述べたように、幕藩軍は、最初の幕府上使板倉重昌・石谷貞清のもとで、着陣当日の寛永十四年十二月十日、同十二月二十一日、寛永十五年正月元日の都合三回、城中の一揆勢と攻防戦を行い、いずれも一揆勢に撃退された。三度目の正月元日の城攻めでは大敗をきっし、板倉は討死しているが、板倉も着陣すると、相応の城攻め策をとっている。

すなわち板倉は、一揆勢の堅固な城構え、とくに城の周囲に施された土塁と板塀からなる城塀を攻略する基本として、柵と竹束をもって陣地を進め、前線に井楼を築く仕寄策をとっている。

板倉・石谷が着陣し、最初の攻撃を命じた時、幕藩軍の陣地から城ぎわまで百五十m以上の距離があった。これでは鉄砲など役に立たない。板倉は早速、石火矢・大筒による城塀の攻撃と仕寄を命じるが、はかばかしい前進をみていない。板倉は死去する七日前、寛永十四年十二月二十四日の時点で、「仕寄をきびしく申し付けているが、一向に進んでいない」と実状を吐露している（「嶋原覚書」）。

とくに板倉・石谷の段階には仕寄場に築山の築造がみられない。築山がないと、石火矢・大筒を平地に据えて打つため、発射角度が高くなり、城を通り越して海上に落ちる弾丸も少なくなかった。小倉藩主小笠原忠真は、新たな幕府上使として下向中の松平信綱・戸田氏鉄に、「寄せ手から石火矢が打たれているが、城中の岸に高下があり、海中に玉が落ち、城中が痛んでいるようには見えない」と知らせている（「岡山藩聞書」）。

板倉重昌は、上使の松平信綱と戸田氏鉄が近づくなかで、城攻めと仕寄策との間でゆれつづけた。そして城攻めに傾いた板倉は、寛永十四年十二月二十九日、松倉・鍋島・有馬・立花四家の家老を招集して城攻めについて打診するが、家老たちは、進んでいない仕寄を継続し、陣地構築が整ったうえでの城攻めを進言し、いったん板倉も同意する。しかし、翌十二月晦日の朝、板倉は家老たちに明日早朝の総攻撃を命じた。そして城ぎわに向けた仕寄が進んでいないまま幕藩軍は進撃し、記録的な敗北をした。

仕寄の前進

寛永十五年一月四日に着陣した幕府上使の松平信綱・戸田氏銕は、正月元日の大敗北をふまえ、仕寄策を重視しつつ、一旦、仕寄を中断させた。まず砲台となる築山を築くことを優先し、ついで井楼の築造に移ることにした。築山からの砲撃で城ぎわの城塀・塀裏を破壊し、井楼をもって一揆勢の城ぎわの防御・攻撃施設である城塀・塀裏を見通し、井楼から鉄砲攻めにして一揆勢を城ぎわに近づけないようにして仕寄を前進させる方式をとる。

松平信綱と戸田氏銕は、着陣したその日に諸家の家老に示した当面の戦略課題において、「築山と井楼を城中を見下ろすように高く、なるべく急いで築くようにせよ」と命じている（『綿考輯録』第五巻）。その課題は、城中との開城をめぐる交渉が進められる一月下旬に一つの実現をみている。まず、一月二十一日の夕方、鍋島勢の仕寄場で築山と井楼ができている。早速、石火矢で鍋島勢の仕寄場の前面に位置する二の丸の出丸の城塀を砲撃している。松平と戸田は「中を見通し申し候」と江戸に報じている（「島原日記」）。

当然、一揆勢はこれまでのように城塀の復旧普請をしようとするが、鍋島勢の井楼から激しく鉄砲が撃たれた。そして一揆勢が城ぎわから後退している間に鍋島勢は仕寄の柵を前進させ、弾除け用の竹束を設置した。こうして築山と井楼ができたことで、城ぎわからの一揆勢の攻撃にさらされる危険を大幅に減らしながら陣地を前進させる仕寄方式が定まった。

そして一月二十三日には細川勢のもとでも築山と井楼ができている。井楼は三の丸を見渡せたが、肝心の塀裏はよく見えなかった。この日、鍋島勢と細川勢が築山から石火矢を打っているが、ともに「たいした被害は与えなかった」と報じている（「新撰御家譜」「岡山藩聞書」）。城塀には土俵が積まれて石火矢の被害をくい止め、何より塀裏が一新されていた。塀裏の堀がさらに深く掘られ、堀の中に小屋を建て、一揆勢が生活しつつ攻撃を防御し反撃できるようになっている。

釣井楼と大井楼

寛永十五年二月六日は幕藩軍の仕寄策の一つの画期をなしている。この日に釣井楼と大井楼が上がっている。まず、釣井楼は細川勢の仕寄場で上がっている。藩主細川忠利は、釣井楼について、「塀裏を見たいが、井楼では見えないので、竹束の裏で大船の帆柱を立て、箱の板を厚くして人を入れ、帆を引くようにして上げた」と説明している（『綿考輯録』第五巻）。帆柱にゴンドラ状の板箱をつるしたものである。「原城攻城図」を見ると、細川勢の仕寄場の前面に六、七本の釣井楼が描かれている。釣井楼は細川勢だけで上がったようである。忠利は「ことごとく塀裏が見えた」と説明している。

釣井楼で三の丸を見ると、塀裏に一重の堀があり、いたるところに落とし穴らしき仕掛けと、堀のなかには四角い二間四方、深さ一間の穴があった。忠利は、四角い穴は石火矢を避けるための穴と推測している。注目したいのは、細川勢の釣井楼に対して一揆勢がほとんど攻撃していないことである。忠利は、「城中が惣攻めに備えて玉薬を惜しみ、鉄砲を撃ってこない」と説明し、仕寄の期限と見込んでいる二月十五日ごろには総攻撃ができるのではないかと予測している（『綿考輯録』第五巻）。

二月六日には三の丸を仕寄場とする立花勢と細川勢において大井楼が上がっている。立花勢は築山を築き、その上に四重の井楼を上げている。三重目が城ぎわの塀と同じ高さであり、四重目からは塀裏が見通せた。細川勢でも一揆勢によって三の丸の城壁の下に設けられている堀切から十間のところに三重の井楼を上げている。二重目が塀の高さだった。

このように細川勢と立花勢の仕寄場では釣井楼と大井楼が上がり、諸家の仕寄も確実に前進していた。鍋島勢の仕寄は、近いところでは二の丸の出丸の塀ぎわから六、七間（十二〜十四m）にまで進み、出丸の下では金掘りがトンネルを掘り、その土で城ぎわから十五、六間のところに石火矢の土台とする築山が築かれつつあった（「岡山藩聞書」）。

城攻めの評定

寛永十五年二月七日、松平信綱は、自身の陣営に上使衆・諸大名らを集めて城攻めについて評定する機会をもっている。前日、釣井楼と大井楼が出来あがったことで仕寄策の節目とみたのであろう。二月七日といえば、二月一日につづいて益田（天草）四郎の甥の小平が城中に入り、城中と二回目の接触を図る前日である。上使側はもはや城中との交渉に何の期待もしていなかった。

三の丸の仕寄を受け持っている熊本藩主細川忠利と柳川藩主立花宗茂は、三の丸への乗り込みを主張し、福岡藩主黒田忠之は黒田勢一手の城攻めを申し出た（『綿考輯録』第五巻）。細川忠利と立花宗茂は前日、釣井楼と大井楼で三の丸の塀裏を見通し、「これなら乗り込める」と判断したのであろう。藩主たちの間で激論が戦わされている。

幕府上使としては、仕寄普請の長期化で大分ストレスも溜まっている大名諸家のガス抜きと、仕寄策を当面継続することを藩主たちに納得させることを評定の目的としていた。松平信綱は、藩主たちの言い分を聞いたうえで、諸家の仕寄を全体的にもう少し近づけ、城ぎわまでの間隔を揃えるように申し渡した。細川忠利は、日ごろ表立った自己主張をするタイプの藩主ではないが、松平信綱の申し渡しに対して、「仕寄が揃わずとも、三の丸は細川勢で乗っ取ってみせる」と豪語している。

細川忠利の城攻めの方策は、三の丸に乗り込んで、これを占拠し、三の丸にも軍勢を入れ、現在の諸藩の陣場と、三の丸の陣場の双方から原城の二の丸・本丸を攻めるというものである。一考に値する方策といえる。しかし、松平信綱には現時点での城攻めの考えはなく、評定に出ている面々に仕寄を進め、城中の弱りを待つとの方策を申し渡した（『綿考輯録』第五巻）。信綱は全軍を一斉に攻め込ませる総攻撃で確実に城中を制圧することを考えていた。

城際に迫る仕寄

寛永十五年二月中旬、一揆勢が城中の防御・攻撃施設としてきた城塀・塀裏が、その機能を大きく減退させられている。一つには、幕藩軍の築山からの石火矢による砲撃体制が整備され、砲撃で板塀の上中下の三ヵ所に開けられていた射撃用の狭間が破壊され、塀裏からの一揆勢の射撃を困難にしていたことである。細川家臣をして、「大筒で打ち崩し、狭間は役に立たなくなった」と言わしめている（『綿考輯録』第五巻）。

二つには、諸藩の仕寄がさらに城ぎわに近づき、仕寄場の内側の築山、大井楼・釣井楼が増加したことである。二月十四日には細川勢の仕寄は塀ぎわ三間半（七ｍ）にまで近づき、翌二月十五日から上使の命で土俵を積み上げて築山を築き、二月十八日には釣井楼が上がっている。一揆勢も石を投げつけて必死に抵抗しているが、普請は続行されている。「原城攻囲図」のなかには、細川勢の仕寄場の前面、三の丸の城際に六、七本の釣井楼が描かれているが、二月二十日ごろの状況と推測される。

もはや城中の塀裏は丸見えだった。「三の丸の塀裏が目の下に見える」と細川家臣は報じている。その家臣が詳細に塀・塀裏を見分し、「塀には上中下の三ヵ所から鉄砲を撃てるようにしているが、大筒で中と下の狭間が打ち砕かれ、今は上の狭間も撃てなくなっている」と書いている。二の丸の状況も同じだった。二月十九日ごろには塀際から三間半のところに築山・井楼ができ、「二の丸の塀の内もたまりかねる」状況となっている（『綿考輯録』第五巻）。

こうして幕藩軍は、二月二十日ごろには総攻撃を行える条件を整えていた。まさにこの時期、二月二十一日の未明、一揆勢は幕藩軍の陣場に夜襲をかけている。

原城総攻撃の決定

寛永十五年二月二十四日、松平信綱は、諸大名を集めて来る二月二十六日を「惣攻め」と決定した（『綿考輯録』第五巻）。二月二十二日の時点では仕寄の遅れている陣場もあり、「城乗りはもう少し先」との見方も出ていたが（『綿考輯録』第五巻）、大部分の仕寄が城ぎわに近づいていること、将兵に長期化した仕寄策へのストレスも高まっていること、なによりも二月二十一日の一揆勢の夜襲により城中の食糧・玉薬が払底状態にあることが明白になったとの判断のもとで、総攻撃が決定された。総攻撃の日程は天候の関係で順延され、最終的に二月二十六日には天候のいかんにかかわらず、二月二十八日に決行することが決められている。

松平信綱・戸田氏銕の総攻撃の方針は、総攻撃の軍法において「つるべ鉄砲を撃ち、総勢で鬨をあげよ」、「総勢一同に攻撃せよ」と定めているところに明瞭に示されている。「つるべ鉄砲」とは横一線の一斉射撃のことであるが、この場合の「つるべ鉄砲」とは、大井楼・釣井楼からの鉄砲による一斉射撃のことである。

この一斉射撃の猛攻で一揆勢を城ぎわから退かせ、鬨の声をあげさせ、法螺貝を合図に幕藩軍の総勢を一斉に城中に乗り込ませ、一気に片をつける、というものである。城中に乗り込むまでが勝負であった。城中に乗り込んだあとの軍勢の差引は藩側に任せるにしても、城中に乗り込ませるまでは、全軍の足並みを揃えた一斉行動を厳命した。

それなのに鍋島勢は抜け駆けをし、二月二十八日と決めていた総攻撃をなしくづし的に一日早めてしまった。あとで述べるように、確かに二の丸の出丸は攻撃のチャンスだった。久留米藩有馬氏から上使側に「二の丸の出丸に一揆勢の姿が見えない。攻撃のチャンスです」との通報と総攻撃の進言があったが、松平信綱は攻撃を認めなかった。軍法に定めたとおり、明日、全軍の一斉攻撃で片付ける、これが松平信綱の固い決意だった。

6　深まる城中の極限状況

幕藩軍の重包囲が城ぎわに近づき、総攻撃もまじかに迫るなかで、城中の一揆勢の置かれた身体的・精神的な状況は過酷なものであった。領主側の史料から、城中の深まる極限状況をさぐってみよう。

落人が語る城中の状況

幕府上使側と城中の最後の接触がなされた寛永十五年二月八日のあとの落人の供述をみてきたい。二月九日に捕らえられた落人は、「城中には米はあります。米のほか、大麦・小麦・大豆・胡麻などもあります。城中で足らないものは塩です」と供述している（「岡山藩聞書」）。この時点では食糧には、まだ若干余裕があった印象を受ける。一揆勢を恐怖に陥れていたのは、前年の十二月下旬の落人が供述している「城中には玉薬が不足している」現実である。その玉薬も寛永十五年正月元日の攻防戦で大部分を消費していた。鉄砲を打とうにも玉薬がない。この現実が城中を言い知れぬ恐怖に陥れていたとみてよい。

二月十七日の朝、寺沢氏の陣場で捕らえられた千々石村出身の若者の供述は、上使側も重視し、諸家によっても報じられている。この若者は脱出する時、鉄砲・脇差を奪って落ちてきたが、鉄砲の筒口は赤くさびついていた。ながらく撃たれたことがなかったことを物語る。落人は、「鉄砲は玉薬がないので、正月元日の戦い以来撃っていない」と供述している。正月元日の攻防戦のあと城中は、玉薬が払底する状況にあったのである。

若者は、城中の兵粮について、「城中は兵粮につまっている。下々は二日ばかり食べていない。自身もこの二日間何も食べていない」と供述している。同時に若者は、城中では籠城する際に埋めていた俵物を掘り出し、「これで本丸は食いつないでいる」と供述している（『綿考輯録』第五巻、「島原日記」）。城中の食糧が枯渇化するなかで、城中の各部署の間で対立が深刻化し、若者によると、家々に押し込みが入り、「家さがし」して食糧を強奪するほどになっている。

二月二十五日には細川氏の陣場に母親と幼児が落ちてきて、「女・わらべの食べ物もなくなっている」と供述している（「島原日記」）。城中でも一時期まで乳幼児とその母親の食べ物に配慮していたことがうかがえるが、それも途絶える状態になっている。

二月二十六日、女と子供たち十人の落人が記録されている。これが最後の落人の供述となる。母親は「城中に食べ物がない」と供述している（「島原日記」）。幕藩軍の総攻撃の前日のことである。

何度かの夜襲計画

一揆勢は、城中の食糧・玉薬の窮状を打開するために、寛永十五年二月二十一日に夜襲を決行している。それ以前にも少なくとも二度夜襲が計画されている。二月十六日の朝、寺沢勢の陣場で捕らえられた十七歳の落人の供述によると、最初の夜襲は寛永十五年正月元日に計画されている。正月元日といえば、幕藩軍の本格的な城攻めを撃退し、幕府上使の板倉重昌を戦死させた日である。勝ちに乗じて夜襲をかけ、城中の兵粮不足を回復しようとしたものである。城中の意見は二つに分かれた。断固敢行せよ、とする者が半分、「終日の戦闘で草臥れた状態で夜襲をしても、得るところがない」と反対するものが半分であった。夜を徹して激論がくり返され、そのうち夜が明けて、計画は消滅したという。

残る夜襲も、先の十七歳の落人の供述から明らかにされた急襲計画である。この供述も、かなりの信憑性を感じさせる内容である。供述は次のようなものである。この十五、六日以前にも幕藩軍の陣場を急襲する計画が立てられ、襲撃に動員する「若き者ども」が書き立てられた。計画では、夜明けがたに打って出て、三手をもって急襲し、先手はできるだけ多くの陣場の「小屋」に火をつける、城に残る十五歳以下、五十歳以上の男、女どもは塀裏に籠って城を固める、というものである。こうした攻撃と城の固めは「デイウスへの御奉公」と説明された。城中には鉄砲の玉薬はない。食糧もない。この二日間は何も食べていない。

以上が落人の供述であるが、十五、六日前に夜襲が計画されたということであれば、二月初旬である。幕府上使側との降伏交渉が開始されたころの急襲計画である。夜襲は城中の動揺を払拭するかのように計画され、村ごとに「若き者ども」を書き立て、夜襲部隊への拠出が試みられている。しかし、夜襲計画が実行されなかったのは、幕府上使側との降伏交渉が城中に与えた影響が大きく、夜襲に要する「若き者ども」が十分組織化できなかったことをうかがわせる。

直前の夜襲

寛永十五年二月二十一日の午前二時ごろ、一揆勢は、ついに夜襲を決行した。一揆勢は「健やかなる」者を選抜し、これを大きく二手に分け、幕藩軍の陣場に急襲を仕掛けた。実際幕藩軍に生け捕りにされた八人をみると、四十歳の一人を除いて他は二十代以下である。やはり五十歳以下、十五歳以上の青壮年もって急襲部隊が組織されている（『綿考輯録』第五巻）。

幕府上使松平信綱の家臣長谷川源右衛門の覚書によると、夜襲の部隊は次のように組織されている。一手は黒田勢の陣場を襲う串山・小浜・千々石・口之津と上津浦の各村の千人であり、このうち、三十人が火付け要員であった。残る一手は五郎左衛門・玄察・三平を大将に鍋島勢の陣場を襲う六百人に、井楼に火付けする千人を加えた部隊である（「肥前国有馬高来郡一揆籠城之刻々日記」『島原半島史』中巻）。

二千六百からなる急襲部隊のうち、千人を「井楼の火付け」に当てている。一揆勢の夜襲の目的は大きく二つあった。一つには、松平信綱の着陣後に整備され、この時期に完成していた城攻めの井楼と陣場の家屋群を焼き払うことにあった。城ぎわの城塀を越え、城中を見おろす大井楼は一揆勢にとって脅威だった。可能なかぎり大井楼を焼き払う。「井楼の火付け」に多大な人数を配しているところに夜襲の目的が示されている。

夜襲のもう一つの目的は、何といっても食糧と玉薬の強奪にあった。一揆勢がいたるところに火をかけたのは、陣場を混乱させながら、食糧と玉薬をさがすためだったといってよい。しかし、一揆勢は大名家の軍勢の反撃で食糧を奪うことに失敗している。二月二十三日の夜、細川氏の陣場で捕らえられた家族は、「この二日間、女・わらべも何も食べていない」と供述している（「島原日記」）。城中がこの夜襲に期待をかけたが、ほとんど食糧を奪えなかったことをうかがわせる。

同時に、夜襲という両軍入り乱れた混乱状態のなかで、一揆勢が「鉄砲の薬箱二荷」を奪っていることに注目したい。「二荷」とは、二箱の玉薬箱ではない。玉薬箱が積み重ねられた二つの山とみてよい。一揆勢が必死の形相でさがしまわり、ようやく積み重ねられた玉薬箱の山を見つけた。幕藩軍の軍勢による阻止をかいくぐりながら、箱をかついで城中へ走り込んだものであろう。一揆勢が打って出た原城の大江口は幕藩軍の船着に近く、「諸手の兵粮・玉薬」が備えられていた。再三ふれてきたように、一揆勢の戦力の泣き所は火薬の不足にあった。

八代城主細川忠興は、原城落城後の書状において、夜襲で「鉄砲の薬箱二荷」が奪われたことを深刻にとらえ、総攻撃ではこの奪われた玉薬で黒田勢の多くの歴々を失った、「上様（将軍家光）のご気色もはかりがたい」と述べている。この「二荷」の玉薬が、幕藩軍の総攻撃を迎えた時の一揆勢の火薬の全てに近いものだったものと思える。

さて、原城の西側の大江口から出た一揆勢は、二手に分かれて黒田勢の柵を五ヵ所にわたって破り、仕寄場に乱入し、黒田勢の竹束に火を付けながら、寺沢勢の陣場に入り、さらに鍋島勢の本陣に入り、大井楼一つ、小屋百軒を焼き払った。有馬勢の陣場へも十五、六人が来襲しているが、有馬・立花・松倉の諸勢には被害はなかった。また、もう一手の夜襲部隊が二の丸の出丸方面の鍋島勢の陣場を攻めた。大名諸家が討ち取った一揆勢の首が二百九十五、生け捕りが七人である。大名側の死人が七十五人、手負いが百七十二人である。惣目付（大目付）の井上政重は、「方々に火をかけ、城中鯨波をあげ、すさまじき体であった」と報じている（「島原日記」）。

上使側は今回の夜襲を受けて、一揆勢の決死の切り込みは今後もあるとみて、仕寄の柵の前に堀を設けて警備を強化するとともに、諸藩の分を含めた幕藩軍の全ての玉薬を海上の番船に移している（『綿考輯録』第五巻）。

その日の浜辺

寛永十五年二月二十七日の午前中、一揆勢の男女が城の搦め手（裏手）の浜辺に出て磯ものを採っている。ワカメ・ひじきの海藻類、貝などを採っていたのであろう。熊本藩主細川忠利によると、その人数は「男女五六千」に及んだ（『細川家史料』）。おびただしい人数である。

一揆勢は、これまでも番船の監視を盗んで少人数による磯もの取りを行っていたが、この日は、「男女五、六千」を動員して決行したことになる。もはや危険をおかして磯ものを大がかりに採らなければ、城中の飢餓はどうしようもないところまできていた。海岸線に戦闘員を配置して警戒し、範囲を広げて磯ものを採取し、海中に入らせて海藻類を採取したものと思える。

ところが、「男女五、六千」が海岸に出ている時、大変な事態が起きる。鍋島勢が城中に乗り込んできたのである。幕藩軍の総攻撃は翌日、二月二十八日に予定されていた。城中も総攻撃が迫っていたことは十分に分っていたが、この日の総攻撃はないと判断をし、大がかりな磯もの取りを決行していた。ところが、幕藩軍の総攻撃が鍋島勢の抜け駆けでなしくづし的に始められたのである。「男女五、六千」が海岸に出ていたことが、城中の警戒を弱め、鍋島勢の乗り込みを許すことになった。

第六章　原城の落城

1　幕藩軍の総攻撃

鍋島勢の二の丸出丸への乗り込み

寛永十五年（一六三八）二月二十七日の昼前、午前十時ごろであろうか。久留米藩有馬勢は井楼に上って城中を偵察中、今までになかった城中の状況を見出した。二の丸の出丸に一揆勢の姿が見当たらないのである。出丸を挟む形で有馬勢と鍋島勢の仕寄場が並んでいる。久留米藩主有馬豊氏は早速、幕府上使の松平信綱のもとに急報し、出丸を持ち場としている佐賀藩主鍋島勝茂にも知らせた。そして有馬豊氏は、この機に乗じて城中に乗り込み、総攻撃に移るように松平信綱に進言した。有馬氏は、最も仕寄場の離れた三の丸海側の細川勢にも通報しており（『細川家史料』二十三）、仕寄場を抱えた全ての藩主に通報したとみてよい。

確かに絶好の機会であった。これまで幕藩軍の進攻を阻んできた城ぎわの板塀・土塁、塀裏の一帯に誰もいないというのである。しかし、松平信綱はこの進言を斥け、予定どおり明日、全軍一斉に城中に攻め入る総攻撃の方針にゆるぎないことを伝えた。信綱は、この原城攻略に自分の政治生命をかけており、たまたま見つけたチャンスで統一を欠いた総攻撃を前倒して決行するようなことを認めなかった。前任の上使板倉重昌の轍を踏まず、全軍を横一線で一斉に城中に乗り込ませるという方針が、松平信綱の固い信念だった。

結局、松平信綱が有馬氏の進言を認めなかったことで、有馬勢も細川勢も動かなかった。ただ一家、このチャンスに動いた軍勢がいる。佐賀藩鍋島勢である。鍋島勢は、仕寄を二の丸の出丸まぢかに進めており、一揆勢の姿が見えない隙に出丸の土塁（鍋島勢のいう「二の土手」）に明日の総攻撃ための陣地を取りつけるという名目で出丸に先手を乗り込ませた。鍋島勢には軍目付として長崎奉行の榊原職直がつけられていたが、むしろ榊原職直の方が積極的であり、榊原勢が鍋島勢を主導して出丸から二の丸方面へ進攻した。榊原はせがれ職信を連れてきており、せがれに手柄を立てさせるべく出丸と二の丸の境に設けられていた土塁、鍋島勢がいう「二の土手」をよじ登ろうとした。

ここにいたって二の丸の一揆勢も鍋島勢の乗り込みに気づき、「二の土手」を挟んで交戦となった。幕藩軍が城中の異変に気がつくのは、このころである。二月二十七日の午後一時ごろかと推測される。こうして幕藩軍は三の丸、二の丸から城内に乱入した。鍋島勢の抜け駆けによって、なしくづし的に幕藩軍による総攻撃が始まったのである。予定より一日早い幕藩軍の総攻撃となった。

ゆるんでいた城ぎわの警戒

ところで、原城の城際にめぐらした土塁・板塀、塀裏の防御・攻撃施設をもって、これまで城ぎわで幕藩軍の城中への乗り込みを阻止してきた一揆勢が、総攻撃の気配も漂っているなかで、なぜ二の丸の出丸を明けるような状態にしていたのであろうか。

実は、この日の午前中、一揆勢は「男女五、六千」を動員して磯もの取りを決行していた。動員した人数も半端ではない。磯もの取りとはいっても、まだまだ水ぬるむ時期には遠い。城の裏手の断崖をのぼりおりし、海上の番船の砲撃を警戒しながらの行動である。磯もの取りに海岸に降りていた「男女五、六千」は、青壮年の「役立つ者」たちであったとみてよい。当時の城中の「役立つ者」たちの人数は七、八千人ぐらいとする供述が多い。さすれば、二月二十七日の午前中、城中の戦闘員、これに準じる男女の過半が海岸に出ていたことになる。

一揆指導部も幕藩軍の総攻撃が差し迫った状態にあることは十分察知していた。通常、大規模合戦の場合、軍事行動を起こすのは未明から夜明けである。夜明けも過ぎた。幕藩軍の陣場全体の動きからみて、今日の総攻撃はなさそうである。そう判断したものと思える。海上の番船も海岸の群衆に石火矢・大筒を打ち込んだ形跡はない。

鍋島勢は、自軍の仕寄場の前の出丸の異変には気づいていなかった。有馬勢が、井楼から城中を偵察している時に、鍋島勢の仕寄場前の出丸に一揆勢がいないことを察知した。城中の異変を知ると、海岸の一揆勢は崖をよじ登り、城中に殺到した。この後手が幕藩軍の城ぎわからの乱入を許し、一日で本丸の一部まで軍勢を乗り込ませることになる。

幕藩軍の乱入

幕藩軍は、寛永十五年二月二十七日の午後一時から二時にかけて、それぞれの持ち口から城内になだれ込んだ。なしくづし的に幕藩軍の総攻撃が始まったのである。同日の午後三時ごろには鍋島勢が二の丸に火をかけ、午後六時ごろまでには幕藩軍は二の丸、三の丸を制圧した。そして午後四時過ぎには本丸を取り囲み始めた幕藩軍の大軍勢は、「酉の下刻」（午後七時ごろ）には、一揆勢との死闘の末、本丸の高石垣を攻めのぼった。この本丸の高石垣をめぐる死闘のなかで本丸一番乗りが出たことになる。

幕藩軍のなかで細川勢は海手から本丸の郭内に乗り込み、一帯を焼き払い、本丸の占拠域に柵を設けて仕切り、軍勢の一部が鉄砲を撃ち放ちながら夜を明かした。本丸の一揆勢は、幕藩軍が至近に迫るなかで最後の夜を迎えていた。この暗闇が永遠に続いてくれたら。一揆勢の偽らざる心境だったのかも知れない。そして二月二十八日の夜明けを迎えた。

この日の払暁、本丸の奥に進攻した細川勢は、本丸の大手筋、本丸に入る最後の城門（櫓門）のあたりで焼け残った家屋を発見する。すぐに幕府上使に通報し、火矢で焼き払い、中から飛び出してきた若者を討ち取った。この若者が城中の総大将、益田（天草）四郎だとされている。

将軍家光は、幕府上使として九州に立つ松平信綱に、島原と天草の一揆勢の「なで切り」を命じており、総攻撃の二日目、城中の掃討戦に入った幕藩軍は、ほぼ半日、一揆勢の「なで切り」を実行した。二月二十八日の午後二時ごろ、原城は幕藩軍によって完全に制圧され、ここに四ヵ月余つづいた島原・天草一揆、そして原城をめぐる一揆勢と幕藩軍の攻防戦、原城戦争は終結した。

2　幕藩軍の原城制圧

一揆勢最後の戦い

原城攻防戦における一揆勢の戦いの一端を、幕藩軍の討死・手負いの状況からみておこう。寛永十五年二月二十七日・二十八日の幕藩軍の死傷者は討死千百八十五人、手負い六千九百五十五人に及んでいる（「肥前国有馬高来郡一揆籠城之刻々日記」『島原半島史』中巻）。先の幕藩軍の軍事進攻の記述からすると、幕藩軍が一方的に押し込んでいるようにとられるかも知れないが、幕藩軍側にもおびただしい死傷者が出ている。総攻撃段階の一揆勢の人数が二万強、戦闘要員がその三の一とみても、一揆勢は死に物狂いで奮戦している。

細川勢でみると、討死二百八十五人、手負い千八百三十六人である。本丸での討死が全体の八割以上に及ぶ。細川勢の三の丸での討死七人、手負い十二人、二の丸での討死三十九人である。やはり三の丸の城際ではさしたる反撃を受けずに三の丸に乗り込み、三の丸から二の丸へ、さらに本丸へと進撃するにしたがって死傷者が増加し、本丸の高石垣をよじ登って本丸の郭内に乗り込む過程ですさまじい死傷者を出している（『綿考輯録』第六巻）。

二の丸での討死の武器は鉄砲三十二、弓・鉄砲一、鑓五、石一となっている。三の丸での討死・手負いの少なさからみると、二十七日の正午ごろにかけて一揆勢の「男女五、六千」が海岸に磯もの取りをし、熊本藩主細川忠利が「磯もの取りの男女五、六千が鍋島勢の乗り込みを知って、あわてて二の丸に駈け上がっていった」と報じているように、磯もの取りの男女は二の丸に駈け上がり、多くは二の丸か

表３　原城総攻撃における細川勢の手負状況（人数）

手負の場所	城　内	二の丸	本　丸
鉄砲手負	1	3	22
鉄砲・鑓手負		1	
石・鉄砲手負			1
鑓　手　負	7	5	7
弓矢・鑓手負			1
石・鉄砲手負鑓手負		1	
鑓・長刀手負			1
弓矢手負			1
石　手　負	8	1	66
合　計	16	11	99

『綿考輯録　第六巻』による。

ら本丸に駈け込んだものとみられる。したがって鍋島勢が乗り込んだ二の丸の出丸に象徴されるように、三の丸・二の丸の城ぎわの人数は限られ、海岸から走り戻った「男女五、六千」をもって迎撃態勢を再編し、二の丸口、本丸と二の丸の境目付近にしぼって人数を配置したものと思える。細川忠利も「二の丸から本丸に進撃する際、時間は短かったが多数の死傷者を出した」と報じている（『綿考輯録』第六巻）。

　上掲の表は、細川勢の手負いのうち、負傷の場所・武器が判明する百二十六人について整理したものである。手負いの場所は本丸が圧倒的に多い。それも二月二十七日、本丸の高石垣に取りつき、よじ登る過程での手負いが大部分だったと思える。手負いの武器は石が最も多い。ついで鉄砲も多いが、総攻撃二日目の家臣の軍功書き上げの類いをみると、一揆勢の鉄砲での反撃はみられず、鑓の記載だけである。つまり、総攻撃一日目、一揆勢は、二月二十一日の夜襲で奪った「二荷」の鉄砲の玉薬を使い果たし、二十八日には混戦のなかで石も投げることもできず、鑓を持った一揆勢が最後の抵抗をしている状況である。

　こうして、さしもの一揆勢の本丸ぎわを中心とした防戦も押し破られ、大軍勢が雪崩をうって本丸に乱入してきた。

原城本営の瓦解

原城本丸にあった一揆勢の本営は、総攻撃の一日目、寛永十五年二月二十七日の夕刻、幕藩軍の本丸への乗り込みによって瓦解している。それを象徴しているのは、本丸に乗り込んだ軍勢が一揆勢を押し込むなかで放棄された総大将たる天草四郎の所在を象徴する軍旗と教会旗であり、軍旗と教会旗の周りにいたであろう四郎の側廻り家臣の四散である。

教会旗は二月二十七日の夕刻、鍋島勢の鍋島大膳によって、軍旗は翌二十八日の払暁、延岡藩有馬勢によって分捕られている。分捕られた順序に従って教会旗から述べよう。

前述したように、総攻撃の一日目、二月二十七日の夕刻、幕藩勢は原城本丸を囲み、恐らく午後六時から七時ごろにかけて、一揆勢の必死の反撃をかいくぐりながら、幕藩軍の軍勢は本丸の高石垣をよじ登り、本丸に乗り込んでいる。そのなかに鍋島勢の鍋島大膳がいた。

鍋島大膳は、藩主鍋島勝茂の側近重臣であり、幕閣との連絡にあたるため江戸に留守居として残されていた。ところが大膳は藩主に無断で江戸留守居から原城攻めに加わり、勝茂の忌憚にふれ、改易されていた。したがって総攻撃の時は牢人の身であったが、鍋島勢にもぐり込んでいた。鍋島大膳に従っていた高瀬治郎左衛門の寛文八年（一六七八）一月四日付けの覚書によると、大膳は、本丸北側の石垣をよじ登り、本丸の中に入り、敵と槍合わせをするなかで、「おくに見」えた指物を竿から旗を「切取」って分捕っている（西村貞『近世初期洋画の研究』）。分捕ったのは「白地に泥烏子の紋」の旗とされている（『佐賀県近世史料』第一編第二巻）。鍋島大膳が走り込んだ時、この旗は本丸の中央部あたりに竿にくくりつけられていたことになる。

この鍋島大膳が分捕ったという「白地に泥烏子（デイウス）の紋」の旗が今日伝わる、一般に「天草四郎陣中旗」と称されている旗である。旗は中央に大聖杯、上に聖体聖餅、左右に合掌する天使を描き、旗の上部に古ポルトガル語で「LOVVADO SEIA O SACTISSIMO SACRAMENTO」（「いとも尊き聖体の秘蹟ほめ尊まれ給え」文化庁訳）と書かれている。

この旗は、城中に数多くひるがえっていたクルスの白旗とは明らかに違うものであり、もともとは島原か天草の教会関係の施設に掲げられていたもの思える。現存する旗をみると、高瀬治郎左衛門の覚書にみるように、竿にかけ、指物になるように急ごしらえの裁縫加工が施されている。恐らく一揆蜂起段階から一揆勢の象徴的な旗として使用され、原城においては、本丸の一角にあった大きな「寺」状の建物、その中で天草四郎が籠っていたという「天守」（天主）に掲げられていたとみてよい。そして幕藩軍の総攻撃が迫った時期には、もう一つの軍旗とともに一揆勢の本営に掲げられていたはずである。そして鍋島大膳が旗を分捕った時には、「白地に泥烏子の紋」の旗と軍旗は別れ別れになっていた。

次に幕藩軍の総攻撃二日目、二月二十八日の払暁、日向延岡藩の有馬勢が、城中本営の軍旗を分捕っている。藩主有馬直純の側近くに仕え、自らも本丸攻撃に参加した有馬五郎左衛門の従軍記録『有馬五郎左衛門筆記』によると、藩主直純は、旧領主という意識から、有馬勢による本丸乗り入れを強く意識し、総攻撃の第一日目の二月二十七日の夜、藩主自ら軍勢を率いて本丸（詰の丸）の石垣下近くに陣取って夜を明かしている。そして有馬勢は、細川勢などが本丸内部に進攻を始める二十八日の払暁の前、詰の丸の石垣に取りついている。有馬勢が諸勢にさきがけて本丸（詰の丸）の中心域に入り、金の瓢箪の馬印を差し込んだ「城中四郎指物」を見つけ、これを分捕り、後刻、松平信綱のもとに差し出している（『有馬五郎左衛門筆記』『島原半島史』中巻）。

松平信綱に従って従軍していた家臣の長谷川源右衛門の覚書には、「城中四郎指物は有馬左衛門（直純）の軍勢が分捕った。四郎の馬印には金の瓢箪がはめられている」とある（『肥前国有馬高来郡一揆籠城之刻々日記』『島原半島史』中巻）。金の瓢箪の馬印が差し込まれた四郎の「指物」が、有馬氏の軍勢によって確保されている。天草四郎の軍旗は、本来金の瓢箪の馬印と組みになり、指物の上に金の瓢箪の馬印を差し込み、総大将の旗幟としていたのである。

松平信綱側近の従軍記録に記された「城中四郎指物」と「金のひょうたんの馬印」は、天草四郎の本営の象徴である。日向有馬勢が本丸になだれ込んだ時、すでに本丸の本営は完全に壊乱し、「四郎指物」が放置されていたことになる。その付近には四郎も、四郎の側廻りの家臣たちの姿もなかった。

細川勢の「四郎」討ち取り

細川勢は、総攻撃の一日目、二月二十七日の夕刻、一揆勢の必死の反撃をかいくぐりながら、原城本丸の海手、北東の池尻口から本丸の郭内に乗り込み始め、夜に入って一揆勢を本丸の奥に押し込みながら一帯を焼き払った。その夜は炎と煙に妨げられて本丸の奥への掃討行動を中止し、焼き払った一帯に柵をめぐらし、鉄砲を放ちながら夜を明かした。

原城本丸の大手筋からの城門は、本丸の南側に位置する。城門から本丸を見ると、本丸は城門側となる南側の比較的複雑な石垣の縄張り区域（総曲輪）と、北側の広く開けた平面的な「詰の丸」と称する区域からなる。細川勢が制圧して夜を明かした一帯は、詰の丸の北側である。

総攻撃二日目、二月二十八日の払暁、細川勢は煙の残る詰の丸内部に向けて掃討行動を開始した。そして詰の丸と総曲輪の接合するあたりで焼け残った家屋を発見する。藩主細川忠利が戦後、「四郎家」と呼ぶ一角である。そこで細川勢は幕府上使に報告し、焼き払いの見分を求め、上使の見分するなかで忍びの者が火矢で家屋に火を付けた。すると家屋のなかから一人の人物が飛び出してきた。細川家臣の陣佐左衛門がその人物を討ち取っている。陣にとって三つ目の首であったが、それが総大将の天草四郎の首とは思いもしなかった。

幕藩軍は掃討行動を継続している黒田勢を除き、午後二時過ぎには一揆勢の掃討行動を終え、陣場に戻っている。細川勢は陣場に戻ると首実験を行い、実験の場で陣佐左衛門が本日の払暁に討ち取った首を総大将天草四郎の首、「四郎首」と認定し、上使に差し出すことを決めている。

細川勢が、二月二十八日の払暁、上使立合いのもとで焼き払った家屋の場所はほぼ特定され、当時の南有馬町（現・南島原市）教育委員会によって発掘されている。原城の本丸は、手前の複雑な石垣で区画した総曲輪と奥の平面的な詰の丸とで構成されているが、四郎が討ち取られた家屋の場所は、詰の丸と総曲輪の接合部あたり、詰の丸に入る最期の城門、櫓門の櫓部分付近と考えられる。正確には向かって左側の櫓の部分付近である。藩主忠利は、この焼け残った家屋を「四郎家」と呼び、細川氏の家譜『綿考輯録』に収載されている「原城諸手仕寄之図」も本丸に「四郎家」という一角を明示しているが、櫓門という建物の性格・形状からみても、本丸の入り口付近という場所も「大将」の居場所にはふさわしくない。

いずれにして細川勢は、この日の払暁、陣佐左衛門が討ち取った人物の首を「四郎首」と認定し、幕府上使のもとに差し出している。

このようにみてくると、天草四郎は、細川家がその人物像の過半をつくりあげ、最後に首級もあげ、謎にみちた短い生涯を終えたといえる。

実行された「なで切り」

幕藩軍による総攻撃の二日目、寛永十五年二月二十八日の本丸における最後の攻防は、一揆勢の最後の抵抗はみられるものの、基本的には幕藩軍による殺戮と一揆勢の集団自決の場と化した。前述したように、将軍家光は、幕府上使として松平信綱・戸田氏鉄を派遣するに際し、島原・天草の一揆勢の全員誅伐、「なで切り」の方針を厳命していた。幕藩軍は、これを実行したのである。熊本藩主細川忠利が、原城落城から二日目、参勤で江戸にいる父親の八代城主細川忠興に宛てた寛永十五年三月一日付の書状において、二月二十八日、本丸で起こったことを次のように伝えている（『綿考輯録』第六巻）。

(1)家臣の陣佐左衛門が本丸にて「大将四郎首」を取り、将軍家光に注進された。

(2)幕藩軍の申し合わせで、敵方は「切り捨て」と決まっており、三の丸では一揆勢を「なで切り」にした。

(3)ところが、上使から「後々の聞こえのため、首を集めよ」と命じられたので、翌日に首を集め、三千六百余を集めた。鉄砲で撃ち殺した者は火中にあり、首を集めることはできないが、端々で焼けた首を拾わせている。

(4)本丸の下に小丸があるが、ここに集まっているキリシタンを二十八日の夜明けから諸勢が集まって攻めている。細川勢はこれに加わらず、脇で見物した。白昼で見苦しきことも、手柄になるようなことも見物した。

以上が細川忠利の書状の主たる内容であるが、(3)に関して忠利は、別の書状で「本丸では一揆勢が七重八重になって死んでいる。焼けているおきを手で押し上げて、なかに入るものも数多くいた。さても不思議な仏法である」と述べている（『綿考輯録』第六巻）。また(4)の本丸下の「小丸」について、忠利は江戸留守居に宛てた書状において自筆の絵入りで説明し、この小丸を「二十八日のきりしたんころし候丸」と書いている。この「きりしたんころし候丸」が幕藩軍による最後の集団殺戮の場となった（「本渡切支丹館文書」）。

幕府上使の松平信綱と戸田氏鉄は、原城を制圧すると、三月一日から落ち人狩りを開始し、同日、江戸に「一昨日・昨日に打ち漏らし、方々の石かげ、穴の中にいる者を探し出し、ことごとく打ち殺した。明日から山さがしを行う」と知らせている（「島原日記」）。山さがしは三月一日から四日間、数万を動員して島原藩領全域にわたって行われている。見つけ出されたものは、ことごとく成敗された。

3　それぞれの最期

「若衆」たちの最期

城中の本営、総大将の四郎のもとには「四郎が小姓ども」のほかに、四郎に仕える「若衆」の集団がいた。一揆蜂起の一年前、松倉・寺沢両家から集団で逃走した「若衆」たちである。本渡合戦の時には、四郎と同じ出で立ちをした「一六、七の前髪の若者」たちが、今、四郎の廻りを固めている。この「若衆」たちはどうなったのであろうか。

実は、幕藩軍の最高司令官、上使の松平信綱のもとには諸大名から「十数」の「四郎首」が差し出されている。諸大名家も「四郎首」の差し出しにあたって、たまたま年齢が近い少年の首だったので「四郎首」として提出したのではあるまい。やはり年恰好、顔かたち、身に着けた着物、持ち物、討ち取りの状況、これらを勘案して、これぞ「四郎首」と確認し、上使のもとに差し出したものと思える。総攻撃段階の城中において、こうした「四郎首」として討ち取られたのは、「四郎のごとく」出で立ちをさせた「十六、七の前髪の若者」たちと考えるのが妥当である。これらの少年たちの多くは、一揆蜂起の一年前、松倉・寺沢両家から集団逃走した「若衆」たちと考えられる。

二月二十八日の払暁、「若衆」たちの多くは総大将四郎の「金の瓢箪の馬印」を差した指物の周りに集まっていたとみられる。そこには四郎とならんで「本丸惣大将」とされた有家監物が「若衆」たちを守るような形で指揮をとっていたであろう。そこに幕藩軍が乱入してきた。いち早く攻め込んできたのが日向延岡藩の有馬氏の軍勢である。たちまち「若衆」たちの集まりが崩れた。そして有馬勢が「金の瓢箪の馬印」の指物を分捕った。幕藩軍が本丸に殺到するなか、「若衆」たちはそれぞれの場所で最期を迎えた。その一人が細川家臣の陣佐左衛門に討ち取られたものと考えられる。

『高来郡一揆之記』によると、幕藩軍に生け捕りにされ、例外的に助命される山田右衛門作は、総攻撃後の首実験の場に引き出され、諸家から出された首の一つ、「十六、七ばかりの童の頸」を見て、顔を地面にふせ、わが子であることを告白している（『高来郡一揆之記』『島原半島史』中巻）。

同じく口之津で拘束された蔵奉行の家族の男子は四郎の「小姓」とされていたが、この「小姓」たちは家族ともども黒田家の軍勢に助けを求めて飛び込んでいる。「若衆」たちのなかで生存が確認できるのは、強制的に四郎の側廻りに配された蔵奉行の男子たちだけである。幕藩軍の総攻撃まで残っていた「若衆」たちは、城中で最後を迎えたことになる。

「大将四郎首」の確定

一揆勢の総大将、天草四郎は、寛永十五年二月二十八日の払暁、討ち取られたことになっている。原城制圧後、諸大名はそれぞれに「本丸一番乗り」を主張し、「大将四郎首」を差し出している。『原城紀事』によると、差し出された首は「十数」に及んだ（「原城紀事」『島原半島史』中巻）。

熊本藩主細川忠利は使者を立てて「江部の四郎首」を差し出し、福岡藩主黒田忠之などは二月二十八日の夜藩主自ら上使の陣営を訪れ、「本丸一番乗り、その上四郎首も取り候」と申し立てている（『綿考輯録』第六巻）。「江部の四郎首」とは、熊本藩領宇土郡江部村出身の四郎の首ということである。

幕府上使は一揆制圧の象徴として総大将天草四郎の首級を確定する必要に迫られた。しかし、上使にしても、首実験にあたる検使衆にしても「大将四郎首」を特定する確かな根拠は何も持ち合わせていなかった。持ち込まれた数多くの首級から「四郎首」を特定することは、事実上不可能に近かったといえる。

一揆の総大将たる天草四郎の首、「四郎首」はどのようにして確定されたのであろうか。

「大将四郎首」は、原城落城の日、二月二十八日の夜には確定している。この日の夜、本陣において松平信綱は相役の戸田氏鉄や各大名家の軍目付となっている馬場利重・榊原職直・林勝正・牧野成純などを集めて、今回の軍功について協議している。この夜、原城に来ていた若年寄の三浦正次が江戸に向かうことになっていたからである。細川勢の軍目付となっている長崎奉行の馬場利重が、協議を主導し、二月二十七日の出丸・三の丸・二の丸における諸家の乗り込み状況、翌二十八日早朝の細川勢の本丸乗り込み、四郎討ち取りの状況について説明している。そして馬場が主張する細川勢の一番乗り、四郎首の討ち取りについて確認し、他の軍目付も同意した。ところが、この上使衆の見立てに対して黒田家から異議が出された。黒田家に付けられた目付の林勝正が藩主忠之に伝えたのであろう。

黒田忠之は、自軍の軍事行動を点検したうえで、藩主自ら上使の陣営を訪れ、「本丸一番乗り、その上四郎首も取り候」と申し立てている。黒田忠之も確証をもったうえで行動している。自信もあった。熊本藩主細川忠利が江戸の留守居衆に書き送った寛永十五年三月五日付けの書状によって本丸一番乗り、「四郎首」確定の経緯をみてみよう。忠利の書状によると、福岡藩主黒田忠之の異議申し立てが「四郎首」確定の契機をなし、上使は、黒田氏の申し立ての根拠を論破することで、細川勢の本丸一番乗り・「四郎首」討ち取りを確定している（『綿考輯録』第六巻）。

すなわち、本丸一番乗りについては、上使衆が二月二十七日の七つ下がり（午後四時過ぎ）に本丸に乗り込む細川勢を見ており、黒田氏の主張は誤認とされた。そして上使衆は、黒田氏による「四郎首」討ち取りを次のように論破している。すなわち、①細川勢は二月二十七日の七つ下がりに本丸に乗り込み、一帯を焼き、その夜は本丸（池尻門近く）に陣取っている、②翌二十八日早朝、細川方が「四郎家」に火矢を射るとの使を寄越してきたので火矢が射られるまで見分した、③その「四郎家」にて「四郎首」が討ち取られている、というものである。

細川勢が二十七日の七つ下がりに本丸に乗り込んだというのは、正しくは、本丸の石垣下に軍勢を進めたということかと思えるが、細川忠利の書状ではそのあたりがあいまいである。

上使のもとには各大名家から「十数」の「四郎首」が持ち込まれていたが、細川氏の首級には討ち取りに際して上使に事前通報されたという経緯があり、他家にくらべて討ち取りの状況証拠が明白である。上使はこれを根拠に、黒田忠之の申し出を論破する形で、「四郎首」確定の政治判断を下したものである。それゆえ熊本から再度呼び寄せられた四郎母らによる翌三月一日の首実験は、すでに政治決着している「四郎首」を出陣の諸大名にヴィジュアルな形で納得させ、天下に周知させるための演出であったとみてよい。

首実験の結果は後続の上使によって将軍家光に注進され、「大将四郎首」は公式に確定する。三月四日、四郎の首は、渡辺小左衛門、有家監物、四郎の姉の首とともに原城三の丸下の水田に晒され、のちに松平信綱の長崎巡見に合わせて長崎に送られ、三月十七日から同二十三日まで出島の門前に晒されたとされている。

出島にはポルトガル商館が入っている。出島の門前に一揆勢の首を晒したということは、幕府として今後の外交をにらんだ強烈な意思表示であるといってよい。

有家監物の最期

総大将たる天草四郎の最期の模様はようとして分からないが、四郎に代わる本丸の実質的な中心人物となった有家監物については、地元側の編纂記録『稿本原城耶蘇乱記』に記述がある。有家監物（休意）は、二月二十八日払暁、夜明けを待って乱入してきた幕藩軍に相対している。原文で示しておこう（「稿本原城耶蘇乱記」『島原半島史』中巻）。

板倉重矩、石谷貞清とともに細川の柵を超えて城に入り、有家休意と戦いて首を獲る。賊甚だ急なり。すなわち門を開けて突出、死戦す。賊、もとより農民、訓練なし。短兵の戦い、長所にあらず。前後陣凶死屍相依る。既にして諸軍、皆本丸に入る。賊男女、皆火に赴き、或いは殺され、一人の脱する者なし。

有家監物を討ち取った板倉重矩は、討死した幕府上使板倉重昌の嫡男である。父の弔い合戦に執念をみせていた。有家監物（休意）が城中の百姓たちと最期の時を迎えている状況が彷彿される記述である。有家監物が討たれ、首を取られると百姓たちは四散するのでなく、怒りに燃え、「門」を開け、突入している。有家監物は百姓たちを「門」内にかくまい、打って出たものといえる。百姓たちは監物の仇を討とうとしたものかも知れない。「もとより農民、訓練なし」。何とも重い言葉である。一揆の全過程に通じる言葉でもある。

百姓たちの最期

一揆勢には三ヵ月の籠城期間中に数千人規模の戦死者、病死・餓死者があったものと推測される。たとえば幕府上使松平信綱の側近家臣の従軍記録『肥前国有馬高来郡一揆籠城之刻々日記』によると、城中の男女三万七千人、総攻撃時の人数が二万三千人としている（「肥前国有馬高来郡一揆籠城之刻々日記」『島原半島史』中巻）。三万七千人という数字は、一揆勢のなかで助命された山田右衛門作の供述で広まる人数である。総攻撃時の人数も山田の自供にもとづく数字だとすると、単純計算すれば総攻撃までの戦死者、病死・餓死者は一万人をこえている。

総攻撃によってどのくらい一揆勢の死者があったのか、正確なところは分からないが、『刻々日記』には、「一揆の首掛け置き」数（晒された首の数）一万八百六十九とあり、ほかに「男女焼け死に候ものども五、六千もこれ有るべく候か」としている。討ち取られた一揆勢の首について、諸大名家から出された首級・鼻注文の数は、大名家全体で首九千八百九十一、鼻三百七、都合一万百九十九となる。『刻々日記』から差し引いた数は火中に身を投じた一揆勢、生け捕りにされたり、落人狩りで捕縛された一揆勢に相当するとみてよい。

大名勢の首級・鼻注文をみると、鍋島家の注文人数が極端に少ない。この点について藩主鍋島勝茂は、「鍋島家では一揆勢切り捨ての方針で臨んだので頭はない。少しの生け捕りを上使に差し出したところ、鍋島方で生害させて首を差し出せと命じられたので、そのようにして首を出した」と説明している（『佐賀県近世史料』第一編第二巻）。鍋島家では総攻撃を一日早めたという軍法違反を意識し、一揆勢の切り捨てによる一揆勢の掃討をめざしていたものと思える。

ところで幕藩軍は、原城落城直後の三月一日から四日間、総勢四万の軍勢を動員して島原藩領全域にわたる山さがし（落人狩り）を実施しているが、生け捕りの落人について、鍋島勢は生け捕った落人をひそかに国元に連れ帰えろうとしている。熊本藩主細川忠利は、参勤で江戸に向かっている父親の八代城主細川忠興に宛てた書状において、「有馬落城後、三人の落人があったが、鍋島勢が隠し、落とそうとしていたのを見つけ、上使に届けた。藩主勝茂も迷惑がっている。また、鍋島勢は関所に断わりなく早船を出した。これを上使が聞きつけ、細川方の早船で追いかけ、捕捉した」とある（『綿考輯録』第六巻）。鍋島勢では家臣の側で勝手に落人を早船で逃がしていた。

この鍋島勢の生け捕りの扱いを一揆勢の助命のための行動とみる向きもあるが、そうではない。これは、戦場における「乱取り」である。戦場における兵隊による人間の略奪行為である。乱取りは大坂の陣でも行われ、幕府も黙認した。大坂の陣から二十数年。さすがに戦場の乱取りは認められなくなっている。鍋島勢が略奪し、早船で連れ去ろうとしたところを細川方の船が追いかけている。連れ戻されて処刑されたはずである。落人も例外なく処刑された。助命されたのは、松倉家から扶持をもらい、一揆勢に連行された口之津蔵奉行の家族と山田右衛門作だけである。

島原・天草一揆という「百姓たちの戦争」において、最終的に原城に立て籠もり、幕藩軍を迎え討った百姓たちは全員、この地で命を落とした。

おわりに

島原・天草一揆（島原・天草の乱）というものを可能なかぎり実態的に検証してきたが、改めて感じるのは、戦国末・近世初頭におけるキリシタン領主と在地社会の間に形成された歴史的刻印の大きさである。多少の誇張はあるにしても、イエズス会側史料において「領民の全てがキリシタンだった」という状況ができあがったキリシタン領主と在地社会の関係は、とくに在地社会の側に信仰組織の伝統が根づき、息づいている。

島原・天草一揆の主要な地盤となったのは、島原藩領の南部地域（南目）、天草の大矢野島、上島の北部・東部地域であり、戦国末・近世初頭の領主は有馬氏と大矢野氏・上津浦氏である。この三氏は豊臣秀吉が出したいわゆるバテレン追放令に対して際だった対応をしている。

天正十五年（一五八七）、秀吉は、島津氏を討って九州を平定した軍事遠征の帰途、博多においてバテレン追放令を出し、当時、博多湾のフスタ船にいた日本イエズス会のトップ、ガスパル・コエリョに通告した。その際に秀吉は、博多の陣営にいた、いわゆるキリシタン大名に棄教を迫っている。棄教しなかったのは高山右近だけであり、小西行長・蒲生氏郷をはじめとするキリシタン大名の全てが棄教している。有馬晴信も棄教している。

ただ、有馬晴信の棄教は少し違う。イエズス会側史料によると、晴信は、棄教を迫った秀吉に対し、「御意次第」と答えている。晴信の答えは、秀吉様の「御意に従います」というより、「どうとでもお好きなように解釈してください」という響きに近い。

実際、有馬晴信は帰国すると、平戸に集まっていたイエズス会宣教師の全員の受け入れを表明し、その大部分を領内に受け入れている。有馬氏が真のキリシタン領主になるのは、バテレン追放令の直後であるといってよい。

天草大矢野島・上島の三人の領主、大矢野氏・上津浦氏・栖本氏は、バテレン追放令が出された直後、宣教師の側もいぶかるなかでキリスト教に入信している。入信すると、支配領域において集団入信・寺社破壊を強行し、秀吉の九州出兵によって脅かされている領主権の引き締めをめざした。栖本氏は、その後滅亡し、在地社会からはキリシタン組織の痕跡は消え失せるが、大矢野氏・上津浦氏の支配領域では村落構造がそのまま信仰組織として存続した。

このように、島原・天草一揆の主要な地盤となった島原藩領の南部地域（南目）、天草の大矢野島、上島の北部・東部地域では、バテレン追放令を機に、キリシタン領主と在地社会の関係がキリスト教を軸に編成される傾向を強めている。島原の有馬氏、天草の大矢野氏・上津浦氏の領域では、一時的にしろバテレン追放令の直後に「キリシタン領主国」ができたといってよい。

しかし島原・天草地方では、次の大名領主の時代になると、キリシタン領民の全てが棄教させられ、さらに再度の「転び」を強いられている。在地社会では、大名領主の苛政に対する不満とあいまって、かつて現実に存在した「キリシタン領主の時代」の信仰と領主との関係を懐旧する願望が高まり、一揆首謀者の策動のもとで、転びキリシタンの地域的な信仰復活、立ち帰りを生み、「ディウス（神）の御加護」を信じて一揆蜂起へと展開した。

本書では、島原・天草一揆を一揆と領主側との軍事対決、「戦争」という観点からみてきた。この一揆は、百姓主体の一揆であるが、いわゆる「百姓一揆」ではない。百姓一揆への退路を断った一揆である。すなわち、島原・天草一揆は、領主側（代官）の血を流して蜂起すると、領主側に要求の類いを一切出さず、島原藩・唐津藩の軍勢との「合戦」をくり返し、「城の占拠」をめざして最終的に一揆勢の本拠の一つとしてきた原城に立て籠もり、幕藩軍を迎え討っている。

領主側と軍事対決をするとなれば、一揆側に戦力というか、戦うだけの武器・軍事物資が必要である。従来の研究はこの点への目配りが欠けていた。本書で着目したのは、在地社会のなかにまとまった鉄砲・火薬が存在した事実である。当時の列島社会のなかで、在地社会の真っただ中に、まとまった数量の鉄砲と火薬が置かれていたのは島原藩領の口之津村と有馬村だけだったといってよい。

口之津村・有馬村の鉄砲・火薬、鉄砲製造所、在地鉄砲組織、これら存在がなければ、島原・天草一揆は「戦争」にはなっていない。訴願に基礎を置く百姓一揆へと展開したはずである。また、天草筒の産地である天草には、本渡・河内浦・栖本の郡代所の地域支配を支える在地鉄砲組織が存在した。一揆勢の富岡城攻めの時期、一揆勢に呼応して河内浦郡代所の近隣の村々において三百挺の鉄砲が準備されたのは、天草の在地社会が持つ鉄砲の潜在数量の大きさをうかがわせるものである。

一揆の策謀・計画段階、一揆首謀者は九州の近隣地域と連絡をとったものと思える。しかし、大勢として、島原藩領の南部地域（南目）、天草領の大矢野島、上島の北部・東部地域の村々以外立たなかった。地域的にキリシタンに立ち帰る在地状況になかったとみてよい。

転びキリシタンが村を越えて地域的に立ち帰る。これは、やはり特定の歴史過程を経た地域でないと起りえない。島原・天草一揆が、島原藩領の南部地域（南目）、天草領の大矢野島、上島の北部・東部地域を主要地盤にした基本的な理由は、冒頭述べた当該地方のキリシタン領主と在地社会の間に形成された地域的な特性に根ざしていたといえる。

島原・天草一揆の段階、九州各地には相当数の転びキリシタンが存在していたが、一部の地域では、一揆後、絵踏・宗門改めをやり過ごしながら、長期にわたって信仰活動を潜伏化していくことになる。

◎参考文献一覧

〔主要史料集など〕

鍋島家文書「有馬一揆控」
『嶋原天草日記』(松平輝綱撰)続々群書類従、第四、国書刊行会、一九七〇年
熊本県『熊本県史料』近世篇第三、熊本県、一九六五年
熊本大学附属図書館『平成11年度特殊資料展　天草・島原の乱出典図録』一九九九年
佐賀県立図書館『佐賀県近世史料』第一編第二巻、佐賀県立図書館、一九九四年
亀井勇編『四郎乱物語』本渡市立天草切支丹振興会、一九七三年
土田将雄編『綿考輯録』第四~七巻、出水神社、一九九〇年
鶴田倉造編『原史料で綴る天草島原の乱』本渡市、一九九四年
鶴田倉造・寺沢光世編『寺沢藩士による天草一揆書上』苓北町、二〇〇〇年
東京大学史料編纂所編『大日本近世史料　細川家史料』一~二十三、一九六九~二〇一二年
長崎県史編纂委員会『長崎県史』史料編第三、吉川弘文館、一九六六年
花岡興史編『新史料による天草・島原の乱』城南町教育委員会、二〇〇九年
林銑吉編『島原半島史』中巻、長崎県南高来郡教育会、一九五四年
藤井譲二監修『江戸幕府日記』ゆまに書房、二〇〇三年

松田毅一『近世初期日本関係南蛮史料の研究』風間書房、一九六七年
八代市立博物館（林千寿編集）『天草・島原の乱』八代市立博物館未来の森ミュージアム、二〇〇二年
レオン　パジェス・吉田小五郎訳『日本切支丹宗門史』上・中・下巻、岩波書店、一九三八～一九四〇年
苓北町教育委員会『富岡城』熊本県天草郡苓北町教育委員会、一九八六年

〔主要参考文献〕

石井進・服部英雄編『原城発掘』新人物往来社、二〇〇〇年
煎本増夫『島原の乱』教育社、一九八〇年
煎本増夫『島原・天草の乱』新人物往来社、二〇一〇年
大野瑞男『松平信綱』吉川弘文館、二〇一〇年
大橋幸泰『検証　島原天草一揆』吉川弘文館、二〇〇八年
神田千里『島原の乱』中央公論新社、二〇〇五年
神田千里「伴天連追放令に関する一考察」（『東洋大学文学部紀要』史学科篇37号）二〇一一年
五野井隆史『島原の乱とキリシタン』吉川弘文館、二〇一一年
田代政門『黒田三藩　島原の陣』秋月郷土館、一九六八年
鶴田倉造『天草島原の乱とその前後』上天草市、二〇〇五年
鶴田倉造『天草四郎と島原の乱』熊本出版文化会館、二〇〇八年
鶴田文史『天草四郎の陣中旗と首塚』西海の乱史研究会、一九九〇年

鶴田文史『西海の乱』上・下、西海文化史研究所、二〇〇五・六年
戸田敏夫『細川藩史料による天草・島原の乱』新人物往来社、一九八八年
外山幹夫『肥前有馬一族』新人物往来社、一九七九年
中村　質「島原の乱に関する一考察」（『九州産業大学教養学部紀要』第六巻一―二号）一九七〇年
中村　質「島原の乱と鎖国」（『岩波講座　日本歴史9』近世1）一九七五年
中村　質「島原の乱と佐賀藩」（『九州文化史研究所紀要』第二号）一九七九年
西村　貞『初期洋画の研究』全国書房、一九四五年
野村　玄『徳川家光』ミネルヴァ書房、二〇一三年
檜垣元吉『近世北部九州諸藩史の研究』九州大学出版会、一九九一年
藤井譲治『徳川家光』吉川弘文館、一九九七年
藤野保編『佐賀藩の総合研究』吉川弘文館、一九八一年
山本博文『寛永時代』吉川弘文館、一九八九年
吉村豊雄「近世農村社会と武具をめぐる覚書」『近世近代の地域社会と文化』清文堂出版、二〇〇四年
吉村豊雄『日本近世の行政と地域社会』校倉書房、二〇一三年
吉村豊雄『天草四郎の正体』洋泉社、二〇一五年

吉村豊雄（よしむら　とよお）

1948年佐賀県生まれ。熊本大学名誉教授。博士（文学）。専門は日本近世史。『日本近世の行政と地域社会』（校倉書房）で第12回徳川賞（2014年）、『棚田の歴史』（農山漁村文化協会）で第36回熊日出版文化賞（2015年）を受賞。著書に『近世大名家の権力と領主経済』『幕末武家の時代相―熊本藩郡代 中村恕斎日録抄―』（ともに清文堂出版）、『藩制下の村と在町』（一の宮町）など。最新作に『天草四郎の正体』（洋泉社新書、2015年）がある。

歴史ルポルタージュ　島原天草の乱❶
百姓たちの戦争
2017年11月20日　初版発行
著　者　吉村豊雄
発行者　前田博雄
発行所　清文堂出版株式会社
〒542-0082　大阪市中央区島之内2-8-5
電話06-6211-6265　FAX06-6211-6492
http://www.seibundo-pb.co.jp
組版：六陽　印刷製本：朝陽堂印刷
ISBN978-4-7924-1073-5　C0021

歴史ルポルタージュ

島原天草の乱　全3巻

百姓たちの戦争

一揆の過程を、幕藩領主側との武力による戦いの過程、「戦争」として描くことと、松倉家・寺沢家の牢人が一揆の企てに加わったという、知られざるシナリオを明らかにし、一揆首謀者の企てが島原藩領・天草領での一揆、「百姓たちの戦争」へと展開していく歴史の深みを解き明かす。

ISBN978-4-7924-1073-5
300頁　本体一九〇〇円

原城の戦争と松平信綱

島原天草の乱における原城攻防戦、原城戦争において、十三万近くの幕藩軍を率いて一揆を制圧した松平信綱。戦後の軍功バトルの処理から中央政界のトップに上りつめるキッカケとなった政治的光芒を描く。「知恵伊豆」の真骨頂というべき政治舞台へいざなう。

ISBN978-4-7924-1079-7
156頁　本体一五〇〇円

潜伏キリシタン村落の事件簿

日本キリシタン史上、空前の規模のキリシタン発覚事件。天草下島西海岸の潜伏キリシタンの村々が、幕府領の天草郡を預かる島原藩の探索・取り調べを受け、最終的に五千二百五人もの潜伏キリシタンが摘発されていく事件に分け入った史的ルポルタージュ。

ISBN978-4-7924-1076-6
228頁　本体一八〇〇円